Evangelho Puro, Puro Evangelho.

NA DIREÇÃO DO INFINITO.

Evangelho Puro, Puro Evangelho.

NA DIREÇÃO DO INFINITO.

JOSÉ MARTINS PERALVA

ORGANIZAÇÃO: BASÍLIO PERALVA

VINHA
DE LUZ

SERVIÇO EDITORIAL

Belo Horizonte
2014

EDIÇÃO: Vinha de Luz | Serviço Editorial
Departamento Editorial da Casa de Chico Xavier
Av. Álvares Cabral, 1777 | 20º andar | Sala 2006
Santo Agostinho | 30170-001 | Belo Horizonte | MG
(31) 2531-3200 | 2531-3300 | 3517-1573
www.vinhadeluz.com.br — informacoes@vinhadeluz.com.br
www.casadechicoxavier.com.br — informacoes@casadechicoxavier.com.br

COORDENAÇÃO EDITORIAL | REVISÃO TÉCNICA
Célia Maria de Oliveira Soares | Geraldo Lemos Neto

PROJETO GRÁFICO | CAPA
Luiz Augusto da Costa

VINHETAS ILUSTRATIVAS
Da obra de Gustave Doré (1832|1883)

DIGITAÇÃO
Célia Maria de Oliveira Soares | Cyntia Batista

DIAGRAMAÇÃO
Célia Maria de Oliveira Soares

FOTOGRAFIAS
Acervo da Vinha de Luz Editora da Casa de Chico Xavier de Pedro Leopoldo - MG | Acervo da família Peralva

1ª edição - dezembro 2009 | 2.000 exemplares
2ª edição - novembro 2014 | 2.000 exemplares

Dados Internacionais de Catalogação na Publicação (CIP)
(Câmara Brasileira do Livro, SP, Brasil)

Peralva, José Martins
    Evangelho puro, puro Evangelho : na direção do
infinito / José Martins Peralva ; organização
Basílio Peralva. - - 2. ed. - - Belo Horizonte :
Vinha de Luz, 2014.

    Bibliografia.

    1. Bíblia N . T . Evangelhos - Comentários
2 . Espiritismo 3. Jesus Cristo - Interpretações
espíritas I. Peralva, Basílio. II. Título.

14-12562   CDD - 133.901

Índices para catálogo sistemático :

    1. Evangelho : Interpretações espíritas :
        Doutrina espírita   133.901

Dedicatória

À

D. Jupira Silveira Peralva,

nosso eterno preito de amor e gratidão.

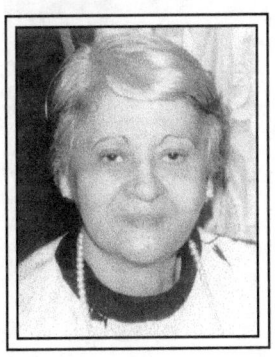

Sublime consolação

À minha esposa, dedico este poema
— síntese da minha grande saudade.

Não chores, Querida, se longe estou dos teus olhos!
Não chores, se não ouves a minha voz,
Se não sentes o arfar do meu peito!
Cedo voltarei... então,
Unidos como sempre, viveremos a nossa vida de amor,
De lutas, de sacrifícios mil...
Sofreste, bem sei, com a minha partida,
Também sinto, como tu, oh! meu Amor,
A cicatriz profunda da saudade.
Cedo voltarei ao doce lar, refúgio ameno das nossas dores,
Das nossas venturas!

Não vês, Querida,
Nestes céus lindos de nossa terra,
Nuvens fugidias, azuladas,
Tênue gase envolvendo a grandeza do Infinito?
São nuvens errantes, que vão e vêm, num adejar constante.
Como elas, cedo voltarei a essas paragens
De amor, de sonho, de felicidade.
Consola, por enquanto, as tuas dores,
No abismo imenso da nostalgia,
Enxuga o teu pranto sincero
No lenço da minha grande saudade.
A dor é uma circunstância natural da vida!
É cadinho que purifica a alma,
Sentimento que redime a criatura perante a corte etérea!
Sofre, pois, Querida, com resignação,
E dos céus terás bênçãos divinas,
Sublime consolação!

Martins Peralva

Cidade de São Francisco, 1 de outubro de 1943.

Homenagem

Em nome dos queridos

— filhos: Iêda, Basílio e Alcione;
— genros e noras: William e Nelsa;
— netos: Rodrigo, Carina, Fabiana, Sérgio, Juliana,
  Daniela, Alysson;
— bisnetas: Bruna, Clara, Mariana e Lorena.

Aos queridos *Peralva* e *Jupira*:

A maior herança que vocês nos deixaram foi a semente que plantaram em nossos corações, com o desejo:

— de que amássemos a todos incondicionalmente;
— de que fôssemos pessoas melhores a cada dia;
— de que fôssemos pacientes e resignados nas adversidades;
— de que fôssemos espontâneos e autênticos;
— de que nunca fôssemos indiferentes ao sofrimento do outro;
— de que fôssemos honestos com os próprios sentimentos;
— de que apreciássemos o silêncio meditativo;
— de que apreciássemos a alegria;
— de que nunca perdêssemos o brilho nos olhos;
— de que entendêssemos que cada um é um tesouro a ser cuidado com muito carinho e atenção.

Por todas essas graças recebidas e muito mais, muito obrigada. Muito obrigada pelo privilégio da convivência com vocês. Que possamos nos reencontrar no Infinito, à luz das estrelas, onde só o amor existe.

Patrícia Peralva Lima

Sumário

Apresentação

José Martins Peralva Sobrinho, ou simplesmente Martins Peralva, como assinava seus trabalhos, livros, artigos e entrevistas.

Como amigo e admirador de Peralva — também como era tratado pelos amigos —, guardo sempre na memória a figura do homem que soube vivenciar o Evangelho de nosso Senhor Jesus em sua mais pura expressão.

Tive a alegria e a grata oportunidade de privar da sua amizade desde o início da década de 1960, desde que passei a residir em Belo Horizonte, já que aqui cheguei no final de 1959.

Eu o conheci quando ele fazia estudos doutrinários no Centro Espírita Célia Xavier, no bairro Prado, na capital mineira. Lembro muito bem de sua forma tranquila e segura ao fazer seus comentários. Foram mais de quatro décadas de conhecimento e convívio com o nosso estimado Peralva. Faço questão de deixar claro o convívio, porque já nessa época passei a participar com ele e sua família, a esposa D. Jupira Silveira Peralva, e os filhos Iêda, Basílio e Alcione, na tarefa de distribuição fundada por ele que, semanalmente, aos sábados, fazia na Vila dos Marmiteiros, favela hoje desaparecida, onde foi construída a chamada Via Expressa, na região dos bairros Gameleira e Coração Eucarístico.

O grupo tinha o nome de "Cantina Espírita Francisco de Assis", que, posteriormente, foi transformado em um departamento da União Espírita Mineira (UEM), quando passou a integrar o quadro de diretores, sendo D. Neném, Maria Philomena Alluotto Berutto, a presidente da instituição.

Além do expositor, escritor, articulista, Martins Peralva sempre representou uma das mais robustas personalidades do movimento espírita em nosso país. Vivia o que pregava, através da escrita e da palavra — profundo conhecedor do Evangelho e dos postulados de nossa amada Doutrina Espírita.

Escritor, escreveu os seguintes livros, que fazem parte da mais pura literatura espírita: *Estudando a mediunidade*, *Estudando o Evangelho*, *O pensamento de Emmanuel*, *Mediunidade e evolução* — editados pela Federação Espírita Brasileira (FEB) —, e *Mensageiros do bem* — editado pela UEM.

Amigo de Chico Xavier, com quem, desde que chegou em Belo Horizonte, em 1949, já privava de sua intimidade. Aliás, não foram poucas as ocasiões em que o querido e amado Chico encaminhou pessoas para serem orientadas por ele. Tive oportunidade, em vários momentos, em Pedro Leopoldo e em Uberaba, quando, sempre com D. Neném, visitamos o querido Chico, de presenciar a alegria e o carinho com que este o recebia. Nesses encontros, a conversa ia até a madrugada. Quanta saudade!

O contato que mantive com Peralva, até os últimos momentos de sua presença entre nós, era quase diário. Na parte da manhã, ao iniciar o meu trabalho, trocava com ele algumas palavras. Certa feita, por algum motivo, não lhe telefonei. Ele me ligou e disse: *"Fontana, é pecado ter saudade?"*. Veja só a grandeza dessa alma!

Portanto, falar de nosso estimado e querido benfeitor Martins Peralva é uma enorme alegria!

Quantas vezes, na residência da estimada amiga e presidente da UEM, nossa D. Neném, mantivemos longas conversas! Eram assuntos da diretoria da UEM, considerando que eu também era, como ainda sou, um de seus diretores.

A postura do homem de bem, vivenciando o Evangelho, foi comprovada em vários momentos, principalmente em reuniões de dirigentes espíritas de nosso Estado de Minas Gerais, quando algum tema exigia uma palavra mais tranquila.

Seus artigos, que compõem este livro, publicados nos jornais "O Luzeiro", periódico de sua terra natal, Sergipe, "Síntese" e "Estado de Minas", ambos de Minas Gerais, e na revista "Reformador" da FEB, sempre foram lidos e guardados com muito carinho. Felizmente, nosso estimado amigo Geraldo Lemos Neto, responsável pela Vinha de Luz Editora, cuidou de coletá-los com a família Peralva para que a comunidade espírita tivesse a oportunidade de conhecer mais de perto esse espírito que soube viver o Evangelho de nosso Senhor Jesus Cristo.

Antes de fechar estas linhas, para amenizar a saudade do ilustre e querido amigo, registro aqui que tenho a satisfação de continuar privando dos laços de carinho e amizade com os seus filhos queridos, Iêda, Basílio e Alcione.

Que Deus abençoe esse espírito de escol, cristão genuíno e verdadeiro espírita, a quem todos nós devemos tanto!

Antonio Roberto Fontana
Diretor da União Espírita Mineira

Belo Horizonte, 3 de outubro de 2009.
Data que nos relembra os 205 anos de nascimento de Allan Kardec.

À guisa de prefácio

Prece da gratidão e da confiança

O homem despertou sentindo inefável comunhão com Deus. E começou a meditar: "Venho dos milênios de milênios – tempo que os parâmetros cronológicos convencionalistas não podem definir. A manhã vai longe, a ventania apagou na areia as marcas dos meus pés. O sol brilha, o crepúsculo derramará, no entardecer, nuances esmaecidas sobre a terra, prenunciando a noite. Amanhã, depois e depois virão novos amanheceres, novos poentes, outras noites cintilantes de estrelas ou clarificadas de luares..."

O homem volta-se, em pensamento e coração, para seu universo interior, ausculta a própria alma, sente um desejo profundo, diferente, de orar. E começa a conversar com Deus no silêncio de seu quarto.

— "Senhor, tudo devo agradecer-Te: o corpo físico, que me deste para que pudesse frequentar a escola da vida; pais generosos, que me abençoaram as alegrias da infância, as fantasias da adolescência, as esperanças da juventude, dando-me, todavia, a educação e o conhecimento para o trabalho digno na madureza e a reflexão na velhice. Senhor, agradeço-Te a família que a tua bondade me permitiu construir, e que tudo me tem dado: amor, carinho, dedicação. Agradeço-Te os amigos do coração, que me plenificaram a vida, enriquecendo-a de amor e solidariedade, de apoio e confiança. Agradeço-Te, igualmente, Senhor, os amigos menos afetivos, que me ensinaram a lição do entendimento e da tolerância, resguardando-me o coração contra o domínio do personalismo e o veneno da exigência. Louvo-Te, Senhor, o nome augusto, pelos companheiros de jornada que se me fizeram agressivos, ou inamistosos; eles me inclinaram à vigilância, aproximando-me do Evangelho de Teu Filho dileto, o bem-aventurado Aflito da crucificação. Senhor, agradeço-Te o teto, o alimento, o vestuário, o remédio na hora da enfermidade. Agradeço-Te o trabalho nobilitante, que sedimentou em meu espírito o dever e a responsabilidade; a saúde, que me habilitou para as obrigações inerentes à vida contingente; a enfermidade difícil, ou irreversível, que me beneficiou a alma eterna, reajustando-a face às Tuas leis sábias e benevolentes. Agradeço-Te, Pai, pelos que me foram superiores ou subalternos nas hierarquias terrestres, nas alternâncias da vida — eles induziram-me ao aprendizado da disciplina, que educa, e da humanidade, que ilumina. Agradeço-Te, Deus de amor e sabedoria, pela visão dos oceanos profundos, que Te glorificam o poder e Te exaltam a grandeza ilimitada; pelos continentes que se alongam, imensos, sustentando glebas que acolhem bilhões de almas em evolução; pelas mais rudimentares e microscópicas expressões de vida, que nascem, crescem e se alimentam em Tua bondade; pelos campos e florestas; pelos animais e pelas aves; pelos rios e lagos que adornam a natureza — Tua divina criação; pelo Universo, santuário do Teu amor e templo de Tua sabedoria; e por tudo de belo, grandioso e indescritível que há nos mundos que o constituem.

Martins Peralva

Quando penso em Deus...

Quando penso em Deus...
tudo se expande e se alegra no Universo: oceanos imersos musicalizam suas águas cristalinas no *"vai-e-vem"* das praias cantantes, riachos discretos recitam versos singelos, em louvor à poesia-oração...

Quando penso em Deus...
vislumbro, bem longe, nos ignotos caminhos do Infinito, o esplendor e a emoção de cachoeiras que se projetam, das alturas, orvalhando encostas imponentes: ouço o marulho de ondas, que se desfazem, tranquilas, balbuciando hinos de louvor à Eternidade...

Quando penso em Deus...
vejo árvores enormes, curvadas em suaves reverências: contemplo, embevecido, quase ajoelhado, plantinhas delicadas, arbustos diminutos, quase imperceptíveis, cingindo o altar da natureza, louvando a divina Criação...

Quando penso em Deus...
deslumbro-me ante a majestade do espaço, o brilho das estrelas valsando nos salões celestiais...

Quando penso em Deus...
vejo, nos arsenais da memória e nos sutis gabinetes da visão, braços nimbados de luz, buscando outros braços para os esponsais do ideal e da verdade...

Quando penso em Deus...
identifico almas plenas de esperança, procurando, no sacrossanto clima do amor e da paz, da bondade e da justiça, outras almas que vivem, sonham, trabalham...

Quando penso em Deus...
vejo a vida recriada, sublimando espíritos. Contemplo, em prodigiosa tela, imagens aromatizadas, que convertem a aridez da terra em plácido, sereno, formoso jardim...

Quando penso em Deus...
o silencioso e nobre gigantismo das montanhas lembram-me o poder espiritual — calmo —, inspirando pensamentos que se harmonizam com a força eterna e invencível do amor, em sua abençoada função geradora de vida e humildade...

Quando penso em Deus...
busco ouvir, através da oração, a sinfonia do amor inextinguível entoada por músicos celestiais, em longínquas constelações, e também em planícies regeneradoras, onde laboram homens de boa vontade...

Quando penso em Deus...
mentalizo rosas, compondo, com alvinitentes lírios, miriamental bandeira de luz, protegendo a Terra, sustentando-a na gloriosa destinação de renovar a humanidade terráquea, sob os auspícios de almas encarnadas e desencarnadas...

Quando penso em Deus...
imagino milhões de buquês de flores — flores e mais flores —, símbolos da perfeição dos bons e dos justos, asper-

gindo sobre o ciclópico corpo da Terra incomparável perfume...

Quando penso em Deus...
entendo que santificantes virtudes vibram, sob a divina ordenação do Pai, fecundando a natureza...

Quando penso em Deus...
o céu, a terra, o mar se enriquecem de sublimados êxtases...

Quando penso em Deus...
inebrio-me com o magnetismo que o homem registra, limitadamente, devido à transcendência da obra divina...

Quando penso em Deus...
e busco Seu amparo, sinto-me feliz. As lutas humanas, necessárias à purificação e ao aperfeiçoamento, não me destroem: consolidam-me as esperanças, robustecem-me as energias, enobrecem-me os anseios ascensionais, vitalizam-me o cosmo orgânico, sutilizam-me o psiquismo, abençoam-me a jornada...

Quando penso em Deus...
peço a Jesus, Seu amado Filho, ajude-me na conquista dos dons do amor e da bênção da Luz — o amor glorifica, a luz brilha, incessantemente...

Quando penso em Deus...
silencio-me, rejubilo-me, verto lágrimas reconfortantes...

Quando penso em Deus...
curvo-me, em espírito, rogando aos benfeitores da Vida Maior não me permitam o desfalecimento, no meio do caminho, a fim de que possa, no *grande dia*, ver, sentir, beijar a face augusta do Pai, refletida, no curso de milênios, na vida e na obra do Carpinteiro de Nazaré...

Quando penso em Deus...

reconhecendo-Lhe a grandeza e recebendo-O como Pai, prossigo, confiante, a romagem transformadora. Os tesouros dos céus invadem-me o ser, repletam-me o coração...

Quando penso em Deus...

tudo de bom, maravilhoso, sublime acontece.

Martins Peralva

Nota da Editora: texto publicado no jornal *O Espírita Mineiro*, órgão da União Espírita Mineira, edição de janeiro/março de 1998, número 241.

Artigos de 1945 a 1999

O Luzeiro

Síntese

Reformador

Estado de Minas

O Luzeiro

1945 | 1947

Na seara

Não pode existir concepção mais prejudicial ao progresso da humanidade, sob o ponto de vista moral e espiritual, que a do materialismo. A negação da vida além-túmulo, da verdadeira vida, e a glorificação da matéria, essa substância que não tem outra existência senão aquela que se inicia num berço alcatifado ou numa enxerga humilde para eliminar-se e reduzir-se a pó na escuridão de uma sepultura, além de constituir uma contraposição a tudo quanto o Cristo ensinou na sua peregrinação divina representa, principalmente, um atentado à teoria da evolução moral, porque incentiva o homem à prática de atos inconfessáveis.

O materialismo anula no homem o dever de ser bom e honesto, porque ele não vê nenhuma possibilidade de ressarcir, no futuro, os males e os erros que tenha feito ou possa fazer.

A teoria da sobrevivência da alma, das suas realizações progressivas depois da morte corpórea, incentiva o homem a fazer algo de meritório em benefício do próximo, ao passo que o conceito de que o ciclo da vida termina com o último suspiro isenta-o da responsabilidade moral de não continuar faltoso.

Materializemos um exemplo: se uma criatura comete um crime contra a vida de seu semelhante, contra a pátria, contra a sociedade, enfim, e não sofre qualquer corretivo, naturalmente que se sentirá à vontade para a realização de novos crimes, de novas faltas. Se, ao contrário, os tribunais humanos condenaram-na convenientemente, decerto que a criatura faltosa se esforçará para não reproduzir os erros que lhe acarretaram tantos sofrimentos.

No plano espiritual acontece o mesmo. Tendo a certeza de que tudo quanto possa fazer de mal será resgatado incondicionalmente, segundo a lei da palingenésia, pois ninguém daqui sairá para mundos melhores sem pagar o último ceitil, a criatura humana naturalmente se receiará de praticar o mal, concorrendo com essa abstinência para a sua regeneração moral e da própria humanidade.

O materialismo é contrário, portanto, às leis divinas.

Fonte: *O Luzeiro*, agosto de 1945. p. 1. Coluna "Na seara".
Nota da Editora: coluna de Martins Peralva, cujo título era "Na seara". Segundo os originais fornecidos pela família Peralva, o jornal *O Luzeiro* trazia em seu cabeçalho os seguintes dados de publicação — *Órgão para difusão da Doutrina Espírita. Religião, Filosofia, Ciência. Aracaju, Sergipe. Diretores: Martins Peralva, Deusdedit Fontes. Gerente: Wilson Wynne da Mota*. Em seu frontispício, trazia, ainda, a trilogia kardequiana "Trabalho, solidariedade, tolerância".

Na seara

Outubro | 1945

Entre ser espírita e dizer que é espírita há uma diferença realmente astronômica. Não é bastante a criatura encher os pulmões de oxigênio e depois deixar partir aos quatro ventos a afirmativa impensada: EU SOU ESPÍRITA!

Espírita, no sentido completo da expressão, não é coisa muito fácil, como possa parecer. Não é somente a pessoa frequentar sessões, tampouco ler obras de Allan Kardec, Bozzani, Flammarion, Léon Denis ou qualquer outro luminar do Espiritismo. Essa palavra traduz simplicidade e humildade, e requer muito sacrifício, muita abnegação e desprendimento. É necessário que a criatura demonstre, pelos seus atos na sociedade, no lar, e em todos os lugares onde se encontre, ser verdadeiramente tolerante e caridoso, saber considerar os seus semelhantes no mesmo pé de igualdade, sejam ricos ou pobres, pretos ou brancos, sadios ou doentes.

Não se concebe um espírita cheio de escrúpulos sociais ou desprezo pelas dores alheias, como não se concebe um espírita odioso e mau, guardando ressentimentos e desejos de vingança contra o próximo. Não se concebe, ainda, um espírita que, nos centros, nas sociedades, prega o Evangelho de Jesus e na vida particular, ou pública, não dá testemunho do que procura ensinar aos outros. Quem assim procede não está dentro dos preceitos divinos, não é espírita, está mentindo à própria consciência, está desvirtuando as finalidades da Doutrina regeneradora de Jesus.

Na prática da caridade, principalmente, se deve evidenciar a sinceridade daquele que seja espírita ou pretenda sê-lo, como se patenteia a contradição dos falsos espíritas. Jesus disse: *"Não saiba a vossa mão esquerda o que dá a vossa mão direita"*. Entretanto, quantas criaturas há que somente se comprazem em *"fazer uma caridade"* quando há olhares curiosos, de pessoas conhecidas, observando o seu gesto filantrópico? Para estes, segundo ainda o meigo filósofo da Galileia, a recompensa já foi dada aqui na Terra. Os homens já viram e glorificaram os seus atos de vaidade e pretensão egoística, portanto, nada mais têm a receber quando transpuserem os umbrais luminosos da vida além-túmulo. Agora, para os que não alardeiam o que fazem, para estes sim voltar-se-ão as vistas misericordiosas e justas do Pai e o seu espírito receberá, por certo, a recompensa celestial pelo bem que praticou, sincera e ocultamente.

Fonte: *O Luzeiro*, outubro de 1945. p. 1. Coluna "Na seara".

Na seara

Novembro | 1945

O Espiritismo avança a passos agigantados. Avança e progride, ganhando terreno em todos os lares, na sociedade, em todos os recantos onde há uma manifestação da vida. Já não pode a criatura, pelo menos a de bom senso, negar a verdade das manifestações do além-túmulo.

Os manicômios estão repletos de pretensos loucos — doentes mentais uns, obsedados outros. Espíritos endurecidos atuam sobre homens, mulheres e crianças, impregnando-lhes fluidos grosseiros, sugestões perturbadoras. Tragédias domésticas, lares em desarmonia, criaturas irritadas afirmam, inequivocadamente, que "os tempos estão chegados", segundo a profecia de Jesus.

Os fenômenos se repetem, numa sequência interminável, fenômenos esses que nada têm de sobrenatural, como explicou Allan Kardec e tantos outros luminares do Espiritismo, mas representam, tão-somente, a manifestação irrefutável da vida espiritual. Tudo isso significa o Espiritismo em marcha ascensional, num voo célere para os grandes destinos regeneradores da humanidade, vencendo os dogmas absurdos, as concepções atrabiliárias e utilitaristas, as barreiras desarrazoadas e cegas dos homens que não quiseram, ainda, conhecer a Nova Revelação, o Espírito Consolador que, prometido pelo Mestre, há de ficar entre nós por toda a eternidade, ensinando-nos todas as coisas.

Nada conseguirá deter o desenvolvimento da Doutrina Espírita, porque independe da vontade dos encarnados embargar a evolução das coisas sagradas. O Espiritismo é uma determinação da Vontade Divina. Os profetas nos falaram de tudo quanto constitui, hoje, a verdade espírita. Médiuns auditivos, inspirados, de transporte, videntes, de incorporação, etc., enriquecem a história bíblica mencionando fatos que, incompreensíveis àquela época, são hoje revelados e explicados pela ciência espírita.

"Os tempos estão chegados", repetimos com o Mestre dos mestres. Chegados para que a humanidade possa compreender que há uma lei superior e inatingível, uma força soberana e indefinível dirigindo os destinos do mundo para que um dia ela possa aproximar-se da Grande Bondade, da Suprema Perfeição Universal.

Fonte: *O Luzeiro*, novembro de 1945. p. 1. Coluna "Na seara".

Na seara

Janeiro | 1946

Estamos no rol daqueles que não concebem Espiritismo sem a prática ilimitada da caridade e do amor ao próximo, como também sem a observância fiel e rigorosa das instruções fornecidas pelos espíritos através da mediunidade missionária de Allan Kardec, o codificador da Terceira Revelação.

Espiritismo sem o esquecimento completo do "eu", Espiritismo praticado egoística e hipocritamente, Espiritismo deixando de lado a essência da Doutrina para se apegar aos interesses humanos, às coisas da matéria, para nós não merece tal título. Achamos mesmo que aqueles que, com o rótulo de espíritas, empregam a sua mediunidade ou de outrem para a obtenção de coisas não espirituais constituem, na realidade, os piores inimigos da Doutrina. Nenhuma religião pode combater o Espiritismo, porque são infrutíferos os meios de combate. Eis que na Doutrina, na qual Allan Kardec, com a sua visão admirável de missionário, consubstanciou os ensinos do Mestre amado, Jesus representa uma determinação divina que terá que atingir, hoje ou amanhã, os seus elevados fins de transformar a humanidade num rebanho fraterno e submisso à vontade da Suprema Força, da Sabedoria Infinita — Deus.

A melhor arma que aqueles que combatem o Espiritismo empunham é justamente aproveitar o desvirtuamento que criaturas insensatas fazem da Boa Nova. No campo da mediunidade, por exemplo, o ambiente é por demais propício. Ao invés de servirem-se da mediunidade como meio de colocar no caminho do bem pessoas que vivem imersas no crime, vaidosas e orgulhosas, geralmente empregam-na como meio de conseguir objetivos materiais, servindo-se de espíritos brincalhões. Estes, decididamente, não põem em prática o que Jesus ensinou, o que Allan Kardec, através das suas obras admiráveis, transcendentais, deixou para a humanidade que lhe consagra ainda hoje o nome aureolado de glórias espirituais, de benesses celestiais.

O verdadeiro espírita não trata de outro assunto, não emprega os conhecimentos adquiridos senão na caridade, no perdão, no amor ao próximo, enfim. Nada de reuniões secretas com finalidades materiais. Nada de reuniões em casa de fulano ou beltrano para saber disto ou daquilo. O verdadeiro espírita não se submete a imposições, não retrocede, não se afasta um milímetro sequer do que Kardec determinou nos seus livros.

Segundo a nossa concepçao, temos o direito de pedir a Deus, nosso Pai de infinita misericórdia, a inspiração necessária para que os nossos atos da vida pública ou particular não impliquem ofensa ao nosso semelhante.

O espírita convicto e honesto somente trata da caridade. Agir diferentemente com o rótulo de Espiritismo é fornecer aos interessados no combate à nossa Doutrina a maior arma, ineficaz embora, porque nada obstará a evolução da Terceira Revelação.

Fonte: *O Luzeiro*, janeiro de 1946. p. 1. Coluna "Na seara".

Na seara

Fevereiro | 1946

A dor é o maior e mais eficiente veículo da perfeição do espírito. Se ela não existisse ao lado da pobreza, unidos, portanto, os sofrimentos morais e físicos, qual seria a sorte deste sopro divino a que chamamos espírito? O homem, absorvido nas suas grandezas materiais — grandezas que somente prevalecem até a porta do túmulo — rico e prepotente, sem dignar-se lançar sequer um olhar de compaixão para a miséria dos seus semelhantes, embruteceria cada vez mais o seu espírito. Acarretá-lo-ia de maiores e mais pesadas responsabilidades perante a Justiça Divina e nas suas existências posteriores, por séculos sucessivos, teria sempre de ressarcir com elevados juros a sua incompreensão pelo sofrimento alheio, o seu descaso pelas coisas elevadas da Espiritualidade, resultantes do mau uso do livre-arbítrio.

A dor, por conseguinte, é, necessariamente, imprescindível ao progresso espiritual da humanidade, de vez que quanto mais aguda mais aproxima a criatura do seu Criador. Deus somente é lembrado para aliviar sofrimentos nos momentos angustiosos e difíceis da nossa existência. Quem vive na opulência não tem tempo de pensar em quão sublime, quão perfeito e infinito Ser. Os luxuosos cassinos, repletos de todo o conforto que a concepção humana possa imaginar, onde os instintos da matéria putrecível prevalecem sobre os sentimentos puros do espírito, tudo isso serve para afastar o homem da Suprema Divindade.

37

Benditas, portanto, sejam a dor e a miséria, bendito seja o sofrimento que delas decorre! Devemos, ao invés de repudiá-lo, abraçar, amar e bendizer o sofrimento como instrumento de ligação que o é entre o finito e o infinito, porque somente ele poderá manter entre a humanidade e o seu Criador esse elo indissolúvel e perpétuo, tão necessário à perfectibilidade do espírito.

Devemos, pois, nos comprazer com a dor que nos martiriza o corpo e a alma, porque, na expressão feliz de Léon Denis, *"o sofrimento é o misterioso operário que trabalha nas profundezas da nossa alma e trabalha por nossa elevação. Aplicando o ouvido, quase escutareis o ruído de sua obra. Lembrai-vos de uma coisa: é no terreno da dor que se constrói o edifício de nossas virtudes, de nossas vindouras alegrias".*

A dor, em suma, é o cadinho que purifica a alma para a sublime escalada do amor e da perfeição.

Fonte: *O Luzeiro*, fevereiro de 1946. p. 1. Coluna "Na seara".

Na seara

"**N**em todos que dizem 'Senhor! Senhor!' entrarão no reino dos céus". Grande e irretorquível verdade, como o foi tudo quanto disse o Mestre dos mestres, na sua sublime e apostolar missão neste planeta de expiação e provas. Jesus, na sua humildade e perfeição grandiosas, demonstrou, nessas sábias palavras — palavras que jamais passarão, porque procederam do Pai através do Filho amado — que a humanidade não deve nem pode mentir ao seu Criador. Os homens podem ser enganados e o são a todo instante. Porém, a Suprema Inteligência, o Foco Irradiante do Infinito, este jamais poderá ser ludibriado pela má-fé e hipocrisia dos homens.

Jesus, quando pronunciou essas palavras, teve como intuito dirigir-se aos escribas e fariseus hipócritas de todos os tempos, que somente deixarão de existir na face da Terra quando o planeta atingir um grau elevado de adiantamento e transmudar-se de planeta de expiação e provas para PLANETA DE REGENERAÇÃO. Ele quis se referir aos homens que, ainda hoje, saem dos templos de oração — sejam espíritas, católicos, protestantes, budistas, maometanos ou ortodoxos — e ainda bem não percorreram dez ou vinte metros na via pública esquecem aquilo que, com tão fingida unção, pregaram ou ouviram. Ele se refere àqueles que pregam a caridade, mas deixam na via pública, morrendo de fome, o irmão que cumpre uma prova dolorosa, resultante de seus erros num passado que o véu da matéria obumbra e oculta. É o velho ajuste de contas, o resgate inevitável do mau uso do livre-arbítrio em existências anteriores.

Jesus, com a sua sabedoria e presciência divinas, quando pronunciou essas palavras, há quase dois mil anos, que representam mais do que um libelo contra os que procuram mentir ao Pai de Infinita Bondade, quis se referir à humanidade que tem sempre o nome de Deus e palavras ungidas nos lábios, mas o coração continua endurecido, insensível ao sofrimento do seu semelhante. Ele quis se referir aos que balbuciam preces decoradas nos templos de quaisquer seitas ou religiões, mas, na verdade, têm o coração voltado para os gozos materiais, as preocupações mundanas.

Tornemo-nos, portanto, merecedores das graças do Pai através de um trabalho sincero e perseverante em benefício dos que sofrem, dos que carpem nesta existência o fruto dos seus erros, auxiliando-os a transportar as algemas que tanto os afligem e, mediante boas obras, consubstanciadas no amor ao próximo e fidelidade à doutrina cristã, procuremos evitar que jamais possa se adaptar à nossa consciência esta expressão do Mestre: *"Nem todos que dizem 'Senhor! Senhor!' entrarão no reino dos céus"*.

Fonte: *O Luzeiro*, maio de 1946. p. 1. Coluna "Na seara".

Na seara

É hábito muito comum, mesmo entre pessoas que aceitam o Espiritismo e frequentam sessões, atribuir à nossa Doutrina todas as manifestações de mediunismo. Qualquer pessoa que disponha dessa faculdade de servir de intérprete do pensamento e das ideias dos espíritos desencarnados, de estabelecer esse intercâmbio de comunicações entre os dois planos — o físico e o psíquico, o material e o espiritual — é logo apontada como espírita. Entretanto, há diferenças essenciais, positivas. A mediunidade, nas suas diversas modalidades, é um dom divino, por isso sublime, concedido por Deus aos Seus filhos como uma dádiva necessária ao conhecimento das Suas leis e ao progresso humano, não procurando Ele saber se espíritas, protestantes ou católicos, mesmo porque o Pai nunca fez, nem fará jamais, distinções entre as Suas criaturas.

Não é raro o fenômeno mediúnico em lares onde nunca penetrou um ensinamento espírita. Um pastor protestante ou um sacerdote romano pode dispor de faculdades mediúnicas. Ninguém se admire nem se escandalize com isso. Eis que, como dissemos acima, esse dom é facultado a todas as criaturas, embora só consideremos "médium" aquela que a possui em grau mais acentuado.

41

Sócrates, o grande sábio da Grécia, e que viveu quase 500 anos antes de Jesus, era médium. Ele ouvia a voz de uma entidade que lhe revelava os princípios notáveis da sua filosofia, precursoras, aliás, da ideia cristã e da Doutrina Espírita. Eis que os seus ensinamentos proclamavam a unidade de Deus, a sobrevivência da alma após a morte física e a crença inabalável na vida futura. Joana D'Arc foi médium, como também todos os profetas, porque não falavam de si.

Nessa época, dos profetas, de Sócrates, Joana D'Arc e tantos outros, o Espiritismo não existia como doutrina codificada, vez que somente na segunda metade do século XIX os sábios, com Allan Kardec à frente, começaram a investigar as manifestações sob métodos científicos, servindo-se, aliás, nas suas experimentações, dos médiuns.

Como está evidenciado, nem todos os médiuns são espíritas, pelo que o Espiritismo não pode responder pelo uso frívolo ou desonesto que fazem da mediunidade aqueles que não quiseram conhecer, pelos Evangelhos ou pelas obras de Kardec, qual a verdadeira aplicação da mediunidade, da mesma sorte que Beethoven, Bach, Mozart ou Listz não são responsáveis pela má interpretação das suas divinas composições.

Um ponto, entretanto, precisa ficar esclarecido. O Espiritismo não prescinde da mediunidade e seria um absurdo admitir isso, partindo mesmo do princípio de ser a nossa Doutrina calcada nos ensinos dos espíritos, através dos médiuns, seres escolhidos para a revelação da vida além-túmulo. A própria propagação do Espiritismo, como doutrina cristã reformadora do espírito humano, foi feita pelos médiuns que se prestaram a experimentações científicas, com sacrifício da própria saúde orgânica — Florence Cook, jovem de 15 anos, com o eminente químico William Crookes e Alexander Aksakof; Margery Crandon, com Bligh Bond, Eglington, com Aksakof; Home, Eusápia Paladino e tantos outros abnegados medianeiros entre o mundo corpóreo e o espiritual. E tanto não prescinde que levamos para os centros espíritas as pessoas que possuem mediunidade a desenvolver, moralizando a prática mediúnica em consonância com os ensinos de Jesus e Kardec, isto é, reunindo médiuns com o objetivo exclusivo de fazer a caridade desinteressada e gratuita aos enfermos da alma e do corpo, bem assim esclarecer irmãos desencarnados, sofredores ou endurecidos e receber os conselhos das entidades amigas.

O ideal seria que todas as pessoas que têm mediunidade — curadora, intuitiva, psicográfica, de vidência ou incorporação — procurassem conhecer a sublimidade do dom recebido, fazendo o uso recomendado por Jesus e Kardec, a fim de que sobre o Espiritismo não fossem lançadas injustamente as mais torpes calúnias. Mesmo sem frequentar os templos espíritas, lendo em casa as obras fundamentais do Espiritismo, ficariam conhecendo a riqueza que possuem e inconscientemente põem para fora, com o aplicarem-na em objetivos fúteis e levianos. Deviam agir dessa maneira também aqueles que, *analfabetos em Espiritismo*, (sim, a expressão verdadeira é essa), conceituam uma Doutrina sublime e regeneradora, que tem transformado desordeiros em apóstolos, tal a magia admirável da sua filosofia racionalíssima, em face do que fazem, alhures, em nome dela. Se assim acontecesse, se os médiuns e os detratores do Espiritismo o conhecessem, muita injustiça deixaria de ser imputada a tão sublime Doutrina.

Fonte: *O Luzeiro*, junho a outubro de 1947. p. 1. Coluna "Na seara" XIX.

Síntese

1956 | 1957

Comentando o Evangelho II

30 | novembro | 1956

"Eu sou a luz do mundo." — Jesus

Decorridos vinte séculos da presença de Jesus na Terra, percebe-se, tristemente, que a divina personalidade do Mestre ainda não foi compreendida. Observa-se, no contato com pessoas de várias crenças religiosas, que diminuto número delas faz ideia da posição espiritual do divino Amigo. Há muitas razões para que cheguemos à semelhante conclusão.

A maneira como a maioria das criaturas a ele se refere, incluindo-o, inclusive, nas mais superficiais conversações, revela esse lastimável desconhecimento. Quantas vezes o nome do Cristo aparece até no anedotário inexpressivo, ou nas historietas destituídas de qualquer significado educativo! Muita vez, surpreendemo-nos com pessoas que fazem as mais absurdas comparações envolvendo a pessoa augusta e soberana do Cristo, nas quais o divino Senhor aparece ao lado de Buda e Sócrates, Ghandi e Spinoza. E o que mais admira — ou, talvez, o que menos admira — é que tais comparações se originam de pessoas intelectualizadas...

Certa vez, ouvimos um espírita iniciar uma palestra dizendo: *"Há vinte séculos surgiu no mundo um indivíduo..."* e foi por aí afora, bem intencionado, honesto, mas profundamente desrespeitoso, no tocante à figura augusta do Cordeiro de Deus. Essa designação — indivíduo — nunca mais saiu de nossa lembrança. E já lá se vão para mais de 10 anos...

47

Comparar Jesus a homens falíveis, embora portadores de grande sabedoria e bondade, além de constituir lamentável e desrespeitoso engano, demonstra como somos incapazes de situar o divino Mestre no seu justo lugar, no trono de glória a que faz jus pela sua posição de redentor da humanidade, de espírito eleito, escolhido por Deus para dirigir a organização planetária.

Se quisermos ter uma pálida ideia de quem é Jesus, basta nos lembrarmos de que, segundo afirmam as espíritos, pouquíssimas entidades, das mais iluminadas, o têm visto na sucessão dos séculos, embora a sua divina presença se faça sentir, em todos os quadrantes da Terra, através dos seus sublimes mensageiros.

É preciso que os espíritos venham nos dar tais notícias, a fim de que modifiquemos a atitude de inexplicável familiaridade ante aquele que simboliza — nós escrevemos simboliza — para os habitantes da Terra, o próprio Deus, dada a sua perfeita e completa identidade com o pensamento e a vontade do Criador. É preciso que os amigos espirituais venham dizer que, no meio de bilhões de almas, encarnadas e desencarnadas, raríssimas desfrutaram da suprema ventura de ter visto o Mestre.

No programa de preparação de nossas almas para as longas jornadas evolutivas, um dos pontos básicos, a nosso ver, deve ser o de amá-lo profundamente, considerando-o a mais completa figura espiritual que o mundo já conheceu. Essa nos parece ser a única atitude que devemos cultivar ante a incomparável e sublime majestade daquele que, referindo-se a si mesmo, afirmou: *"Eu sou a luz do mundo"*.

Fonte: *Síntese*, 30 de novembro de 1956.
Nota da Editora: coluna de Martins Peralva, "Comentando o Evangelho". O jornal *Síntese* era um quinzenário mineiro, sediado em Belo Horizonte, e tinha como diretor o Sr. Noraldino de Mello Castro, secretário Sr. Henrique Rodrigues, redator Rubens C. Romanelli e gerente Virgílio P. Almeida.

Comentando o Evangelho III

30 | dezembro | 1956

"Vós sois deuses." — Do Evangelho

Ante os judeus que buscavam as suas imortais lições, fez Jesus a afirmativa acima. Inicialmente, queremos evidenciar que Emmanuel, consultado a respeito da passagem ora sob elucidação, esclareceu que *"em todo homem repousa a partícula da divindade do Criador"*, esclarecimento esse que facilita a interpretação da assertiva do Mestre.

As expressões de espiritualidade que a criatura humana desenvolve em si revelam a presença de Deus. Deus é a fonte de toda sabedoria e de todo amor. Tudo o mais, dentro do Universo, é criação Dele. Os valores intelectivos e as qualidades morais são atributos que credenciam a criatura a participar dos poderes sagrados da Criação — acentua, ainda, Emmanuel. O amor e a paciência, o altruísmo e a moral elevada, a inteligência e a nobreza espiritual são qualidades divinas que o homem de boa vontade consolidará em sua própria alma, identificando-se com o Pai e Dele se tornando zeloso representante onde estiver.

À medida que crescermos em espiritualidade, aprimorando a inteligência e purificando os sentimentos, mais se evidenciará a nossa qualidade de deuses, pela prática dos sublimes preceitos em nome do Criador trazidos à Terra por Jesus Cristo e por ele exemplificados de modo integral.

A afirmativa *"Vós sois deuses"* revela, pois, a natureza divina ou espiritual do homem e as possibilidades que temos de desenvolver, no misterioso universo de nossa individualidade, atributos que, como centelha divina, a nossa alma guarda na potencialidade de sua insondável estrutura íntima.

Dá-nos a entender Emmanuel, como sempre interessado em orientar os nossos destinos para a vida *"mais alta"*, que a aquisição das virtudes evangélicas desenvolve, *"para o bem e para a luz"*, a natureza divina do homem.

Deus é um só — Criador da vida, suprema fonte de amor e sabedoria. Deuses, entretanto, são todos os espíritos, cuja natureza divina lhes assegurará, no curso dos milênios, a posse, mais cedo ou mais tarde, dos imperecíveis valores da felicidade e da paz, conducentes à definitiva união com Deus e com Jesus.

Fonte: *Síntese*, 30 de dezembro de 1956. Coluna "Comentando o Evangelho".

Comentando o Evangelho IV

31 | janeiro | 1957

*"Aproximavam-se de Jesus todos
os publicanos e pecadores para o ouvir."* — Lucas, 15: 1

Indivíduos de todos os tipos evolutivos se concentravam em torno de Jesus para ouvir-lhe os ensinamentos cheios de beleza e sabedoria. Desde os publicanos, geralmente interessados no ganho fácil, até mulheres desviadas da senda de elevação. Essa particularidade deve fortalecer as nossas convicções de que o Cristianismo não é doutrina destinada a pequenos grupos, ou pessoas, que seleciona aqueles que lhe buscam a divina Fonte, desejosos de saciarem a milenária sede de amor e conhecimento.

Efetivamente, seria absurdo crer-se que o Mestre, em cujas mãos misericordiosas foi estruturada a casa terrestre, abandonasse o seu trono de luz, as alturas infinitas, para trazer ao mundo o seu verbo de sabedoria condicionado a um critério de limitações incompatível com a grandeza de sua missão.

Iniciado na Palestina, com apenas doze apóstolos, o Cristianismo foi a pequenina semente lançada no solo do coração humano, porém destinada a converter-se em frondosa árvore, capaz de oferecer repouso e proteção à humanidade inteira. Sob os seus galhos generosos reunir-se-ão, no futuro, continentes, nações e povos de todas as raças, reafirmando, assim, o sentido de eternidade das palavras de Jesus, quando preconiza o comando espiritual da Terra nas mãos compassivas de *"um só Pastor"*.

A família humana, integrada no Evangelho, será, indiscutivelmente, um só rebanho conduzido, com segurança, pelo Pastor amoroso e sábio. É por isso que se *"aproximavam de Jesus todos os publicanos e pecadores para o ouvir"*, segundo o informe do Evangelho.

A família tem crescido muito, com o tempo. E crescerá mais ainda. Homens de negócios, intelectuais, cientistas, operários, homens e mulheres de todos os tipos sociais, crianças e velhos se agrupam em torno da Boa Nova, dela recebendo consolo para o coração e luz para a inteligência.

À sombra generosa da árvore do Cristianismo, os ódios se dissipam, os ressentimentos se diluem, os antagonismos desaparecem, os caprichos se apagam...

Jesus é o divino confraternizador e o Evangelho, o sublime poema da união e da amizade de todos os tempos. Ao influxo abençoado da Boa Nova — tesouro de humanismo e ternura — os semblantes se transformam, as sombras recuam, a claridade se faz, o desalento foge, a esperança renasce...

Refletindo sobre a bondade de Jesus para com todos, compreenderemos, melhor, o motivo por que se aproximavam do divino Amigo *"todos os pecadores e publicanos"*...

Fonte: *Síntese*, 31 de janeiro de 1957. Coluna "Comentando o Evangelho".

Comentando o Evangelho V

15 | fevereiro | 1957

"Então Pedro, tomando a palavra, disse-lhe:
'Eis que nós deixamos tudo
e te seguimos, que receberemos?'"— Mateus, 19: 27

A pergunta que encima esta página traduz, sem dúvida, o imediatismo que ainda presidia os cometimentos apostólicos do pescador de Cafarnaum. Mas, nem por isso, foi ela desprovida de utilidade, uma vez que ensejou valioso ensinamento do Cristo, quando, na sequência da resposta, adverte no versículo 30 que *"muitos primeiros serão os últimos e muitos últimos serão os primeiros"*.

Evidentemente, se referia Pedro às coisas materiais que abandonara depois da aceitação do Evangelho, que lhe traçou na vida rumo diferente:

— a casinha pobre, mas confortável;
— o carinho dos familiares;
— a mesa sempre bem posta para o repasto de todos os dias a horas certas;
— o repouso tranquilo à noite, depois da pesca abundante, no labor honesto, no Tiberíades azulado;
— o casario singelo de Cafarnaum, que lhe alegrara os dias da infância e da juventude.

Tudo isso o abnegado servidor relacionava, sinceramente, como coisas que deixara para seguir o Mestre de olhos azuis e cabelos cor de ouro.

O problema, entretanto, especialmente nos dias atuais, quando o Cristianismo já se consolidou no coração de grande parcela da humanidade, não é o do abandono de objetos ou bens móveis e imóveis em nome da fé que nos enriquece e felicita. O problema, para os discípulos modernos, é mais delicado e muito mais sutil do que imaginamos.

A necessidade de renovação íntima, que nos fortalece o espírito nas lutas de cada instante, sugere-nos, sobretudo, o abandono de velhos equívocos e de lamentáveis vícios que nos embalam, perigosamente, as derradeiras ilusões.

Para seguirmos o Mestre, é mister abandonemos milenários hábitos que nos embaraçam a marcha evolutiva. O egoísmo e a vaidade, o orgulho e a prepotência, o ciúme e a inveja são velhos trastes que precisamos abandonar, a fim de que nos adaptemos às noções do Evangelho.

Não se trata de ser rico ou pobre, porque pobres e ricos podem compreender a Jesus. O emblema do discípulo sincero não está do lado de fora: localiza-se nos misteriosos e sublimados redutos do coração convertido ao bem, assegurando a todas as criaturas de boa vontade o acesso às moradas de luz da imortalidade vitoriosa. Essas moradas têm sido — e serão em todos os tempos — a retribuição do Pai celestial a todos aqueles que, em busca da luz, superaram, através de incessantes esforços, as próprias limitações.

Fonte: *Síntese*, 15 de fevereiro de 1957. Coluna "Comentando o Evangelho".

Comentando o Evangelho VI

15 | março | 1957

*"Porque não podemos deixar
de falar do que temos visto e ouvido." — Atos, 4: 20*

Os primeiros tempos do Cristianismo foram, sem dúvida, de momentos difíceis, que exigiam dos seguidores do Mestre dolorosos testemunhos. Almas escolhidas para os primeiros dias da Boa Nova, os apóstolos, especialmente depois do Pentecostes, multiplicadas vezes tiveram de evidenciar, no açoite e na prisão, o idealismo puro e a fé inabalável.

O Sinédrio — famoso tribunal israelita — frequentes vezes chamou às falas os pegureiros da fraternidade que, em nome do Senhor, ensinavam e davam testemunho das verdades apostólicas.

Pedro e João, diante da poderosa organização político-religiosa, onde pontificavam as mais representativas figuras do judaísmo intransigente e formalista, foram compelidos à demonstração da coragem evangélica. Interpelados sobre a pregação que faziam, ponderaram com firmeza: *"Não podemos deixar de falar do que temos visto e ouvido"*.

Os ensinamentos de Jesus eram, efetivamente, por eles ouvidos em todos os momentos e lugares. Nas cidades, aldeias, praias e caminhos o verbo do Messias enchia de esperanças os desventurados da Terra. As curas — cegos que viam, aleijados que andavam, leprosos que se curavam ao toque mágico de suas divinas mãos, loucos que recuperavam o senso — se realizavam à luz do sol ou em noites enluaradas...

Como negar tais ensinos e tais curas, se as próprias pedras dariam testemunho de todos os acontecimentos, caso os homens fizessem, sobre eles, o silêncio da fraqueza e da má-fé? Interrogados no Sinédrio, os leais servidores do Evangelho retrucam, firmes: "... não podemos deixar de falar do que temos visto e ouvido".

Nos dias presentes, a história se repete... Do Alto, através dos médiuns, a voz da Espiritualidade se faz ouvir por clarinadas de luz, anunciando a consolidação das promessas do Senhor, o advento dos NOVOS TEMPOS. Companheiros escolhidos para o serviço de cura levantam os enfermos e realizam, inclusive, operações cirúrgicas à vista de médicos e autoridades. Todavia, à maneira dos homens do Sinédrio, criaturas indecisas na fé procuram, hoje como ontem, tapar com uma peneira a projeção desses fatos.

Alguns conseguem superar a natural timidez, sobem nos telhados, ocupam as tribunas, vão às páginas dos jornais e afirmam, como Pedro e João, que "não podem deixar de falar do que têm visto e ouvido".

Vinte séculos decorreram, no relógio do tempo, mas se pode verificar que, no tocante à coragem moral, muito pouco progrediu a humanidade. O preconceito ainda permanece, como duras algemas que impedem os justos pronunciamentos. Hoje como ontem...

Embora tenhamos o dever de respeitar, sinceramente, a fragilidade dos que ainda não se dispuseram ao reconhecimento da verdade, é justo consideremos o valor dos que, ante o inestancável surto mediúnico que invade todos os setores da vida moderna, ponderam, sensatamente, que "não podem deixar de falar do que têm visto e ouvido".

Fonte: *Síntese*, 15 de março de 1957. Coluna "Comentando o Evangelho".

Coluna evangélica

O "presente" do mundo...

15 | maio | 1957

> "Responderam e disseram-lhe:
> 'Se este não fosse um malfeitor, não to entregaríamos'."
> — Do Evangelho

Quando os israelitas levaram Jesus à presença de Pilatos, perguntou-lhes o preposto de César que acusação traziam contra aquele homem, cuja singular figura tanto lhe impressionara. E os irrequietos judeus disseram-lhe que se ele não fosse um malfeitor, não lho teriam entregue.

O episódio merece, como todos os lances evangélicos, acurada meditação. Num mundo como o nosso, em que o mais desvairado egocentrismo avassala as criaturas, é interessante comentemos a posição do Mestre ante o poder de Roma e a incompreensão do judaísmo.

Preocupamo-nos, excessivamente, de modo geral, com o que de nós pensam, com o que de nós dizem. O conceito que de nossa pessoa fazem é problema a que damos muita importância. Semelhante atitude realça o orgulho que caracteriza a nossa individualidade, espelhando, igualmente, o tremendo egoísmo que se irradia por todo o nosso ser, inclinando-nos, sutilmente, à satisfação de considerações quase sempre indevidas, ou falsas. A posição do Cristo corrige-nos, entretanto, os pruridos egocêntricos e nos compele ao reajuste necessário.

Ego sum qui sum... Jesus foi e continua sendo o Governador espiritual da Terra. Em suas mãos de luz plasmou-se a estrutura planetária terrestre. Do seu misericordioso coração emanaram as iniciativas tendentes à preparação deste mundo que é, hoje, o nosso lar e a nossa escola, nosso templo e nossa oficina. Espírito eleito — cuja evolução se processou em linha reta — antes que a Terra existisse já era Jesus Cristo a luz do mundo, o sol da vida...

Pois bem: essa personalidade augusta, benevolente e sábia é apresentada a Pilatos na feição de criminoso vulgar. O título que escolheram para o Salvador do mundo é de MALFEITOR. A ele, justo por excelência, o puro, o imaculado, o perfeito.

Será razoável aspiremos melhor tratamento?!?... Razoável será que nós outros, cujo passado e presente se caracterizam por erros e quedas, por crimes e deslizes, recebamos melhor tratamento do que o dispensado à Flor de Deus? Evidentemente, o trecho evangélico induz-nos a oportunas e indispensáveis considerações. É convite à reflexão e ao reajuste. A humanidade ofereceu ao Cristo de Deus o açoite e a prisão, o sarcasmo e o deboche, a bofetada e a cruz. Assim sendo, não nos parece justo continuemos, nesta altura da nossa jornada, buscando a borboleta da glória e do destaque, da compreensão e do entendimento.

A nossa posição, justa e adequada, é simplesmente a do fiel cumprimento de nossos deveres. Guardemos, pois, atitude de vigilância e de prece. Convençamo-nos de nossas fraquezas, a fim de que o germe do orgulho e o monstro do egoísmo — devorador de consciências — não vicejem em nosso coração, recordando, sempre, de que Jesus Cristo foi considerado malfeitor comum e que, mais tarde, no cimo do Calvário, demos-lhe por recompensa, como *"presente do mundo"*, a coroa de espinhos e a cruz do martírio.

Fonte: *Síntese*, 15 de maio de 1957. Coluna "Coluna evangélica".

Comentando o Evangelho

31 | julho | 1957

"E ele saltou e andou." — Atos, 14: 10

Aquele homem jamais havia caminhado com seus próprios recursos. Nascera, coitado, sob o triste signo da impossibilidade de, sem o auxílio de terceiros, deslocar-se de um para outro lugar. Nunca tivera a alegria de andar de sua casa para a rua, onde mendigava, e da rua para casa, onde sofria e chorava a sua desdita.

Era, como se vê, um espírito em prova, um coração culpado, uma consciência em processo regenerativo. A infração da lei, no ontem que se fora, deu-lhe, naquela existência, a dura prova da paralisia redentora.

Precisamos de olhos para enxergar e de ouvidos para entender as misteriosas vozes do nosso ontem de enganos ressoando, distinta e misericordiosamente, em nosso hoje de esperanças. Assim sendo, procuremos, na passagem em estudo, que para muitos poderá resumir-se no simples registro de mais uma entre tantas curas do apóstolo, a substância doutrinária indispensável às nossas necessidades evolutivas.

De modo geral, o problema do aprimoramento da humanidade é perfeitamente idêntico ao problema físico do nosso amigo, que *"saltou e andou"* após ouvir a Paulo. Quando o espírito deseja, efetivamente, caminhar para o bem e para a luz, o simples conhecimento da verdade relativa fá-lo dar saltos e andar na estrada do aperfeiçoamento. Entretanto,

59

quando as palavras não traduzem o sentimento interior, nem o verbo construtivo, impregnado de princípios renovadores, nem os fenômenos mais deslumbrantes abalam o indiferente ante ideais elevados e santificantes.

Bastou ao paralítico ouvir a Paulo para erguer-se, vitorioso, deixando de ser um inválido para se tornar célula ativa do organismo social. Levantemo-nos também da vida imediatista para a vida dinâmica, operante e cristã, trabalhando e realizando, apesar dos impedimentos que decorrem dos compromissos do pretérito.

Sem boa vontade e fé sincera, permaneceremos longos séculos pensando em função dos que pensam e como agem os nossos companheiros de jornada, deles dependendo, sempre, a solução de nossos conflitos, à maneira do paralítico que, durante longos anos, só se deslocava de casa para a rua, e vice-versa, nos braços de outrem, até que a clarinada do doutor de Tarso o ergueu para a vida e para o trabalho.

Jesus Cristo, através de Paulo e de outros missionários, permanece convocando-nos a experiências mais produtivas, no capítulo das aspirações superiores e definitivas. Ergamo-nos, pois, em espírito e verdade, a fim de que, saltando e andando, atendamos ao chamado do Mestre.

Fonte: *Síntese*, 31 de julho de 1957. Coluna "Comentando o Evangelho".

Coluna evangélica

*"E aconteceu que, num daqueles dias,
entrou num barco com seus discípulos e disse-lhes:
'Passemos para a outra banda do lago'.
E partiram." — Do Evangelho*

A trajetória evolutiva do espírito humano pode ser dividida em três fases principais, distintas e singulares, a saber:

a) sem Jesus,
b) acompanhando a Jesus,
c) plenitude com Jesus.

A primeira delas simboliza o tempo em que, inteiramente dominados pelos interesses mundanos, vivemos alheios a qualquer programa de edificação cristã. Vivemos apenas para comer, dormir, procriar e trabalhar, visando ao enriquecimento material. A esse tipo de vida chamaríamos de *"vida sem Jesus"*.

A segunda fase seria, assim, a fase evolutiva intermediária, em que ouvimos e atendemos ao chamado do Cristo, a fim de, com ele embarcados, empreendermos a travessia perigosa e decisiva, além da qual se encontra a vida triunfante.

Por fim, como etapa de luz, estaria a fase de *"vida e união plena com Jesus"*, o porto de chegada.

A primeira fase se caracteriza por uma paz envolvente e mentirosa, vivendo o homem sem outras aspirações senão as de ordem inferior. E se julga muito feliz! A segunda, em que procuramos acompanhar as pegadas do Mestre, é turbilhonante e aflitiva, como se deduz do próprio episódio evangélico, em que os discípulos, receosos da tempestade, temem pela vida, pelo destino da barca, e pedem socorro ao divino Mestre. O momento de transição é, de fato, difícil: pede coragem, renúncia e perseverança. Podemos dizer que a segunda fase, representativa da luta entre o bem e o mal, entre a luz e a treva, entre o vício cristalizado e o anseio de elevação — (...) exige, do combatente de boa vontade, vigorosa fé e excepcional confiança no sublime Condutor.

Os fortes triunfarão sobre si mesmos, isso não há dúvida. Os fracos recuarão, desanimados, ante as dificuldades e reações da mente ainda afeiçoada ao programa do menor esforço, adiando, assim, para amanhã, a realização que deveria pertencer ao dia de hoje.

Luta e sofrimento constituem o clima de quem vive a segunda fase, embarcado com Jesus e com ele partindo na direção do Infinito. Sofrimento e luta que, vividos na doce companhia do Mestre, com bom ânimo e decisão, assegurar-nos-á vitorioso ingresso nos campos amenos da terceira fase, onde, sob as bênçãos do amor e da sabedoria, cada um de nós entoará a canção da vitória sobre si mesmo, o triunfo sobre as próprias imperfeições. Tal vitória ocorrerá quando, superando a ventania e a tempestade, o temor e a indolência, passarmos com Jesus para a *"outra banda do lago"*.

Fonte: *Síntese*, (s.d.t.). Coluna "Coluna evangélica".

Reformador

O grande tesouro

Agosto | 1954

A luta pela conquista de títulos e posições tem sido obcecante alvo da humanidade, mesmo depois que a mensagem de luz da Boa Nova banhou o coração da Terra criando, forçosamente, novos padrões de vida para o ser humano.

O homem, todavia, tem esquecido, nessa multimilenária luta, a realização do supremo bem a que a alma, consciente e responsável, deve aspirar neste mundo: a paz de espírito.

Nada há que se lhe compare na complexa série de vicissitudes de que se compõe uma vida humana. Paz de espírito significa paz de consciência. E somente aquele que apresenta ao Senhor da Vida uma consciência rica de nobreza e dignidade, de amor e compreensão pode ter a paz de espírito.

E não se diga que Jesus olvidou esse aspecto de nossos transcendentes interesses em função da vida superior. Aproximava-se o instante do Calvário e o *"bem-aventurado Aflito da crucificação"* legava aos discípulos sublime herança: *"Deixo-vos a paz, a minha paz vos dou; eu não vo-la dou como o mundo a dá. Não se turbe o vosso coração, nem se atemorize"* (João, 14: 27)

A paz do Cristo vem de Deus e habita, imperecível, intrínseca, na consciência humana. A paz dos homens é vestuário que nos esconde as deformidades, mas não resistirá ao tempo, destruindo, mais cedo ou mais tarde, a nossa pretensa serenidade. A paz do Cristo é indestrutível, eterna, nada a perturba, nem a destrói. A dos homens é efêmera, frágil como o próprio homem que a retém. Paz de espírito, é, em síntese, *"presença do Cristo"* em nós. Plenitude de nosso Senhor, fazendo-nos refletir as inconfundíveis fulgurações de sua grandeza.

Via de regra, esperamos que a desencarnação nos ofereça o tesouro da paz, quando esse tesouro é conquista do presente e já na presente experiência pode ser obtido. Ouçamos respeitosamente Paulo de Tarso, cuja tranquilidade consciencial levava-o a escrever aos gálatas (3: 20): *"Já não sou eu quem vive, mas o Cristo vive em mim"*.

O converso de Damasco sentia-se feliz quando açoitado, perseguido e injuriado, porque a *"verdade do Cristo estava nele"*. (II Coríntios, 2: 10). Sem glórias humanas, sem títulos, senão o de *"servidor"*, era feliz porque realizara Cristo em si. A *"presença do Cristo"* era nele.

Goethe, o famoso poeta alemão, afirmava, desolado e triste: *"Em 72 anos de vida, eu não fui feliz 24 horas"*. Goethe! Glórias, honras, homenagens, elogios, dinheiro, magnificentes recepções, nada lhe faltava. Todavia, confessava que em longa existência não fora feliz um dia sequer!... Não tivera essa paz de espírito que somente a união com Jesus nos concede, efetivamente.

A função primordial do Espiritismo cristão é a de educar criaturas para que, ainda encarnadas, busquem, pelo amor e pelo trabalho, esse grande tesouro. Esse tesouro que se não vende, nem se troca, nem se dá. Conquista-se, adquire-se, converte-se em força viva, em patrimônio pessoal, intransferível, a refletir nas claridades divinas na intimidade de cada coração.

Fonte: *Reformador*, agosto de 1954. p. 175-176.

Nota da Editora: *Reformador* é uma revista de divulgação da Doutrina Espírita, editada mensalmente pela FEB. É uma das mais antigas publicações de seu gênero, em circulação no Brasil (desde 1883, no formato original de jornal). Com a fundação da FEB, em 1884, o periódico foi por ela incorporado, passando a ser o seu principal órgão de divulgação, voltado para a difusão de artigos doutrinários, fatos e trabalhos desenvolvidos pela entidade, assim como pelas entidades afiliadas em todo o país. *In*: <http://pt.wikipedia.org/wiki/Reformador>. Acesso em: 12 nov 2009.

Nem prata, nem ouro...

Dezembro | 1955

Tudo é belo e edificante nos episódios, alegorias e parábolas que, reunidos, constituem a vida, a presença do Senhor no cenário terrestre! Conta o evangelista-médico (Atos, 3) um fato que merece ser meditado por quantos se interessam pelos problemas do espírito à luz da Terceira Revelação.

Dois discípulos subiam ao templo para a oração na hora nona. Eram eles Pedro, o velho pescador, e João, o jovem discípulo cuja ternura as páginas evangélicas evidenciam. Ao se aproximarem da porta chamada Formosa, quais transeuntes comuns, são interrompidos por um homem que mendigava, sentado. Era um coxo de nascença, um paralítico, cujas mãos logo se ergueram para os discípulos, no habitual gesto de quem pede.

Pedro, fitando-o, disse: *"Olha para nós!"* Nessa altura, após significativo silêncio, o velho Cefas, pondo na voz a mais sublime inflexão de ternura e misericórdia, proferiu aquelas palavras que ainda hoje recordamos com justa e compreensível emoção: *"Não possuo nem prata, nem ouro, mas o que tenho isso te dou; em nome de Jesus Cristo, o Nazareno, anda!"* Diz ainda o livro santo que o homem *"de um salto se pôs de pé"*, passou a andar com ele no templo, saltando e louvando a Deus.

O episódio suscita observações interessantes. Por que o silêncio e depois o pedido *"Olha para nós?"* De início, convém lembrar que os discípulos de Jesus eram médiuns. E médiuns poderosos. Desde a ocorrência do Pentecostes, os poderes psíquicos dos herdeiros do Senhor foram estimulados de modo a que se tornassem como pegureiros da Boa Nova, força atuante e eficaz no ministério evangélico e onde se fizesse necessária a glorificação do Pai celestial. E sobre Pedro, especialmente — cuja ancianidade respeitável mantinha a fé e a estrutura fraterna da comunidade apostólica —, as bênçãos da mediunidade superior jorravam fecundas e abundantes.

"Olha para nós!" — pediu o velho Cefas. Por quê? Para quê? Desejaria devassar-lhe a alma? Investigar-lhe o coração? Conhecer-lhe a história íntima, sondando-lhe, nos refolhos da consciência, a dolorosa trama do seu destino? Ou simplesmente penetrava os arcanos de luz para, afinal, efetivar em nome do Senhor e Mestre a cura prodigiosa?

Humilde, simples, modesto, sem qualquer formalismo ou ritual, trajando singela túnica, possivelmente desbotada pelo tempo, Pedro, antes de ordenar-lhe *"anda!"*, talvez estivesse a recordar as saudosas exortações do Mestre querido, que se fora na aflitiva tarde do Calvário: *"Se me pedirdes alguma coisa em meu nome, eu o farei!" "Se permanecerdes em mim e as minhas palavras permanecerem em vós, pedireis o que quiserdes e vos será feito!" "E tudo quanto pedirdes em meu nome isso farei, a fim de que o Pai seja glorificado no Filho!"*

Sim, Pedro certamente orava, uma vez que a saudade do Mestre era oração viva dentro de sua alma extremosa. Evocando o Senhor, o irmão de André recordava, igualmente, as promessas amigas. Então a sua voz se ergueu, confiante e serena: *"Em nome de Jesus Cristo, o Nazareno, anda!"*.

Nesse episódio, revestido de simplicidade e beleza, há um mundo de ensinamentos. Um livro, talvez, pudesse, imperfeitamente embora, emoldurar-lhe o profundo conteúdo. Pedro em nada tinha de si mesmo. Nem prata e nem ouro. As próprias redes de pescador descansavam nas distantes praias do saudoso e poético Tiberíades, porque lhe competia, agora, apascentar as ovelhas que o Mestre querido lhe confiara ao coração. Entretanto, ao som de sua voz, um paralítico de nascença ergueu-se para a vida, para o movimento, para o trabalho. Duas forças se conjugaram, se aliaram nesse episódio: a misericórdia do Pai e a humildade do pescador...

***

Dois milênios se passaram. Em nossos dias, dificilmente o episódio se repete. Os cristãos modernos, de modo geral, deixaram que o veneno sutil do *"narcisismo"* espiritual habitasse em seus corações, indicando, sem dúvida, que a lição foi esquecida.

Fonte: *Reformador*, dezembro de 1955. p. 280.

Dar-se-á mais

1956

"Ao que tem mais se dará." — Jesus

Disse Jesus: *"Ao que tem mais lhe será dado; e ao que não tem o pouco que tem lhe será tirado."*

Meditando sobre essa incisiva advertência do Senhor, somos compelidos a dar-lhe interpretação estritamente espiritual. Dizendo *"Ao que tem mais lhe será dado"*, quis o Senhor referir-se aos valores do espírito imortal, sem qualquer alusão às conquistas materiais. Quis esclarecer que, à medida que a criatura humana cresce em sabedoria e bondade — sabedoria espiritual e bondade construtiva —, mais receberá do plano divino em tesouros de consolação e paz e, sobretudo, em possibilidades para melhor ajudar a si mesma e aos companheiros de caminhada evolutiva.

Se somos detentores de tais ou quais possibilidades de servir, fraternal e desinteressadamente, seremos aquinhoados com maior soma de recursos, a fim de que se expanda e se consolide, na Terra, a solidariedade humana sob a égide augusta do Senhor e Mestre.

A Espiritualidade mais alta, representando a vontade de Jesus, não desampara nenhum dos seus colaboradores que, interessados no bem, procuram materializar as suas melhores aspirações no campo da fraternidade, na esfera do amor ao próximo. Dá-lhes sempre novos talentos, porque sabe serão eles multiplicados e transformados em bênçãos para muitos. Jesus é a usina, o homem será o transformador.

Interpretando, pois, em tal sentido a afirmativa do Mestre, ficaremos bem informados e certos de que aquele que tem mais lhe será dado. A promessa do Cristo reveste-se de tamanha certeza para o aprendiz de boa vontade que nenhuma dúvida permanecerá quanto à exegese do trecho evangélico escolhido para a nossa meditação.

Assim sendo, trabalhemos e perseveremos no serviço do bem, visando à nossa e à elevação de todos, a fim de que nos sejam dados, pelo Senhor da vida e Doador de bênçãos, recursos com os quais possamos reajustar o passado e edificar o futuro.

Se pretendermos repousar indevidamente, como quem pede uma licença de dois anos depois de trabalhar apenas duas semanas, conforme lembra esclarecido amigo espiritual, fiquemos igualmente certos de que a advertência do Senhor se cumprirá: o pouco que tivermos ser-nos-á tirado.

É da lei que assim aconteça.

Fonte: *Reformador*, 1956. p. 212.

Plantio e colheita

Fevereiro | 1956

"A cada um será dado segundo as suas obras." — Jesus

A paisagem terrestre sugere e possibilita à criatura humana observações interessantes. Se o homem deixasse, por algum tempo, de representar o seu próprio papel, e se colocasse na posição do simples espectador, observaria a vida desenrolar-se como se fosse impressionante drama, entremeado, via de regra, de cenas cômicas ou trágicas.

Ricos e pobres, sadios e enfermos, homens cultos e homens ignorantes, tipos de admirável beleza ao lado de verdadeiros fenômenos teratológicos — essa a visão, aparentemente absurda que o imenso palco apresentaria ao espectador que se postasse, curioso, no simbólico auditório.

Essa variedade de situações pode, realmente, espantar muitas criaturas, tornando-as confusas ou descrentes. O espírita, entretanto, identificado com a Lei de Causa e Efeito, sabe que cada uma das personagens está vivendo, linha por linha, o seu próprio destino. Sabe o espírita que o *"a cada um será dado segundo as suas obras"* do Cristo explica, sem qualquer subterfúgio ou nebulosidade, o porquê dessas desigualdades. Cada um de nós está estruturando o próprio destino, colhendo hoje o que ontem plantou.

O idiota, o cretino, o demente que transita, despersonalizado, diante de nós, é, geralmente, a reencarnação de uma *"grande figura"* que malbaratou, no passado, preciosas oportunidades, conspurcando, abusivamente, os sublimes talentos que a Divina Misericórdia colocou diante dele.

Aclarando, doutrinariamente, esse problema, relembremos oportuna pergunta feita por Kardec, durante a Codificação:

— *"Pode assim o corpo de um idiota conter um espírito que tenha animado um homem de gênio em precendente existência?"*

E os espíritos responderam:

— *"Certo. O gênio se torna por vezes um flagelo, quando dele abusa o homem."*

A resposta foi claríssima e oferece margem a considerações simples, porém verdadeiras. A inteligência mal aplicada pode ser um desastre para o seu possuidor, seja ele músico ou poeta, cientista ou filósofo, político ou escritor.

Quantas vezes, em todo o curso da História, o homem de gênio se tornou um flagelo para a humanidade, cooperando com a sua cultura e o seu talento para que a destruição e a morte, a descrença e o crime varressem a paz do coração humano?

Precisar-se-á ser espírita para crer nessa verdade? Acreditamos que não.

Enquanto não sublimarmos, pelos valores da fé raciocinada e da humildade cristã, os patrimônios de sabedoria exclusivamente humana o palco terrestre apresentará essa sucessão de anomalias e desajustes, econômicos e sociais, físicos e morais.

Sem a influência do Cristo, prosseguirá por muitos séculos o drama sombrio das reencarnações expiatórias, debatendo-nos, na posição de idiotas, cegos ou mutilados, nas purificadoras veredas deste pequenino mundo a que chamamos Terra, porque, na verdade, se somos livres no plantio, a Justiça Divina determina que sejamos escravos na colheita, porque "*a cada um será dado segundo as suas obras*".

Fonte: *Reformador*, fevereiro de 1956. p. 212.

A negação de Pedro

Abril | 1956

"Mas Pedro negava, dizendo:
'Mulher, não o conheço'." — Lucas, 22: 57

A negação de Pedro, o venerando apóstolo galileu, contém em si mesma um dos mais expressivos ensinamentos do Evangelho. É acontecimento que não deve ser considerado por acidental dentro das narrativas evangélicas, merecendo, por isso, acurada meditação de quantos se interessam pelo estudo da Boa Nova do reino.

Todos sabem como se deu a ocorrência, sendo desnecessários, portanto, os pequenos detalhes da recapitulação. Foi nas horas finais da presença tangível do divino Emissário na paisagem terrestre, quando, desprezado por quase todos, buscava no martírio e na coroa de espinhos o combustível com que acenderia para toda a humanidade planetária a luz da redenção espiritual.

Apontado, três vezes, como um dos acompanhantes do Senhor, o velho Cefas, receando represálias de romanos e judeus, afirmou, referindo-se ao divino Crucificado: "Não o conheço". A negação de Pedro, antes de tudo, "serve para significar a fragilidade das almas humanas", conforme acentua Emmanuel, ao focalizar o episódio. E também um convite a que estejamos sempre em vigilância, guardando sincera humildade, não pretendendo ultrapassar o âmbito de nossas possibilidades, não querendo ser o que na verdade não somos.

A negação de Pedro nos induz a situarmo-nos na condição espiritual que nos é própria. Lembra-nos, claramente, as nossas fraquezas e o perigo a que, pelas imperfeições de nossas almas, estamos frequentemente sujeitos.

Nenhum dos apóstolos foi maior, na dedicação, do que Pedro. Amava profundamente o Mestre e nenhum dos companheiros o superou na fé e na humildade. Nenhum era mais prudente e sensato que o rústico pescador de Cafarnaum. Permanecia sempre ao lado do Senhor, zeloso e devotado, ouvindo-lhe dos próprios lábios as lições edificantes. Todavia, nos últimos instantes, exatamente quando Jesus sofria a incompreensão geral, Pedro, amedrontado e bem humano, declara: *"Não o conheço"*. Ora, se Pedro, o *"príncipe dos apóstolos"*, sendo mesmo aquele a quem o Mestre diria, depois, reabilitando-o amorosamente, *"Se me amas, Pedro, apascenta as minhas ovelhas"*, se o valoroso pescador da Galileia negou o Cristo no extremo, que esperar de nós, que não privamos do convívio pessoal e tangível com o Mestre?

A lembrança da negação de Pedro, registrada pelos evangelistas, evitar-nos-á uma série de atitudes incompatíveis com a humildade cristã: seremos menos vaidosos, não teremos a pretensão de ser maiores, não sobre-estimaremos as nossas possibilidades no campo das edificações espirituais. Sobretudo, não entronizaremos o coração na ilusória torre que o nosso milenário orgulho costuma construir. A negação de Pedro será, no curso dos séculos, uma espécie de *"olha para dentro de ti mesma, criatura humana e frágil, vê a tua indigência espiritual e entrega ao Pai celestial a autoria de todas as boas obras que consegues materializar na Terra!"*

Fonte: *Reformador*, abril de 1956. p. 83.

O problema do retorno

Junho | 1956

"Procura apresentar-te a Deus aprovado como obreiro que não tem de que se envergonhar."
— Paulo. II Timóteo, 2: 15

Em nossas cogitações de ordem espiritual não deve estar ausente o problema relacionado com a maneira pela qual a criatura humana será acolhida no mundo dos espíritos, após a morte, isto é, após a desencarnação, segundo a nomenclatura espiritista. O assunto, por sua importância, foi objeto de consulta do codificador, através da pergunta 287 de *"O Livro dos Espíritos"*, formulada nos seguintes termos: '"*Como é acolhida a alma no seu regresso ao mundo dos espíritos?"* A resposta obtida foi a seguinte: *"A do justo como bem-amado irmão, desde muito esperado. A do mau como um ser desprezível"*.

Conclui-se, daí, que a alma da pessoa que transitou pelo mundo, elegendo os padrões de justiça e fraternidade do Evangelho por norma de conduta, é recebida carinhosamente por aqueles que lhe comungam os ideais. A vida no plano terreno é uma como que viagem difícil e trabalhosa, na qual o itinerante arrisca toda a sorte de perigos e tentações. Se triunfa sobre os perigos, superando as tentações, retornará vitorioso e feliz ao mundo espiritual, enchendo de indefiníveis júbilos aqueles que confiaram no seu valor e na sua resistência.

Assim como a nossa família consanguínea, em tese, aguarda ansiosamente o retorno das viagens que, periodicamente, empreendemos a outros países, estados e cidades, a família espiritual — aquela que partilha dos nossos ideais — espera-nos saudosa nos planos subjetivos.

Quanto ao reingresso no mundo dos espíritos dos que se comprazem na deliberada prática do mal, é interessante apreciarmos mais detidamente a expressão *"desprezível"*, usada pelos espíritos. Notemos que eles disseram: *"como um ser desprezível"* e não *"como um ser desprezado"*. Ser desprezível é coisa bem diferente de ser desprezado. Desprezado é aquele que está no desamparo, sozinho, segregado. E nós sabemos que Deus não desampara ninguém. A misericórdia divina assiste-nos sempre, mesmo que o negrume da perversidade esteja ensombrando a nossa alma. Bastar-nos-á, apenas, aceitar essa assistência, atendendo às sugestões renovadoras que os amigos espirituais nos transmitem incansavelmente.

Desprezível é coisa diferente. Esse vocábulo tem o significado de abjeção, miserabilidade espiritual, indigência moral, pobreza de virtudes. Noutras palavras: ausência daqueles sentimentos elevados que atraem, para o seu portador, estima e simpatia espontâneas. O ser desprezível suscita, apenas, compaixão e misericórdia, que se expressam através do auxílio que será recebido ou não, dependendo da sua boa ou má vontade, da sua receptividade ou impermeabilidade.

O problema do retorno ao mundo espiritual está, assim, na dependência exclusiva do nosso modo de vida. Se o Evangelho for apenas uma regra de etiqueta em nosso sistema de vida, bem triste será a nossa acolhida na pátria espiritual. Vieira afirmava, com acerto: *"Quando nascemos, somos filhos de nossos pais, mas quando morremos somos filhos de nossas obras"*. Raciocinando dessa maneira, compreenderemos melhor a oportuna advertência do grande bandeirante do Evangelho, ao se dirigir a Timóteo: *"Procura apresentar-te a Deus aprovado como obreiro que não tem de que se envergonhar"*.

Fonte: *Reformador*, junho de 1956. p. 127-128.

Talentos

Agosto | 1956

"... mas ao que não tem até o que tem ser-lhe-á tirado."
— Jesus

De vez em quando, aqui ou alhures, ouve-se a informação de que determinada pessoa perdeu a faculdade mediúnica. Os atributos da vidência desapareceram, a voz das *"sombras amigas"* deixou de ser ouvida, não mais a incorporação e até a simples aproximação das entidades deixou de ser percebida. Uma sensação de que *"deixou de ser médium"* se apodera, então, daquele que, tempos antes, via, ouvia e transmitia o pensamento dos espíritos.

Qual o motivo desse desaparecimento da mediunidade? Por que, de uma noite para o dia, de uma semana para a outra, cessaram as manifestações, o intercâmbio entre o plano visível e o invisível, como se as antenas de poderoso receptor deixassem de funcionar? Eis um capítulo de real interesse, doutrinário e moral, sobre o qual buscaremos falar na modéstia e singeleza desta página.

Dizem os amigos espirituais, tratando do assunto, que *"os atributos medianímicos são como os talentos do Evangelho"*. E todos nós conhecemos a parábola dos talentos. Chamado à prestação de contas, o servo afirmou que tivera medo e, em vista desse medo, ocultou o talento que a confiança do Senhor lhe pôs nas mãos.

Sabendo do ocorrido, diz-lhe o Senhor: *"Servo mau e preguiçoso, sabias que ceifo onde não semeei e que recolho onde não ceifei. Devias, então, ter entregado o meu dinheiro aos banqueiros e, à minha volta, eu teria recebido o que é meu com juros. Tirai-lhe, pois, o talento, e dai-o ao que tem dez talentos. Porque a todo aquele que tem dar-se-lhe-á e terá em abundância, mas ao que não tem até o que tem ser-lhe-á tirado".*

Dom mediúnico, é, pois, como o talento da parábola: patrimônio que o Senhor confia a seus filhos. Segundo afirmam os benfeitores espirituais, se esse patrimônio divino *"é desviado de seus fins, o mau servo torna-se indigno da confiança do Senhor da Seara da Verdade e do Amor. Multiplicados no bem, os talentos mediúnicos crescerão para Jesus, sob as bênçãos divinas. Todavia, se sofrem o insulto do egoísmo, do orgulho, da vaidade ou da exploração inferior"* teremos então o médium estacionário, improdutivo ou inteiramente fracassado. É justo, portanto, que, antes dos cometimentos mediúnicos, ou durante eles, não se descure o medianeiro da prática do Evangelho. Mediunidade sem Evangelho é como democracia sem educação política, motivando excessos e incongruências.

O Evangelho, bem sentido, nos induzirá ao devotamento e à simplicidade, ao espírito de renúncia e à humildade legítima, assegurando êxito e triunfo. Atividade mediúnica sem renovação para o bem significa, via de regra, caminho para a desilusão e para o sofrimento. Melhor seria, pois, para aquele que desvia a sua faculdade, favorecendo, assim, a incursão das sombras, que lhe fosse ela retirada antes que sobreviesse o desastre. Sempre que ouvirmos, pois, a notícia de que alguém perdeu, aqui ou em qualquer parte, os dons mediúnicos, fiquemos certos de que a misericórdia divina funcionou, compassivamente, evitando que mais uma alma invigilante se precipitasse no perigoso despenhadeiro de lamentáveis enganos e abundantes lágrimas.

Fonte: *Reformador*, agosto de 1956. p. 182.

A resposta do tempo...

Novembro | 1956

O conhecimento doutrinário do Espiritismo é tão necessário ao médium quanto o pedaço de pão a quem tem fome e o copo de água a quem tem sede. Médium sem Evangelho e sem Doutrina estará sempre defrontado pela ameaça da queda e do fracasso.

As mais belas florações mediúnicas e os mais poderosos recursos psíquicos podem atirar o seu possuidor nas ruas da amargura e da aflição, mais cedo ou mais tarde, se a sua alma não se prepara, convenientemente, para o bom desempenho de sua tarefa. Temos conhecido médiuns famosos que, por ausência de estudo e por nada desejarem com o Evangelho, apresentam hoje deplorável situação espiritual, ante as incongruências cometidas e que atentaram contra a lógica, o bom senso, a humildade e o desinteresse.

Temos ventilado até com certa insistência esse problema, com possibilidades, certamente, de não agradar aos que pensam não precisar o médium senão possuir a faculdade. O nosso objetivo é contribuir para que se consolide no espírito da maioria a certeza de que os médiuns não são, em absoluto, seres privilegiados, mas criaturas iguais a nós outros, portadoras das mesmas fragilidades, suscetíveis, portanto, de enveredarem, com facilidade, pelos tortuosos caminhos da invigilância.

Homem ou mulher, o médium é uma criatura comum: come e bebe água, trabalha normalmente e se veste, uma vez que tem compromissos tão inadiáveis e sagrados quanto os de qualquer pessoa. Na sua generalidade, a conta-corrente espiritual de quem reencarna trazendo dons mediúnicos apresenta sempre *"saldo devedor"*, pedindo reajuste e cobertura. A sua colaboração nos serviços do Espiritismo cristão tem de ser dada, portanto, *"segundo a cota de tempo de que possa dispor, entre os labores sagrados do pão de cada dia e o cumprimento dos seus deveres familiares"*, segundo o parecer de entidades respeitáveis e credenciadas a orientar. O serviço mediúnico jamais deve afastar o médium das sagradas obrigações de cada dia, seja ele homem ou mulher.

Jesus nos pede equilíbrio e sensatez. Nada de singularidades. O Espiritismo, como Cristianismo restaurado, defende também os mesmos salutares princípios. Esclarece Emmanuel que o médium que, muita vez de boa fé, se inclina ao não cumprimento de seus deveres, no lar ou no trabalho, sob pretexto de servir a Doutrina, pode *"cair no declive das situações parasitárias ou do fanatismo religioso"*. A maior bênção para o médium será sempre o fiel cumprimento de suas obrigações, na vida pública ou particular. Estudar, sentir e praticar o Evangelho nas atividades da fé que nos enriquece o espírito e nos felicita a existência, sob o estandarte do Espiritismo cristão, é tão indispensável quanto a própria identificação com os renovadores princípios doutrinários. Evangelho e Doutrina são as forças que sustentam o médium nos labores santificantes de cada dia. Relegá-los a plano secundário será, mais cedo ou mais tarde, porta aberta aos mais lastimáveis deslizes, seguidos das mais dolorosas consequências. Quem duvidar dessa assertiva observe os médiuns e aguarde, calmamente, a resposta do tempo...

Fonte: *Reformador*, novembro de 1956. p. 248.

Idolatria

Dezembro | 1956

"Varões, por que fazeis essas coisas?" — Atos

Encontravam-se Barnabé e Paulo em Listra, pregando o Evangelho nascente e curando os enfermos, quando os habitantes da cidade, impressionados com os prodígios por eles operados em nome do Cristo, iniciaram estranho movimento de idolatria visando os servidores da Boa Nova. A Barnabé chamavam Júpiter, e a Paulo, Mercúrio, atribuindo-lhes, assim, a elevada condição de deuses.

Um sacerdote do templo de Júpiter tentou até sacrificar animais ali mesmo, no local das pregações, ante os bandeirantes do Evangelho e em sua honra. A perigosa e sutil iniciativa dos listrenses, embora inspirada na simplicidade, encontrou, contudo, imediata e enérgica repulsa da parte dos pregadores. E não podia deixar de ser assim, uma vez que ambos, especialmente o sincero apóstolo da gentilidade, detestavam qualquer tipo de idolatria.

Convencidos das próprias limitações, que ainda lhes assinalavam o procedimento, realizavam a pregação em nome de Jesus Cristo e para Jesus Cristo faziam convergir o amor das populações que, através dos discursos e das curas, eram acordadas para o Evangelho do reino. Repelindo, energicamente, o leviano endeusamento, e possuídos de santa indignação, rasgaram os vestidos e gritaram: *"Varões, por que fazeis essas coisas? Nós também somos homens como vós, sujeitos às mesmas paixões".*

Na censura dos pregadores, registrada por Lucas em Atos, identificamos uma mistura de revolta e tristeza, exteriorizando o indescritível mal-estar causado pela conduta dos habitantes de Listra. O exemplo de Barnabé e Paulo deve servir de roteiro para os servidores de todas as épocas, especialmente da atualidade, quando o Cristianismo se restaura, gradativamente, sob as renovadoras claridades do Espiritismo e quando o vírus do elogio indiscriminado se propaga, violentamente, em todos os setores.

Devemos cultivar — e difundir de modo incessante — a ideia de que Jesus é o motivo central do nosso esforço e o supremo objetivo de nossas humildes realizações. Na caminhada ascensional, neste imenso educandário que é a Terra, o aprendizado é comum a todos, embora cada discípulo ocupe, realmente, diferente degrau na escala evolutiva. Guardamos, ainda, no dizer de Humberto de Campos, *"suaves infantilidades no coração"*, o que significa dizer porta aberta a equívocos geralmente lastimáveis.

Por que aceitar, pois, o operário do bem, títulos de elevação indevidos, se amanhã, nas bifurcações do caminho, no difícil momento dos testemunhos, reconheceremos a nossa condição deficitária de criaturas falíveis, sujeitas, como acentuaram Barnabé e Paulo, *"às mesmas paixões"*? Deus é o vértice da nossa marcha. E Jesus, seu dileto Filho, o ponto de convergência das nossas aspirações. Glorificarmos a Deus e a Jesus através do serviço incessante no bem, neste ou naquele setor, a fim de que o futuro nos dê, em bênçãos de amor e sabedoria, a celeste resposta ao nosso esforço — esse sim deve ser o supremo escopo das vidas que a Eles desejam consagrar-se. Se nos é impossível, por agora, dar à nossa vida o sentido apostólico que assinalou a trajetória de Barnabé e Paulo, sigamos, pelo menos, o exemplo daqueles abnegados pregadores, levando aos incensadores de todos os tempos a linguagem, muita vez silenciosa, do nosso constrangimento: *"Varões, por que fazeis essas coisas? Nós também somos homens como vós, sujeitos às mesmas paixões!"*

Fonte: *Reformador*, dezembro de 1956. p. 278.

Na oração

1957

"E quando chegou àquele lugar, disse-lhes: 'Orai para que não entreis em tentação'."
— Lucas, 22: 40

A atitude do Mestre no Monte das Oliveiras encerra valioso ensino relacionado com a preparação de nossas almas ante os testemunhos redentores que nos aguardam. Foi nas aflitivas horas que precederam o Calvário, quando se preparava para o grande testemunho, que o Senhor advertiu os discípulos para os momentos difíceis, quando a oração surge, em nossa vida, por sublime força a sustentar-nos as almas.

Ante a perspectiva do incompreendido momento de logo mais, o divino Senhor prepara o coração dos discípulos para a angústia das horas que viriam, quando os herdeiros da Boa Nova teriam que apresentar um coração varonil, capaz de superar os grandes perigos.

Aquele que ora é candidato ao triunfo. O que esquece a oração, na insensata presunção de autossuficiência, é candidato à derrota. A oração sincera infunde ao espírito a serenidade e a paz. Aquela paz que somente o Cristo no-la pode dar. A paz que não é do mundo.

A crucificação do Senhor constituiria, pois, o símbolo dos grandes problemas que afligiriam os legatários do Evangelho — problemas que permaneceriam através dos séculos: os milenários problemas relativos à harmonia e ao entendimento, à compreensão e à tolerância; as dificuldades íntimas, oriundas das nossas deficiências, e que se antepõem aos nossos anseios evolutivos, ameaçando reter-nos nos abismos de onde viemos.

A oração sincera assegura-nos, indubitavelmente, a vitória final. É por isso que o Mestre, como se falasse à humanidade do porvir, aconselhava aos discípulos vacilantes: "*Orai para que não entreis em tentação*".

Os benefícios da oração são imensos, inalienáveis. Eleva-nos, a prece, o tom vibratório favorecendo-nos o convívio espiritual com devotados instrutores. Expulsa de nossa "*casa mental*" as sombras das lutas diárias. Estimula-nos a confiança. Edifica-nos a fortaleza interior. Convoca-nos à humildade ante os desígnios da Soberana Vontade. Dá-nos serenidade e paz, alegria e bom ânimo. Suaviza-nos as dores pela compreensão da justiça divina.

A oração sincera, além de constituir sublime traço de união entre a Terra e o céu, entre a sombra e a luz, entre o homem e Deus, é, também, divino alimento para os corações de boa vontade.

Cultivemos, pois, entre as santas obrigações de cada dia, a necessidade da oração, a fim de que, construindo a nossa resistência interior, "*não entremos em tentação*", consoante adverte o divino Amigo.

Fonte: *Reformador*, 1957. (*s.d.t*) p. 10.

A cruz do Senhor

Fevereiro | 1957

*"Ao saírem, encontraram um cireneu, chamado Simão,
a quem obrigaram carregar-lhe a cruz."*
— Do Evangelho

Mateus, Marcos e Lucas descrevem, com indeléveis tintas, a cena ocorrida quando Jesus, saindo de Jerusalém, subia na direção do Calvário, a fim de legar à humanidade o mais sublime testemunho de renunciação pelo bem de todos.

Um grande livro poderia ser escrito comentando os lances do longo e aflitivo percurso, iniciado no Pretório, ante Pilatos, e concluído no Gólgota entre dois ladrões. Livro cujas páginas seriam incomparável poema de sabedoria. Páginas cujas frases seriam legítima epopeia de luz e compreensão. Frases em que cada palavra cantaria imortal cântico de fraternidade e amor. Isso porque, cada olhar, cada pensamento e cada gesto do Mestre divino seria, sem dúvida, maravilhosa partitura, ante a qual o gênio criador de Beethoven ou Chopin quase nada representaria. Entretanto, o objetivo do presente comentário é mais simples. Desejamos apenas comentar a atitude do homem de Cirene, compelido pela força das circunstâncias a ajudar o Senhor na condução do madeiro que, horas depois, fincado lá em cima, acenderia no topo do Calvário a luz da imortalidade vitoriosa.

Carregar uma cruz é símbolo de esforço e luta. É símbolo de sacrifício e renunciação, de boa vontade e fé. Ninguém hoje, tanto quanto o cireneu no dia sombrio da crucificação do Justo, se resigna com a cruz das experimentações. Sofrer e lutar, com vistas à aquisição de experiências, que assegurem ou consolidem a ascensão do espírito eterno, é programa a que poucos se afeiçoam. Pequeno número de aprendizes do Evangelho concorda em subir a ladeira dos testemunhos, porque a ascensão é penosa e se faz acompanhar, via de regra, de suor e lágrimas. A maioria prefere viajar na planície, onde o comodismo e a preguiça aparecem por inseparáveis companheiros daqueles que se comprazem na vida fácil e rotineira, sem vocação para o alpinismo do esforço evolutivo.

Há vinte séculos, Simão conduziu, compulsoriamente, a cruz do Senhor. Nos dias presentes, também recusamos conduzir a cruz do Mestre, porque ela nos pede misericórdia e perdão, com esquecimento de todo o mal, e reforma moral, com atitudes nobres e pensamentos dignos. O cultivo dos sentimentos elevados é cruz bastante pesada para a futilidade dos nossos dias. Simãos hodiernos, não queremos subir a difícil ladeira da renovação espiritual.

No episódio do cireneu, relatado pelos três evangelistas, retrata-se o nosso desinteresse ante a luta que nos levará, mais cedo ou mais tarde, ao Calvário da sublimação espiritual. Jesus não é, ainda, para os nossos espíritos trôpegos e vacilantes, uma realidade que buscamos espontaneamente, com as almas inundadas de alegria. É vago objetivo que demandamos acicatados pela dor e pelas desilusões.

Temos caminhado, desde a poeira dos milênios, sob o impulso de acerbas provações e de experiências retificadoras. Temos marchado assim... Compulsoriamente, como Simão, o cireneu, no ignominioso dia da crucificação do Mestre.

Fonte: *Reformador*, fevereiro de 1957. p. 11.

A confissão do apóstolo

Maio | 1957

Em sua epístola aos romanos, Paulo de Tarso faz expressiva e quase patética exclamação: *"O bem que eu quero não faço, mas o mal que não quero esse faço"*.

Semelhante confissão, que o apóstolo deve ter feito com o espírito amargurado é, sem dúvida, a de todos nós, que desejamos abraçar as verdades evangélicas, visando ao próprio aperfeiçoamento.

A assertiva de Paulo é digna de apreço e merece fé. Franco e corajoso, leal e sincero, suas palavras traduziram sempre a intensidade dos grandes conflitos espirituais que, à maneira de inflamado vulcão, lhe dominaram a paisagem interior depois do sublime encontro com o divino Amigo, nas portas de Damasco.

Quando despertamos para a verdade, lutas profundas se desenrolam no recesso de nosso coração, que se tranforma, assim, em atribulado campo de batalha. De um lado, os anseios de claridade. Do outro, as milenárias sombras que nos acompanham desde os primórdios evolutivos. Assim informam os instrutores espirituais e assim sente o aprendiz sincero do Espiritismo, no silêncio de sua luta íntima...

À maneira do apóstolo da gentilidade, o mundo surpreende-nos com frequência, a fazer-nos justamente o mal que não queremos e a não fazermos o bem que queremos.

Assim é que:

— se desejamos exercitar a humildade, o monstro do orgulho apresenta-nos, solerte, o ilusório trono de indevidas considerações;

— se intentamos o desprendimento, as ideias de posse material acicatam-nos o espírito ainda vacilante;

— se ensaiamos indecisos passos na senda da fraternidade, o clássico egoísmo sugere-nos direitos e prerrogativas imaginários;

— se queremos ser simples e bons, a afetação e a ironia avassalam-nos, muita vez, o coração, perturbando-nos o esforço evolutivo.

Esse é o grande drama das almas que acordam para a luz. Tal qual o apóstolo, vamos fazendo, de experiência em experiência, o mal que não queremos e deixando de fazer o bem que queremos.

O fenômeno, singularíssimo, revela a insegurança com que palmilhamos o roteiro ascensional. Todavia, se temos, efetivamente, boa vontade, não desistamos da peleja renovadora.

"Aquele que perseverar até o fim será salvo": a promessa de Jesus encoraja-nos e dá-nos forças. Um dia não mais repetiremos com o apóstolo, em suas primeiras experiências evangélicas — *"o bem que eu quero não faço, mas o mal que não quero esse faço"*. Fortalecidos e jubilosos, afirmaremos com o mesmo Paulo, quando, mais tarde, triunfando dos testemunhos, dizia: *"Já não sou eu quem vive, mas o Cristo vive em mim"*.

Fonte: *Reformador*, maio de 1957. p. 15.

Promessas

Junho | 1957

"Ele, porém, respondendo, disse:
'Não quero. Mas, depois, arrependendo-se, foi'."
— Do Evangelho

Declarou Jesus que passaria o céu e passaria a Terra, mas suas palavras jamais passariam. Através de semelhante afirmativa, quis o Mestre assegurar que suas lições atravessariam os séculos e os milênios, sem que os milênios e os séculos conseguissem desfigurar-lhes o sentido de eternidade. Analisemos o trecho que serve de motivo à nossa página de hoje, extraído da parábola dos dois filhos, bem conhecida de quantos se dedicam a leituras evangélicas.

Um homem tinha dois filhos. A um deles, disse: *"Filho, vai trabalhar, hoje, na minha vinha"*. Ele, porém, respondendo, disse: *"Não quero"*. Mas, depois, arrependendo-se, foi. O segundo, também instado ao trabalho, disse: *"Eu vou, senhor"*. Mas não foi. Perguntou Jesus: *"Qual dos dois fez a vontade do pai?"* E os príncipes dos sacerdotes e anciães do povo que ensinavam no templo, àquela hora, responderam: *"O primeiro"*.

Também nós daríamos ao Mestre, sem dúvida, a mesma resposta. Problema de raciocínio. Todavia, pouco temos aproveitado, no curso de renovadas experiências, da lição que a parábola encerra, em sua contextura simples, sugestiva e profunda. Problema de sentimento, de boa vontade. Não é necessário nos reportemos ao tempo em que, ensinando e exemplificando, Jesus transitou pelo mundo. Fixemos a anotação evangélica, considerando nossas atuais cogitações, fragilmente cultivadas, permanecendo, inclusive, no campo religioso que nos é próprio, o do Espiritismo.

Não há necessidade de invadir a seara alheia. É muito fácil prometer, muito difícil, quase sempre, executar a promessa. Via de regra, quando entramos em contato com as belezas doutrinárias, tornamo-nos pródigos, fartos e exuberantes na promessa. Empolgados pelo sabor da novidade, o nosso espírito se engalana e se ornamenta, jubiloso, inclinando-se para brilhantes promessas e exaustivos programas. No entanto, quando sobrevem a realidade, percebemos que a aceitação do Espiritismo nos sugere algo diferente: responsabilidades novas, realizações íntimas, substituição de hábitos que os milênios cristalizaram em nossa individualidade ainda defeituosa. No Espiritismo, é como se existissem namoro, noivado e casamento. Na terceira dessas fases, se o nosso entusiasmo não se baseia na convicção e na lealdade, retraímo-nos, distanciamo-nos da luminosa sementeira que nos daria, no futuro, o equilíbrio e a paz. O progresso, enfim.

Jesus não podia, nem pode, evidentemente, enganar-se. Mais vale dizer "não" e, depois, arrependendo-se, realizar a tarefa, do que dizer "sim" e, depois, insensatamente, fugir do esforço renovativo. Vale menos, na aferição dos valores eternos, o entusiasmo excessivo, que propicia exageradas promessas, do que a firmeza doutrinária, que pontilha de trabalho efetivo e substancial o caminho do servidor bem-intencionado.

Promessa não cumprida indica, em qualquer parte, leviandade. Quem nada promete, mas, depois, refletindo, coloca o coração a serviço do bem, revela bom senso. E nunca é tarde para agirmos dessa maneira, isto é, retificando atitudes inadequadas. A parábola dos dois filhos deve ser, necessariamente, objeto da mais acurada meditação. Em particular, para nós, espiritistas, porque muito temos recebido do Senhor.

Fonte: *Reformador*, junho de 1957. p. 145.

Missionários

Setembro | 1957

"Portanto, meus amados, fugi da idolatria.
Falo como a entendidos, julgai vós mesmos o que digo."
— Paulo. I Coríntios, 10: 14-15

A advertência do doutor de Tarso sugeriu-nos o presente comentário em torno da nossa inclinação à idolatria e atribuição de exageradas virtudes a companheiros que palmilham, conosco, a mesma trilha evolutiva. Isso porque se nota, na hora que passa, acentuada tendência a dar a designação de *"missionários"* a irmãos que apenas se esforçam no sentido de, pelo trabalho, superar as próprias imperfeições.

"Messianato" e *"apostolado"* como que se acham na ordem do dia, convocando-nos à vigilância e ao cuidado. A palavra *"missionário"* não deve perder o sentido realmente elevado que possui. Devemos estar cautelosos para não identificarmos, nesse vocábulo tão sublime, apenas o seu sentido etimológico, segundo o qual assim se designa todo aquele que se faz, ou dele fazem, realizador de uma tarefa qualquer, de expressão restrita, de nenhum ou quase nenhum reflexo na obra geral de benefício à humanidade.

"Missionário", segundo o nosso parecer, tem um significado mais amplo, mais elevado, mais completo, mais universal, embora nos cumpra ressaltar o respeito que devemos aos que estão vulgarizando a palavra. O nosso conceito so-

bre *"missão"* é tão profundo e respeitoso que nos soa muito bem a afirmativa de que raras vezes dois ou três missionários respiram o oxigênio do mesmo século. Infelizmente, em setores menos cuidadosos do nosso movimento, onde se verifica a ausência de estudo sério, a tendência é vulgarizar os termos *"missão"* e *"missionário"*. Basta que uma criatura necessitada de resgatar, no trabalho, as próprias dívidas, abrace, com fervor e devotamento, uma sementeira de atividade mais nobre, na qual coloque o próprio sentimento, com o desejo de soerguer-se, renovada, para que a auréola de *"missionário"* comece a lhe cobrir, erroneamente, a fronte, por ela ou por outrem colocada. O amigo do bem, o esforçado realizador de uma obra social, o médium dedicado, o escritor cheio de boa vontade, o pregador abnegado, etc., são, de modo geral, almas profundamente endividadas, portadoras de imperfeições. Assim sendo, precisam de ser olhadas com simpatia, sem que lhes atribuamos, porém, insensata e perigosamente, virtudes ou títulos indevidos.

Não é assim que se ajuda o companheiro de jornada. Chamemos, a essas criaturas abnegadas, tarefeiros, obreiros ou servidores do bem, se ao nosso hiperbolismo não bastar o magnífico título de *"irmão"*. Muitos companheiros invigilantes — doutrinadores e médiuns, em particular — têm fracassado, lastimavelmente, pelo simples fato de, numa hora infeliz, ter acreditado e cultivado, eles próprios, a ideia de que eram, efetivamente, missionários. O elogio foi-lhes direto ao coração. O narcisismo espiritual irradiou-se pela alma invigilante. A idolatria acordou neles o monstro da vaidade, que dormitava, em processo de desaparecimento.

O espírita sensato repelirá, pois, delicada, mas incisivamente, a atribuição de lauréis incompatíveis com o seu verdadeiro estado evolutivo. Fugirá da idolatria, fechará ouvidos ao elogio, saberá levar estímulo ao companheiro, sem lhe dar o título de missionário. Atender à advertência de Paulo, na carta aos coríntios, onde, por certo, sentia ele estar o mal a grassar, é boa receita nos dias que passam — dias de confusão e equívocos.

A aceitação de títulos e considerações indevidos nos parece refinada hipocrisia, incompatível com o espírito do Cristianismo. A se generalizar o inadequado conceito de *"messianato"*, como hão de ficar os legítimos missionários, de todos os tempos, aqueles cujos rastros, no solo terrestre, levantam, ainda hoje, poeira de luz? Sócrates, Paulo de Tarso, Francisco de Assis, Lutero, Gandhi, Einstein, Bezerra de Menezes, Allan Kardec e outros que, por ainda encarnados, manda o bom senso lhe omitamos os respeitáveis nomes...

Há de haver, através das tribunas e dos jornais, companheiros que se esforcem no sentido de conter a *"onda messiânica"* que se alastra, sugerindo menos entusiasmo e mais sensatez, menos presunção e mais juízo.

Ajudemos os que estão à frente de empreendimentos com a prece sincera e o incentivo amigo, a fim de que não contraiamos, perante as forças da vida, mais este grande débito, qual seja o de concorrermos para o fracasso de almas bondosas, mas imperfeitas, que estão no cenário terrestre renovando-se pelo trabalho e pela dedicação.

Fonte: *Reformador*, setembro de 1957. p. 217.

Evangelho e liberdade

Outubro | 1957

*"Porque, sendo livre para com todos, fiz-me servo
de todos para ganhar ainda mais."* — Paulo. I Coríntios, 9: 19

Parece haver contradição nas palavras do doutor de
Tarso, quando afirma que, sendo livre, se fez escravo. Efetivamente, o raciocínio menos avisado pode conduzir-nos à ideia
de que não é possível conservar a liberdade e, simultaneamente, permanecer na posição de servo. Para o homem vulgar, habituado a conceituações utilitaristas, senhor é senhor,
escravo é escravo; quem manda manda mesmo, quem obedece obedece mesmo.

A palavra do Evangelho é assim: se lhe não for perscru-
tado o sentido íntimo, incompreendida se tornará. Por isso é
que o próprio Cristo, por muitas vezes, após discursos me-
moráveis em que as multidões ficavam aturdidas, perplexas,
olhando sem ver e ouvindo sem entender, os concluía afir-
mando: *"Nem todos podem receber essa palavra"*. Ou então,
incisivo: *"Quem pode receber isso receba-o"*.

Paulo assimilou do Mestre a sabedoria extraordinária: fa-
lava e escrevia segundo o entendimento de cada um. Inúmeras
vezes, entretanto, deixava que seu pensamento ficasse oculto
até que se verificasse o amadurecimento mental do povo. Seus
discursos têm que ser, igualmente, meditados. Como é possível ser livre e servir a todos? Eis o problema que a referência
paulina nos confia ao discernimento. Aquele que se vai iden-

tificando, pouco a pouco, com a ideia cristã, em sua legítima essência, incorporando-a, gradativamente, à própria vida, adquire a liberdade de pensar altaneiramente e de, conscientemente, construir o próprio destino. Essa estranha liberdade não lhe sugere, entretanto, a fuga ao compromisso de, com todos convivendo, a todos servir.

Antigamente, quando o escravo obtinha a sua libertação, fugia à luta, abandonava o trabalho, rebelava-se, porque o senhor era impiedoso, inflexivelmente impiedoso. Em nossas lutas, quando adquirimos a *"liberdade com Jesus"*, permanecemos no campo de mais rudes experiências, aceitando as provas mais dolorosas, porque o divino Mestre, generoso e compassivo, nos ensina que a liberdade real, alforria verdadeira, é a que liberta a consciência, mas nos aprisiona o coração ao sublime ideal de servirmos em seu nome.

O cristão é um liberto. Liberto de preconceitos e dogmas opressores, que estratificam as consciências, desenvolvem aspirações elevadas. Mas o discípulo sincero é, também, um escravo. Escravo do ideal de servir. Escravo incondicional do bem. Com Jesus, cantamos em pleno espaço, como alegre pássaro, as glórias do Infinito. Sem Jesus, somos pássaro morto, inerte e frio. Por isso é que Paulo, escrevendo aos coríntios, explica-lhes que sendo livre para com todos fez-se servo de todos, harmonizando-se assim, plenamente, com o divino Mestre, que esclarecia: *"O Filho do homem não veio para ser servido, mas para servir"*. O discípulo vive no mundo, serve ao mundo, mas o compromisso de sua consciência e de seu coração é com o Senhor. Sua condição de servo do Cristo fá-lo livre, realmente, mas, em que pese ao paradoxo, torna-o servidor de todos. Conserva a consciência livre das injunções transitórias, mas o seu coração, inundado de esperanças, o identifica, suavemente, com as necessidades do próximo.

Fonte: *Reformador*, outubro de 1957. p. 7.

Analisar e julgar

Março | 1958

*"Antes de censurardes as imperfeições dos outros,
vede se de vós não poderão dizer o mesmo."*
— O Livro dos Espíritos, *Parte 3, Cap. XII.*

*"Vós julgais segundo a carne,
eu a ninguém julgo."* — Jesus. João, 8: 15

De modo geral não se distingue bem o que seja análise e o que seja julgamento, nos círculos de nossas cogitações espirituais ou religiosas. Tal especificação, entretanto, nos parece de importância, uma vez que, no contraditório e confuso mundo em que vivemos, a análise serena e justa torna-se um imperativo a que não podemos fugir.

A análise cristã tem a virtude de conduzir à observação, a observação leva ao discernimento, o discernimento, por sua vez, é meio caminho andado para o acerto, razão por que devemos tê-la sempre por companheira, a fim de que, bem orientados, possamos escolher o melhor dentre os melhores caminhos.

Todavia, no que diz respeito a tão complexo problema, o de analisar e julgar, todo cuidado é pouco, eis que, ainda insuficientemente esclarecidos, poderemos, sem o desejar, converter a análise em julgamento ou condenação comum.

"O Livro dos Espíritos" adverte-nos: *"Antes de censurardes as imperfeições dos outros, vede se de vós não poderão di-*

98

zer o mesmo". E o Mestre afirma: *"Vós julgais segundo a carne, eu a ninguém julgo"*.

Analisar e julgar são, pois, coisas diferentes. E bem diferentes. O que analisa cristãmente guarda para si mesmo, em silêncio fraterno, o fruto de suas observações. Compara-se ao viandante cauteloso, que examina o caminho com a finalidade preservativa de remover obstáculos, superar perturbações, evitar surpresas.

O que julga pelo simples prazer de censurar é um doente. Infringe, frontalmente, o Evangelho. Foge aos princípios da caridade. Simboliza o viajor imprevidente, precipitado, leviano, que amontoará na própria consciência, mais cedo ou mais tarde, as pedras da condenação injusta que atirara no companheiro de jornada.

A advertência de Jesus, que o evangelista anotou, é digna de meditação. Compele-nos sobretudo à vigilância, porque, realmente, não é fácil demarcar a linha divisória que separa a análise do julgamento. Em suma: o único julgamento que assenta bem no aprendiz de boa vontade — tão bem como se fossem luvas previamente encomendadas —, é o da própria realidade interior, carecente de reajuste, necessitada de retificação.

Os que abraçam o Espiritismo, identificando nele um ideal de elevação espiritual, encontram na Doutrina e no Evangelho do Senhor — duas forças vivas, atuantes, eternamente renovadoras — os recursos capazes de assegurar um mínimo de enganos neste máximo de possibilidades negativas com que o homem se depara, dia a dia. Isso porque Evangelho e Espiritismo traduzem, no campo do coração humano, a semente da fraternidade e a gota de luz da compreensão.

Fonte: *Reformador*, março de 1958. p. 15.

Títulos

Abril | 1958

"Nem todos os que dizem Senhor! Senhor!..." — Jesus

Observa-se, pela advertência em epígrafe, que o Mestre pressentira que os homens iriam colocar, no futuro do Cristianismo, o problema da salvação em termos tais que a sua conquista estaria, facilmente, nas mãos daqueles que melhor e mais aparatosamente se rotulassem em nome desta ou daquela religião, ou que maior número de títulos e condecorações apresentassem. Poucos, entretanto, raciocinam que religião é, acima de tudo, sentimento. Assim sendo, os religiosos imprevidentes, pertencentes às diversas religiões, inclusive os espiritistas, serão inapelavelmente surpreendidos no mundo espiritual sempre que fizerem da religião meio apenas para o culto externo.

As ilusões nesse sentido, alimentadas pela nossa ignorância — aliada à vaidade e à preguiça —, dissipar-se-ão com a mesma facilidade com que se desfazem os castelos que as crianças costumam levantar na movediça areia das praias.

Não basta a proclamação de virtudes, quase sempre inexistentes, para que a felicidade e a paz, a renovação e o progresso se façam na Terra e no espaço. É indispensável a movimentação de recursos interiores, potencialmente colocados por Deus no santuário íntimo de cada um de nós.

O progresso espiritual, tanto quanto o material, exige sacrifícios. Assim como poderosos tratores rasgam o solo, abrindo caminho nas montanhas aparentemente inexpugnáveis, a fim de construírem estradas que levam o dinamismo do progresso às cidades distantes, tornando-as florescentes e ricas, do mesmo modo o bem, a cultura e a fraternidade simbolizam máquinas da evolução trazendo ao espírito eterno as luzes do crescimento. Servir a todos, ajudar sem ideia e recompensa, renovar-se interiormente, tudo isso constitui imperativo de ascensão para a alma humana.

Sofrer injustiças, afrontar calúnias, suportar a ironia em silêncio, representa, via de regra, o preço de nosso crescimento. Não basta, portanto, dizer: *"Senhor! Senhor!"*.

Quantas vezes o nome augusto do Mestre foi tomado por bandeira de perseguição e violência?

É por isso que Jesus afirma, sem rodeios: *"Nem todos os que dizem 'Senhor! Senhor!' entrarão no reino dos céus, mas entrarão aqueles que fizerem a vontade do Pai que está nos céus"*.

Jamais se perguntará aos religiosos, no plano espiritual, após a morte, a quantas sessões, cultos, ou missas assistiram, quantos livros e crônicas escreveram, quantas conferências pronunciaram!... Perguntar-se-lhes-á o que fizeram a benefício do próximo, quantas lágrimas enxugaram, a quantos corações aflitos levaram o perfume da esperança.

Seria efetivamente cômodo e gracioso se um simples título valesse por salvo-conduto ou galardão espiritual.

A vida, para ser bem vivida, cristãmente vivida, pede esclarecimento e trabalho. O Espiritismo não é doutrina vazia, inócua, onde se acomodem a preguiça e o orgulho. É bandeira de redenção que o Espírito de Verdade desfraldou no solo glorioso da França de Victor Hugo e Flammarion, quando se acendiam as primeiras luzes da segunda metade do século XIX.

Destruindo ilusões e infantilidades, esclarece e encaminha as criaturas para o bem. De conteúdo divino e finalidades essencialmente educativas, aponta responsabilidades, acentua deveres, impõe obrigações. Ensina que não basta ao homem dizer "*Senhor! Senhor!*" para obtenção da felicidade, mas que será ele o artífice da própria elevação, construtor da própria felicidade, uma vez que os valores do espírito não se manifestam de fora para dentro, da periferia para o centro.

Assim sendo, a Doutrina Espírita põe abaixo a lei do menor esforço, desmoronando as ilusões que os espíritos preguiçosos costumam embalar, uma vez que realça o sentido das palavras de Jesus, quando afirma que nem todos os que dizem "*Senhor! Senhor!*" entrarão no reino dos céus.

Sob o impulso do Espiritismo, que se apoia no bom senso e na lógica, aglutinaremos, no curso dos milênios, as possibilidades intrínsecas que o Criador depositou em nosso mundo consciencial, elevando-nos, pelo esforço próprio e sob a égide de Jesus Cristo, às paragens de luz da imortalidade vitoriosa.

Fonte: *Reformador*, abril de 1958. p. 5.

O Espiritismo e os mundos habitados

Junho | 1958

Nesta altura dos tempos não há mais dúvida, especialmente entre os espíritas, de que, além da Terra, outros planetas existem habitados.

Desde que os espíritos superiores lançaram as bases do Espiritismo, através dos ensinamentos que constituem a codificação kardequiana, o problema foi situado em termos tão categóricos e incisivos que a família espiritista, pequenina no começo, mas grande na atualidade, jamais ignorou semelhante realidade.

Os próprios cientistas, bem assim eminentes figuras de respeitáveis correntes religiosas, começam a reconhecer a existência de seres noutros planetas, podendo-se considerar a proclamação que nesse sentido fazem como auspicioso e sintomático esforço de superação do preconceito e do sectarismo.

"*O Livro dos Espíritos*", obra basilar da Doutrina, granítico monumento de lógica e bom senso, cuja argumentação filosófica permanece na plenitude do seu vigor e no clímax de sua atualidade, apesar dos seus bem vividos 100 anos de publicação (Paris, 18-04-1857), aborda com segurança o tema da habitabilidade dos mundos, que, à maneira de infinitesimais grãos de areia, excursionam no espaço cósmico, deslumbrando essas criaturas privilegiadas e felizes, os astrônomos, que lhes acompanham a marcha incessante através de poderosos telescópios.

No Cap. IV, Parte 2ª — Da pluralidade das existências — *Encarnação nos diferentes mundos* — as grandes entidades que materializaram, na codificação espírita, a promessa de Jesus quanto à vinda do Consolador (João, 16: 7-14), foram interpeladas por Allan Kardec se as existências humanas verificam-se todas na Terra, ao que responderam: *"Não, vivemo-las em diferentes mundos. As que aqui passamos não são as primeiras, nem as últimas, são, porém, das mais materiais e das mais distantes da perfeição".*

Nesse mesmo capítulo ensinam que todos os mundos são solidários, que os espíritos (pessoas humanas falecidas) aprendem num o que não aprendem noutro. Inquiridas a respeito do estado físico e moral dos diversos planetas que formam o Universo, acrescentaram: *"Nós, espíritos, só podemos responder de acordo com o grau de adiantamento em que vos achais. Quer dizer que não devemos revelar essas coisas a todos, porque nem todos estão em estado de compreendê-las e semelhante revelação os perturbaria".*

Continuando os esclarecimentos em torno desses planetas em que humanidades iguais à da Terra, evoluídas ou superevoluídas, segundo a elevação de cada mundo, ascendem para a luz, em espirais progressivas, obedientes ao divino impulso que retorna a criatura ao Criador, informaram: *"Os mundos estão sujeitos à lei do progresso. Todos começaram com o vosso, por um estado inferior, e a própria Terra sofrerá idêntica transformação. Tornar-se-á um paraíso, quando os homens se houverem tornado bons".*

Essa transformação se processará lentamente, no curso

dos milênios, à medida que as raças que hoje habitam a Terra forem substituídas por outras mais evoluídas, graças à admirável lei reencarnacionista, do mesmo modo que os homens da atualidade substituíram os povos bárbaros do passado, construindo a civilização meio-cristã em que vivemos. É interessante observar que o problema da pluralidade dos mundos habitados mereceu as atenções da filosofia espírita logo nos seus primórdios, ou seja, há 100 anos.

A Doutrina, na simplicidade de sua estrutura, esclarece, prende, encanta todos os tipos de leitor. O homem inteligente, detentor de amplos cabedais de cultura, e o homem simples, apenas alfabetizado, não resistem à consoladora lógica dos argumentos filosóficos do Espiritismo, contidos no portentoso tratado a que se deu tão singela denominação: *"O Livro dos Espíritos"* — Filosofia Espiritualista.

É um manancial de lógica que não se refuta, em sã consciência, ante a qual o homem honesto se descobrirá, respeitoso. Em suas páginas encontram-se ensinos que se entrosam plenamente com as lições imorredouras do Evangelho, em particular no que toca ao problema em tela, uma vez que reafirma a palavra de Jesus de que *"Na casa de meu Pai há muitas moradas; se não fosse assim, já eu vo-lo teria dito"* (João, 14: 2).

Sem dúvida, a casa do Pai, a que se referia o Senhor, é o Universo, e as muitas moradas os diversos planetas, onde bilhões de bilhões de almas gravitam para o supremo bem.

Flammarion, o famoso astrônomo, além de inúmeras obras de apreciável conteúdo filosófico, tais como *"Narrações do Infinito"*, *O fim do mundo"*, *"A morte e seu mistério"*, *"O desconhecido"* e *"Os problemas psíquicos"* e outras, escreveu também fascinante livro sobre o tema deste artigo: *"Pluralidade dos mundos habitados"*. No dia em que a ciência oficial tornar-se menos dogmática e as religiões se decidirem a acompanhar a irresistível marcha do pensamento humano, ao Espiritismo far-se-á, embora de maneira retardada, a justiça de ter contribuído silenciosamente, sem alarde, para o triunfo da cultura superior e para a consolidação da fraternidade entre os homens, porque, inegavelmente, a Doutrina Espírita, examinada como ciência, estudada como filosofia e sentida e exemplificada como religião, é o mais expressivo código de moral e beleza que já felicitou, até os dias que correm, o conturbado e aflito rebanho de nosso obscuro orbe. Até lá, entretanto, teremos nós, os espíritas, dilacerado os pés nos espinhos da incompreensão e nas pedras da intolerância, guardando, todavia, aquela paz de consciência que é filha do dever bem cumprido.

Fonte: *Reformador*, junho de 1958. p. 141.
Nota da Editora: ao final do artigo há a seguinte informação: *"Divulgação da Sociedade Espírita de Educação e Assistência — Belo Horizonte"*.

A estranha discussão

Julho | 1958

Surpreendera-se, certo dia, Jesus com insólito acontecimento no sempre fraterno ambiente dos discípulos.

Consagrados inteiramente às tarefas do bem, acompanhando o Senhor, diariamente, nas longas caminhadas através
de aldeias, campos e praias, nas quais assinalavam, lentamente, os ideais renovadores da Boa Nova, aqueles rústicos gali-
leus formavam uma comunidade pacífica e ordeira.

Adotando por lema o *"um por todos e todos por um"*, a
existência dos apóstolos transcorria em clima de perfeito entendimento, aquecida por aquele sol, atuante e amoroso, que
lhes vivificava as experiências — nosso Senhor Jesus Cristo.

União e amizade, concórdia e paz, respeito e harmonia eram as benéficas forças e superiores aspirações que es-
treitavam e unificavam os fervorosos servos do Evangelho. O
cansaço e a luta, a dificuldade e a pobreza, a perseguição e as
lágrimas pareciam uni-los cada vez mais.

Naquela tarde, contudo, algo diferente se passava,
casando-se à melancolia do entardecer. Jesus e os discípulos
encontravam-se no monte, chamado das Oliveiras, por eles
sempre procurado nas silenciosas noites da Palestina.

Isolado por instantes, entregava-se o meigo Rabi a profundas reflexões. Um pouco além, sob frondosa árvore, os apóstolos conversavam, a princípio discretamente, vozes em surdina, comentando alegrias e esperanças do Evangelho do reino. A cena era por demais tocante. A figura do Senhor aureolava-se de intensa luz e inigualável beleza. Os discípulos, sussurrando, simbolizavam delicado bando de confiantes ovelhas.

Pouco a pouco, suas vozes começaram a elevar-se, como se desviassem eles para estranha discussão. Jesus, alheado do círculo dos companheiros, permanecia silencioso. O grande Espírito parecia ter-se ausentado para bem longe, para junto do amantíssimo Pai, em cujo seio estaria haurindo energias para as vicissitudes dos dias tormentosos que se avizinhavam.

O vozerio dos discípulos, normalmente moderados e respeitosos, terminou por chamá-lo à realidade. O Mestre levantou a formosa cabeça, concentrou a atenção no pequeno grupo — sim, eram apenas doze homens! — percebendo, então, que discutiam.

"Que estaria ocorrendo?" — pensou Jesus.

"Que estaria levando os bem-amados companheiros, sempre tão unidos, àquela estranha contenda de palavras, onde não faltavam, inclusive, referências menos fraternas? Estariam, porventura, em desacordo exegético, relativamente a alguma das parábolas que ele, o divino Redentor, enunciara no transcurso daquele dia?"

"Quem sabe" — pensou o Mestre, jubiloso, agasalhando sublimes esperanças — *"estariam os nobres companheiros lastimando alguma oportunidade de o bem fazerem, por eles perdida no dia que findara? Estariam, assim, disputando entre si a honra de socorrer, na solidão da noite que já se fizera, algum necessitado do caminho?"*

Jesus percebeu, no entanto, que não eram aqueles os motivos da contenda.

Ergueu-se sereno, majestosamente sereno, dirigiu-se para o grupo que se exaltava e disse alguma coisa.

***

Prolongado silêncio envolveu, daí por diante, a pequena comunidade. E as doze cabeças, que já se tornavam altivas e arrogantes, foram-se curvando, uma a uma. Só a fronte do Mestre permaneceu erguida, formosa, sublime, irradiando maravilhosa claridade, embora em seus olhos se pudessem ver, rolando vagarosamente, como pérolas de alto valor, duas lágrimas de amargura.

***

Longos anos se passaram sem que a humanidade soubesse por que discutiam os apóstolos e o que falara Jesus. Depois surgiram as anotações de Lucas, no capítulo 22, versículos 24 e 26. Os discípulos discutiam sobre qual deles era o maior. E Jesus lhes dissera, simplesmente, que o maior dentre eles fosse como o menor.

Fonte: *Reformador*, julho de 1958. p. 147.

Quantidade e qualidade

Dezembro | 1958

"Assim brilhe também a vossa luz diante dos homens." — *Jesus*

Inegavelmente, o Espiritismo, em sua feição de restaurador do Evangelho, caminha a passos largos e seguros na direção de seus objetivos.

O crescimento numérico dos seus adeptos, nestes 100 anos de codificação, constitui eloquente atestado de que as suas claridades têm afugentado as sombras do coração humano, fazendo com que os desalentados do mundo recuperem a fé, os tristes se repletem de júbilos indefiníveis, os vencidos se ergam sob o influxo de renovadas esperanças.

O progresso que se verifica em nossas fileiras leva-nos, contudo, vez por outra, a refletir no problema da quantidade e da qualidade. Haverá de nossa parte esforço sério no sentido de que, fascinados pela quantidade, não releguemos ao esquecimento o fator qualidade?

Essa a interrogação que fazemos, em silêncio, neste histórico momento das realizações espiritistas. Estamos cansados de saber que o fator *"número"* é muito relativo, especialmente no que toca às questões espirituais. Nem sempre a maioria tem razão, nem sempre a maioria sabe o que quer, nem sempre ela se conduz com acerto.

Os movimentos terrestres que empolgam as massas,

levando-as, quase sempre, a retumbantes e desordenadas manifestações coletivas, geralmente não condizem com as expressões de cultura e dignidade. Quem pode negar, em sã consciência, semelhante verdade?

Dessa forma, é necessário que o fator *"quantidade"* não eclipse o fator *"qualidade"*, pois aquele não é o fundamental. Nosso esforço, evidentemente, deve ser encaminhado no sentido de que o maior número de pessoas usufrua os benefícios morais do Espiritismo, que milhares de criaturas, encarnadas ou não, se aproximem de sua fonte augusta e generosa, quando desejarem, a fim de lhe sorverem a preciosa linfa do esclarecimento superior.

Contudo, para que se ampliem tais benefícios, é mister nos preparemos mediante o esforço, penoso, mas indispensável, da exemplificação de tudo quanto há de belo e sublime na Doutrina Espírita.

Há a necessidade de preparação moral e também cultural, sob pena de resvalarmos no despenhadeiro de lastimáveis enganos. Há necessidade de segurança doutrinária e de firmeza evangélica, a fim de que, empolgados pela excelcitude do Espiritismo, não lhe conspurquemos a pureza, não lhe desvirtuemos as finalidades, não lhe alteremos a simplicidade.

Nesta hora de renovação e trabalho, a palavra do Mestre repercute com a oportunidade dos dias apostólicos: *"Assim brilhe também a vossa luz diante dos homens para que vejam as vossas boas obras e glorifiquem o Pai que está nos céus"*.

Os bons sentimentos, as tarefas de solidariedade, a divulgação consciente e esclarecida dos princípios doutrinários, à luz do Evangelho, através da palavra escrita ou falada, são elementos valiosos para que o Espiritismo se afirme como o consolador prometido por Jesus, levando a humanidade à imprescindível edificação íntima.

Fileiras adentro de nossa Doutrina, o problema essencial não deve ser o da estatística. O importante, como garantia de felicidade individual, é que recolhamos do Espiritismo tudo que nos torne melhores e dignos, esclarecidos e conscientes.

Reduzido grupo de companheiros humildes e sinceros realizará obra mais duradoura do que a que se levantar sobre os alicerces do entusiasmo excessivo e delirante de companheiros fascinados pelo brilho das revelações extraterrenas. Há mais grandeza no crente idealista e sincero que trabalha e serve, estuda e medita, extraindo do estudo e da meditação os frutos do aperfeiçoamento interior, do que no companheiro equivocado que se inclina à evidência do próprio nome e ao destaque da própria personalidade, eclipsando a parte mais sagrada da vida — o Evangelho e a Doutrina.

A luz dos primeiros discípulos do Mestre brilha, ainda, em nossos dias, no entanto, eles foram apenas doze. As legiões romanas, simbolizando as glórias do mundo, jazem sepultadas no pó do esquecimento.

Fonte: *Reformador*, dezembro de 1958. p. 273-274.

A caminho do céu

Março | 1959

"Não depende do que temos,
mas do que somos e do que fazemos."

Estava Jesus sentado no templo, junto à arca do tesouro, quando uma pobre viúva se aproximou e, humildemente, colocou duas pequenas moedas no gazofilácio. O episódio teria passado despercebido se o Mestre não tivesse despertado a curiosidade dos discípulos com a afirmativa de que aquela dádiva fora bem maior que a de todos quantos, afortunados do mundo, ali haviam deixado moedas de grande valor.

A surpresa dos amados companheiros do Mestre foi, sem dúvida, muito grande. Que estranha aritmética era aquela do Senhor? Num átimo raciocinavam e, mentalmente, confabulavam entre si: *"Como era possível que as grandes somas e caríssimas joias depositadas por comerciantes opulentos valessem menos que duas insignificantes moedas deixadas por aquela mulher anônima, mal vestida, trazendo nos ombros um xale desbotado e roto?"* Olhos arregalados, como ocorria toda vez que Jesus ministrava ensinamento oculto no simbolismo das imagens, os discípulos esperavam.

Jesus não compareceu ao mundo para discutir, nem para impor suas ideias. O amoroso Espírito desceu à sombria paisagem terrestre para levantar o ânimo dos necessitados e oprimidos, fazendo-os sentir e compreender que a conquista dos bens celestes, dos bens do Infinito, não se condicionará, jamais, à posse de tesouros e bens perecíveis. Se é verdade que os bens da Terra, aplicados a benefício de todos, asseguram créditos espirituais aos que deles se despojam, generosa e fraternalmente, é imprescindível, contudo, que a referência do Cristo, contida no episódio do óbolo da viúva pobre, seja colocada em seus justos termos.

Toda dádiva que procede do coração tem mérito espiritual. O rico bondoso que veste o necessitado e alimenta o faminto equipara-se, sem dúvida, ao pobre que estende a misericórdia da palavra e do estímulo, da fé e da esperança, aos companheiros de jornada. Quem dá o que pode merece o salário da paz — asseguram, com sabedoria, os instrutores espirituais. A viúva da anotação evangélica não possuía tesouros materiais, porém tinha a riqueza da fé e da sinceridade. As duas moedas colocadas no gazofilácio não desceram sozinhas ao cofre do tradicional templo da velha Jerusalém: com elas foram o coração e a renúncia da pobre mulher. Foi uma dádiva que, efetivamente, saiu do coração. Jesus assim a viu, assim a sentiu, através da vibração amorosa, do agradável magnetismo de que se aureolava sua fronte enrugada de mulher possivelmente sofredora.

Não devemos nem podemos aguardar as moedas de ouro do mundo para que possamos ajudar aos desafortunados. De bolsos vazios e trajes humildes, podemos socorrer em nome da fraternidade cristã. Quem contestará essa afirmativa?

O episódio do templo é mensagem de consolação, cântico de esperança, poema de amor fraterno, desvelando concepções estranhamente sublimes. A lição do óbolo da viúva revela, para os que tiverem olhos de ver, que o caminho do céu não depende do que temos, mas do que somos e do que fazemos. Recordar essa magnífica lição é manter acesa, em nossa alma, a convicção de que só o bem nos elevará, um dia, aos planos gloriosos da Imortalidade.

Fonte: *Reformador*, março de 1959. p. 273-274.

O que pede o Espiritismo

Abril | 1959

*"Mas os que andavam dispersos iam
por toda a parte, anunciando a palavra."* — Atos, 8: 4

Se o maravilhoso Dia do Pentecostes foi, para os discípulos, a demonstração eloquente e definitiva da imortalidade da alma e da comunicabilidade dos espíritos, enchendo-lhes de esperança os corações devotados, por seu turno as *"línguas de fogo"* marcaram, também, o início de sérias e cruentas jornadas. Não fosse a extraordinária fé dos primeiros servidores do Evangelho, dificilmente ter-se-ia conservado a unidade apostólica.

Apesar de todas as lutas, os discípulos mantiveram-se unidos, coesos, em torno do ideal legado pelo bem-aventurado Aflito da crucificação. Alguns deles, em face das perseguições que desabaram sobre os herdeiros do Evangelho do reino, tiveram de abandonar Jerusalém e embrenhar-se pelas aldeias e cidades da Palestina.

Saulo, exaltado e colérico, estabelecia o império do terror e da repressão aos discípulos da Boa Nova, aos companheiros do suave Rabi, levando-os para as prisões, onde eram submetidos a inomináveis torturas. O fantasma da morte pelo açoite, pelo apedrejamento cruel ou pela crucificação, pairava sobre a humilde comunidade. A perseguição, entretanto, resultava vazia, contraproducente. Aqueles — como Felipe, por exemplo — que eram obrigados a se dispersar, iam, por toda a parte, anunciando a palavra.

Em Samaria, criaturas perseguidas por entidades sombrias viam-se livres à simples determinação do abnegado discípulo. Paralíticos e doentes eram curados. Homens sem fé, fortalecidos pelo verbo iluminado de Felipe, transformavam-se interiormente.

O Novo Testamento registra o notável trabalho que resultou da dispersão de alguns discípulos, através da seguinte referência: *"Mas os que andavam dispersos iam por toda a parte, anunciando a palavra".*

O Cristianismo germinava e expandia-se sob o fogo da mais terrível opressão. O exemplo e a sinceridade dos apóstolos constituíram, sem dúvida, expressivo elemento e consolidação da nova ideia, contribuindo, assim, para que ela formasse raízes vigorosas, apesar da violenta reação dos que reconheciam nos postulados fraternistas do Evangelho incoercível força a lhes ameaçar o domínio e a prepotência.

Para que uma ideia subsista e se afirme, indelevelmente, na consciência universal, necessário é que os seus propugnadores lhe exemplifiquem os princípios. O Cristianismo triunfou no mundo porque os homens dos primeiros dias — almas dedicadas e sinceras — se converteram em expressões vivas e eloquentes da palavra divina. Sem revolta, humilhavam-se para que ele, o Redentor, se projetasse no coração e na consciência dos homens.

O Espiritismo, para triunfar também, nos pede alguma coisa. Pede-nos trabalho, boa vontade, exemplificação. A vitória definitiva da Doutrina Espírita, nesta luta sem armas que estamos realizando, dependerá, essencialmente, da forma por que nos conduzirmos. Todos os percalços serão superados se do Espiritismo fizermos o que efetivamente ele é: uma doutrina de consolação e esclarecimento, de fraternidade e trabalho, sugerindo-nos, de modo permanente, permanente renovação interior.

Dispersos ou congregados — não importa o lugar, não importa a posição — serviremos à causa pela exemplificação e pela fidelidade, bem como pelo respeito a nós mesmos, na convicção de que o Cristo nos vê, observa e ouve.

O que nos é pedido, na atualidade, é o mesmo que se pedia aos trabalhadores da primeira hora: dedicação e trabalho, a fim de que, anunciando com amor a palavra do céu e espalhando o bem, glorifiquemos, apesar de nossa indigência espiritual, o nome augusto do celeste Enviado.

Fonte: *Reformador*, abril de 1959. p. 89.

A dinâmica do Evangelho

Maio | 1959

"As palavras que eu vos disse são espírito e vida." — Jesus

O Evangelho é, todo ele, um compêndio de esclarecimento e renovação. Examinando a essência de suas parábolas e alegorias, isto é, o substrato de seus ensinos e de suas magníficas sentenças, encontrará sempre o estudante a palavra do Mestre esclarecendo e induzindo as criaturas à realização íntima.

Os versículos evangélicos, representando o divino pensamento de Jesus, nosso Mestre e Senhor, contêm aquele dinamismo atuante que nos impulsiona o coração para definitivas aquisições, no campo do sentimento, ao mesmo tempo que nos orienta a inteligência para reais expressões do conhecimento superior.

Traduzindo atividade constante, movimento e ação para o bem e para a luz, as lições do Cristo não permitem que o aprendiz estacione na indolência, furtando-se à renovação interior. Se é verdade que em suas páginas encontramos o calor que aquece e reanima almas combalidas ou vacilantes, aconselha o bom senso, todavia, assimilemos do Evangelho, especialmente, a substância renovadora que nos compele ao trabalho, ao estudo, à fraternidade.

O Evangelho é, todo ele, um convite ao reajustamento. O verbo do Cristo, segundo as anotações de João no capítulo 6, versículo 63, é claro e preciso quanto ao sentido dinâmico da doutrina que nos legou. Prevendo que possivelmente procuraríamos acomodar os seus ensinos a pontos de vista e concepções utilitaristas, advertia Jesus: "As palavras que vos disse são espírito e vida".

A estagnação é incompatível com a essência do Cristianismo. Ante os maravilhosos clarões evangélicos, tudo se movimenta, se rejubila, se expande. Braços fraternos se estendem para ajudar e servir — sob o impulso do Evangelho. Corações amorosos, tocados do divino sentimento da compaixão, abrigam companheiros exaustos, recebendo-lhes, pacientemente, as dolorosas confissões.

O Evangelho é bálsamo nas chagas que sangram, mas é, também, luz nas trevas que amedrontam e confundem. É orvalho que suaviza e embeleza, mas é, igualmente, força que cria, estímulo que renova, energia que agita poderes latentes do espírito humano, concitando-o ao encontro consigo mesmo. Na feição de mensagem consoladora, reflete a doce misericórdia de Jesus, que, das elevadas esferas, desceu até a nossa pequenez e indigência. Na sua feição dinâmica, ergue-nos a mente e o coração para os anseios superiores que sublimam e divinizam.

**

A função do Espiritismo, neste primeiro século de codificação, tem sido, inegavelmente, a de apresentar o Evangelho sob este aspecto: dinâmico — construtivo — renovador. Com o Evangelho e a Doutrina Espírita, nos levantaremos, caminharemos e conquistaremos a glória de nossa redenção para a Vida Superior.

Fonte: *Reformador*, maio de 1959. p. 101.

Os melhores frutos

Agosto | 1959

"E agora, por que te deténs?" — Atos

Segundo as anotações de Lucas, em Atos dos Apóstolos, o bondoso velhinho Ananias, depois de restabelecer, em Damasco, a visão física de Saulo, perguntou-lhe: *"E agora, por que te deténs?"*

Semelhante interpelação pode ser comparada à advertência de Jesus a Publius Lentulus, o nobre senador romano: *"Soou para teu espírito, neste momento, um minuto glorioso, se conseguires utilizar tua liberdade para que seja ele, em teu coração, doravante, um cântico de amor, de humildade e de fé".*

Toda vez que, no sofrimento ou pela compreensão, acordamos para as realidades espirituais, há sempre, da parte do céu, indagações ou advertências que induzem à responsabilidade individual, ao trabalho e ao progresso. O coração leal e generoso de Publius Lentulus recebeu ainda do Mestre a incisiva advertência: *"Ninguém poderá agir contra a tua própria consciência, se quiseres desprezar, indefinidamente, este minuto ditoso".*

O voluntarioso Saulo ouviu, por sua vez, de Ananias, indagação não menos incisiva: *"E agora, por que te deténs?"* ou, segundo outras traduções, *"E agora, por que te demoras?"*

Tempos depois, transformado para a luz do Evangelho, renascido para as claridades da Boa Nova, o extraordinário bandeirante oferecia, à humanidade, eloquente testemunho de que o apelo de Ananias ressoara, proveitosamente, no seu mundo consciencial, já exaustivamente trabalhado no trato constante com as Escrituras. O futuro mostraria, igualmente, o antigo senador romano realizando magnífica obra de universalização do Evangelho.

Saulo e Publius Lentulus — almas leais, sinceras e no íntimo profundamente generosas — deixaram que o orvalho da renovação com Jesus perfumasse, em definitivo, a nobre sementeira de suas almas, favorecendo, pela conduta firme e inabalável, a consolidação do idealismo e do conhecimento superior, elegendo, ambos, por fim — PAULO DE TARSO e EMMANUEL — o apostolado evangélico por sublime e permanente roteiro.

Se Paulo é um símbolo inconfundível do passado, Emmanuel é uma realidade do presente, que ouvimos, sentimos e respeitamos. Diretos ou não, ostensivos ou velados, os convites e as advertências continuam a descer para os homens em porções relativas às necessidades de cada aprendiz, concitando-nos à arregimentação dos recursos da boa vontade, a fim de que superemos atitudes, hábitos e ideais profundamente enraizados.

Representado por admiráveis mensageiros, o Mestre convoca-nos a todos para o mais importante e transcendental problema do ser consciente: o crescimento moral e espiritual, através do entendimento e da efetiva assimilação dos preceitos do Evangelho. Tais chamados surgem, via de regra, em forma de símbolos, que o homem às vezes não entende:
— na enfermidade prolongada,
— na provação dolorosa,
— nas aflições demoradas,
— na pobreza excessiva,
— nas melhores esperanças que se estiolam.
Em qualquer experiência penosa pode estar, simbolicamente, a indagação de Ananias: *"E agora, por que te deténs?"*,

ou na advertência de Jesus a Públius Lentulus, relativa ao ditoso minuto do maravilhoso encontro em poético sítio palestinense.

Os melhores e mais belos frutos da vida são reservados àqueles que conseguem enxergar, em todos os acontecimentos, preciosas lições. Lições que induzam o espírito ao despertamento legítimo, a fim de que, sem nos determos, o progresso real se efetive, sob as bênçãos de Jesus, assegurando-nos a felicidade na Terra e no Espaço.

Fonte: *Reformador*, agosto de 1959. p. 179.

A morte não existe

Novembro | 1959

"Necessário vos é nascer de novo." — Jesus a Nicodemos

Entre inúmeros benefícios que decorrem do estudo e da assimilação da Doutrina Espírita, podemos indicar, sem dificuldade, aquele que orienta o homem acerca do milenário problema da morte.

Inegavelmente, sem qualquer partidarismo, somos levados a compreender que só o Espiritismo estuda o velho problema com riqueza de pormenores, uma vez que tal assunto muito pouco, ou quase nada, disseram as demais religiões, que se limitaram, simplesmente, a admitir e anunciar a existência do mundo espiritual. Sem as consoladoras luzes da nossa amada Doutrina, marcharia o homem para o túmulo — diremos melhor, para a pátria da verdade — sem ideia segura do que lhe acontecerá após o choque biológico do desenlace. Nenhuma noção sobre a morte. Nenhum conhecimento das leis admiráveis que regem a vida no plano espiritual. Nenhuma informação sobre o que sucede à alma durante e depois da desencarnação. Em suma: verdadeiro cego, ante o mundo grandioso que o aguarda, um indígena, atônito, perplexo, nos pórticos de estranha, quão maravilhosa civilização.

Essa ignorância, praticamente total, a respeito de tão importante problema, é a triste herança de velhas e novas religiões, mestras no ocultar e fantasiar a realidade da vida além das fronteiras terrenas. Religiões que procederam ou procedem à

123

maneira dos cronistas sociais modernos: *"Depois eu conto..."*

O Espiritismo é, profundamente, intensamente realista, tanto nesse quanto em todos os assuntos de interesse da alma eterna. Identificando a criatura, sem subterfúgio de qualquer espécie, com seus postulados, fazendo-a absorver a parcela de verdade que ela suporta, torna-a tranquila ante a perspectiva da desencarnação.

Não cremos, nem anunciamos um céu gracioso, adquirível à custa de promessas, espórtulas, louvaminhas ou petitórios, nem um inferno tenebroso, eterno, de onde jamais sairemos. O nosso conceito, a respeito da morte e de suas consequências, se alicerça no Evangelho: *"A cada um será dado de acordo com as suas obras"*.

Seria, naturalmente, leviandade afirmarmos que o Espiritismo já revelou, em toda a sua extensão e plenitude, a vida no plano extrafísico. Expressando, todavia, a misericórdia divina, vem erguendo, gradualmente, em doses nem sempre homeopáticas, a cortina que separa o mundo físico do espiritual, consentindo estendamos o olhar curioso, indagativo, sobre o belo panorama da vida além da carne.

O espírita convicto não teme a morte, nem para si nem para os outros, mas procura cumprir, da melhor maneira possível, apesar de suas imperfeições, imperfeições que não desconhece, os deveres que lhe cabem na Terra, aguardando, assim, confiante, a qualquer tempo, hora e lugar, o momento da grande passagem. Não a considera pavorosa, lúgubre, terrificante, tampouco a define por suave e milagrosa porta de redenção e felicidade. O Espiritismo ensina, com apoio no Cristianismo, que não há duas vidas, mas sim duas fases, que se prolongam, de uma só vida. Se a Doutrina preleciona *"nascer, viver, morrer, renascer ainda, progredir continuamente"*, Jesus notifica a Nicodemos: *"Necessário vos é nascer de novo"*.

A uma daquelas fases dá-se o nome de ETAPA CORPO-RAL. Vai do berço ao túmulo. À outra dá-se o nome de ETAPA ESPIRITUAL. Vai do túmulo ao berço. A nossa alma é como o sol que se esconde no horizonte, ao pôr de um dia, para, no alvorecer de novo dia, retornar pelo mesmo caminho. A vida, em si mesma, é sublime cadeia de experiências que se repetem séculos e mais séculos, até que obtenhamos a perfeição. Maravilhosa cadeia, cujos elos se entrelaçam, se entrosam, se harmonizam, justapostos...

Pensando e atuando dentro dessa conceituação, estranha para muitos, por enquanto, porém muito lógica e racional para nós, sabe o espírita, em tese, o que a morte, como fenômeno simplesmente transitivo, lhe reservará. Sabe que o sistema de vida adotado aqui na Terra, o seu comportamento ético, terá justa e equânime correspondência no mundo espiritual, que é, indefectivelmente, um prolongamento do terráqueo. Boas sementes bons frutos produzem. Más sementes amargos frutos produzem.

Seremos aqui, e em qualquer parte, o resultado de nós mesmos, de nossos atos, pensamentos e palavras, sem embargo das generosas intercessões de amigos que nos anteciparam na grande viagem. Proporcionando alegria e amparo, alimento e instrução, aqui na Terra, aos nossos semelhantes, a lei nos assegurará, no plano espiritual, instrução e alimento, amparo e alegria. Tais noções, hauridas no Espiritismo, tornam o homem mais responsável e mais cuidadoso, mais esclarecido e mais consciente, compelindo-o a passos mais seguros, dentro da vida — em suas duas fases — para que a vida lhe sorria, agora e sempre. Evidentemente, sem subestimar, nem sobrestimar a morte, o espírita caminha, luta, sofre, trabalha e evolui, conscientemente, na direção do infinito bem, valorizando para sua própria felicidade os renascimentos sucessivos a que se referiu Jesus, no diálogo com Nicodemos.

Fonte: *Reformador*, novembro de 1959. p. 251.

Estímulo ou acusação

Janeiro | 1960

"Vós sois o sal da terra." — Jesus

Asseverando aos discípulos que eram eles o sal da terra, sem dúvida não desejou Jesus exaltar-lhes a vaidade, nem fazê-los olvidar a humildade própria do aprendiz sincero do Evangelho. O que o Mestre pretendeu, na verdade, foi adverti-los quanto à responsabilidade de que se achavam investidos, como legatários diretos e pessoais das sublimes lições por ele trazidas à Terra.

Nessas palavras do Senhor identificamos o mesmo sentido dado a outra afirmativa evangélica: *"Àquele que mais recebeu mais será pedido"*. De fato, ninguém discute, em sã consciência, quem mais recebe mais pode dar, quem mais conhece mais pode ensinar.

Não se pode medir, em termos de equivalência, a responsabilidade do selvagem que elimina, com naturalidade, o guerreiro vencido, e a do civilizado que se comporta cruelmente ante o inimigo que se rende.

Muitos ouviram falar de Jesus e de suas lições por vias indiretas, uma vez que os discursos e as curas realizadas pelo Mestre repercutiam por toda a região que teve a glória de acolher o celeste Enviado. Os equívocos daqueles que tiveram notícia do Cristo e dos seus feitos, apenas por ouvirem dizer, seriam mais facilmente compreendidos, mais facilmente tolerados. Haviam recebido menos do que os que tiveram a ventura de testemunhar, *"de visu"*, e *"in loco"*, os prodígios do Benfeitor sublime.

Com os discípulos a situação era diferente: foram chamados, aceitaram a convocação generosa, conviveram com o Mestre, com ele aprenderam e edificaram corações para o bem e a moral. Os seguidores de Jesus usufruíram a glória de acompanhá-lo, de beber-lhe diretamente dos lábios imáculos aquele mundo de elevadas noções que formam o código da vida. Se não devemos considerá-los privilegiados, não parece impropriedade situá-los na posição de seres altamente afortunados.

Beneficiários diretos do Senhor, a responsabilidade dos discípulos teria de ser mais acentuada, mais intenso o aproveitamento das lições pessoalmente ministradas pelo Amigo divino. O Mestre compreendia a situação, daí ter-lhes dito: *"Vós sois o sal da terra"*, salientando, exclusivamente, a exemplificação e a perseverança que lhes deveriam assinalar, para sempre, a conduta apostólica.

Os apóstolos e os discípulos seriam um marco na história e no desenvolvimento do Cristianismo. E bastante árdua a sua missão: preservar o patrimônio legado pelo Senhor, tal como o sal conserva a pureza, a integridade dos alimentos. Desde Pedro, o mais velho, até João Evangelista, o mais moço, todos souberam dignificar o título de *"cristãos"*, de continuadores do Evangelho, compenetrados de que Jesus, em retornando aos planos siderais mais elevados, lhes outorgara a missão de manter a vitalidade doutrinária, de assegurar-lhe a pureza, de garantir-lhe a expansão no tempo e no espaço.

A árvore nascente, regada por aqueles homens rudes e simples, mas sinceros e idealistas, vicejou e produziu frutos que dulcificaram milhares de corações antes angustiados. E quando eles, por sua vez, abandonaram a carruagem física, o *"espírito apostólico"* permaneceu no mundo controlando, fiscalizando e amparando a evolução da doutrina de amor do Mestre.

Para todos que permanecem fiéis ao pensamento, à diretriz dos homens da Casa do Caminho, nos arredores de Jerusalém — homens simples, humildes, infensos a favores, honrarias e compensações materiais —, a afirmativa de Jesus *"Vós sois o sal da terra"* representa estímulo, fortalecimento, esperança. Mas para os que, insensatamente, desvirtuaram e desvirtuam a beleza eterna do Evangelho, para estes as palavras do Senhor constituem admoestação e libelo perenes. Poderão elas repercutir na acústica de nossa consciência como estímulo ou acusação. Cada um de nós será juiz de si mesmo.

Fonte: *Reformador*, janeiro de 1960. p. 26.

A lágrima do apóstolo

Março | 1960

"Então Pedro, saindo dali, chorou amargamente." — Do Evangelho

A negação de Pedro, naquela madrugada cujo silêncio um galo desconhecido perturbara com a melancolia do seu canto, constitui episódio de profunda relevância para a nossa experiência individual. Através da negação, aquele que se tornaria, mais tarde, o bondoso e tolerante apascentador das ovelhas cristãs, legou valioso ensinamento para os homens de todos os tempos e lugares, numa demonstração, irretorquível, de que, se cada árvore frutifica na estação própria, cada criatura respira, também, sob o ponto de vista espiritual, no clima que lhe é peculiar.

O acendrado amor e o ideal intensamente vivido ocasionam, geralmente, afirmativas bem-intencionadas, é verdade, mas de execução difícil, ou mesmo impossível, nos momentos supremos. Têm razão, pois, como não podia deixar de ser, os elevados instrutores quando dizem que a posição ideal, no homem, é a do equilíbrio, da análise, da reflexão, confirmando, assim, a assertiva de que *"a virtude está sempre no meio"*.

O entusiasmo excessivo, especialmente no falar, no prometer aos homens e a Deus, sem a fiscalização do bom senso, afigura-se-nos tão prejudicial quanto o indiferentismo, que estimula, que favorece a estagnação, a inércia. Ninguém põe dúvida sobre o imenso, o profundo, o eterno amor de Pedro a Jesus. Quem ousaria, naquela época, quem ousará nos dias presentes?

O seu devotamento era tal que, assim dizia o generoso pescador, pelo Mestre iria "tanto para a prisão quanto para a morte". Um grande e sincero amor compeliu-o a uma promessa àquele tempo irrealizável: dar a vida pelo Cristo! Contudo — oh, humana fraqueza!—, ao impulso do coração não correspondia, ainda, a fortaleza do espírito.

Conhecendo, embora, a lealdade do velho Cefas, perscrutara-lhe Jesus a alma, devassara-lhe o mundo interior, identificara-lhe a fragilidade de homem, que um grande amor insistia por suplantar. Daí o profético aviso do Cordeiro celeste que, logo após, se deixaria por imolar, no Calvário, à ignorância dos homens: "Afirmo-te, Pedro, que hoje negarás três vezes que me conheces, antes que o galo cante". Quanta convicção, quanta certeza! Oh, divina presciência: "Afirmo-te, Pedro..."

Horas depois, quando o galo cantou, na mais triste madrugada que a sua alma generosa conheceria pelos séculos e milênios em fora, Pedro chorava amargamente, lembrando as palavras do Senhor. A sua promessa, livre, espontânea, não solicitada, deixara de concretizar-se. A realidade do homem desmentira o impulso verbal do idealista. O heroísmo da hora tranquila, na placidez e na poesia do Getsêmani, diluíra-se no ambiente sombrio, incerto, da casa do sumo sacerdote. O navegante das águas serenas fraquejara no mar alto, de ondas encrespadas.

Cruzar lagos tranquilos é facultado a muitos, dominar vigorosas procelas é privilégio de poucos. Preconizar gestos varonis, em circunstâncias normais, quando tudo corre bem, é sempre mais fácil do que testemunhar resignação e coragem quando a dor nos bate à porta, quando a dificuldade se instala em nosso caminho. A posição ideal, correta, magnífica, é, insofismavelmente, a do equilíbrio. Nem a super, nem a subestimação de nossas possibilidades, sob pena de, a exemplo do velho Barjonas, vertermos, acabrunhados, as lágrimas do arrependimento.

Tão profundo foi o remorso de Pedro que a lembrança daquela noite fria, inesquecida, em que dissera, diante de criadas vulgares, de soldados romanos e de servos do sumo sacerdote, não conhecer o Mestre, jamais se esvairia de sua memória. Tranformar-se-ia em agudo estilete. Ferir-lhe-ia o coração repetidas vezes. Magoar-lhe-ia a alma sensível por muito tempo.

Estranho, inconcebível, efetivamente, o contraste entre o prometido e o não realizado, entre a palavra e o ato. Ao entardecer, no horto: "*Mestre, contigo irei até à morte!*" De madrugada, em casa de Caifás: "*Não conheço este homem!*"

Pedro não reconhecer Jesus!... Logo Pedro!!!... Se fora Felipe ou Bartolomeu, Judas ou Tomé, ainda bem. Eram companheiros de menor evidência no colégio apostólico. Mas Pedro, que horas antes com ele estivera no Getsêmani, vendo-o em agonia, o suor transformado em sangue, caindo em gotas sobre a terra, ouvindo-o na angustiosa oração: "*Pai, se queres, passa de mim esse cálice...*"

Pedro, que decepara a orelha de Malco. Pedro, que amanhecia com Jesus, andava com Jesus, comia com Jesus...

A lição do irmão de André não se perdeu. Nem se perderá, por muitos séculos e milênios, enquanto um homem pisar o chão da Terra. A fragilidade de Pedro-homem, a sua negação e o seu pranto amargo constituem oportuna advertência no sentido de que adotemos:
— por norma de vida a humildade,
— por juiz de nossos atos o bom senso,
— por orientadora de nossas palavras a reflexão.

Semelhante atitude deverá evitar sejamos surpreendidos, por nós mesmos, derramando a lágrima do apóstolo — a lágrima do arrependimento...

Fonte: *Reformador*, março de 1960. p. 57.

Jesus e a humanidade

Agosto | 1960

"Quem é a minha mãe? Quem são os meus irmãos?" — *Jesus*

Algumas interpretações têm sido feitas em torno da interpelação do Mestre aos discípulos, que o avisavam de que, lá fora, sua mãe e seus irmãos o procuravam, ansiosos.

Umas, apressadas, apontam o Senhor como pouco delicado no trato com a Virgem Santíssima; outras, menos apressadas, porém eruditas, complicam ainda mais o assunto, deixando-o, praticamente, sem solução.

O Espiritismo, na sua condição de consolador, que veio ao mundo para revelar o que estava oculto, para aclarar o que estava nebuloso, faz luz sobre o episódio evangélico, sobre aquelas palavras do Mestre.

A presença de Jesus, na Terra, teve, sem dúvida, um objetivo fundamental: o de pregar, pelo exemplo, sobretudo, o amor universal, o amor que aproximará os seres, que transformará a humanidade inteira, um dia, numa só família.

É impossível, é inconcebível, negar-se o profundo amor do Cristo por aquela que lhe fora mãe dedicada, mãe boníssima, mãe sublime na Terra. Uma das provas mais eloquentes do seu amor pela Virgem está no cuidado, na ternura com que a recomendou a João Evangelista, no Gólgota: *"Eis aí a tua mãe!"* E, depois, voltando-se para Maria, e indicando o discípulo amado: *"Eis aí o teu filho!"*

Seu profundo amor não o levaria, contudo, a esquecer a missão maior, a missão principal, a missão universalista que o fizera vir ao mundo, destinada a estabelecer, no tempo e no espaço, as bases de um reino diferente, que não fosse construído segundo os padrões humanos. Compreendamos, portanto, as palavras de Jesus como um incitamento à fraternidade universal, na sua mais ampla acepção.

Jesus não se pertencia. Jesus não pertencia aos discípulos. Jesus não pertencia à Virgem Santíssima. Cristo doara-se à humanidade, dera-se à humanidade, pertencia à humanidade. Compreendamos as palavras do Mestre como uma advertência para que nos esforcemos no sentido de ampliar, de dilatar, ao máximo, a compreensão de fraternidade, infelizmente àquela época, e ainda hoje, muito limitada, muito restrita. Aliás, as palavras que, logo a seguir, proferiu, evidenciaram o verdadeiro pensamento de Jesus, traduziram, sem subterfúgios, a lição profunda, universal: *"Em verdade vos digo que minha mãe e meus irmãos são todos quantos fazem a vontade de meu Pai, que está no céu"*.

Fazer a vontade do Pai significa servir, renunciar, sacrificar-se. Em síntese, amar desinteressadamente, cristãmente, como Jesus nos amou. Quando, no curso dos milênios, agirmos dessa maneira, seremos, efetivamente, IRMÃOS DE JESUS, porque estaremos fazendo a vontade do Pai celestial.

Fonte: *Reformador*, agosto de 1960.

A tríplice unidade

Setembro | 1960

"Se uma casa estiver dividida contra si mesma, tal casa não poderá subsistir." — Jesus

Assevera antigo ditado que *"a união faz a força"*. E nós acrescentamos: a força, organizada e consciente, garante a indivisibilidade.

Essa compreensão faz com que se verifiquem, em toda a parte, empreendimentos organizativos, unificadores, tendentes a assegurarem o fortalecimento, a continuidade, a pujança das instituições.

No plano físico, a solidariedade, o coletivismo, os interesses em comum levam os homens ao esforço de unificação de suas atividades, com vistas à colheita dos melhores frutos. Unificam-se os componentes da família, na boa vontade e no trabalho, para que haja pão para o estômago, vestuário para o corpo, luz para o espírito eterno.

A reivindicação de direitos, na vida social, decorre, via de regra, de movimentos acordes, uníssonos, sobressaindo-se, nesses tentames, o congraçamento, a solidariedade. Contudo, não é somente no domínio das atividades terrestres que se evidencia, que se manifesta, que se impõe, indisfarçável, a necessidade do entendimento, da concórdia. Na esfera espiritual, no *"mundo da verdade"*, idêntico fenômeno se verifica, revelando o sentido gregário de encarnados e desencarnados.

Nos planos mais altos, reúnem-se valorosas entidades, ricas em conhecimento e bondade, com a sublimada missão de inspirarem os homens para que possam colocar a Terra em posição condigna, apropriada à sua destinação gloriosa. Nas regiões espirituais mais ligadas à crosta terrena, devotados servidores do bem — samaritanos da fraternidade — organizam núcleos educativos, com programas definidos de amparo aos que chegam da Terra, sem rumo, cristalizados no orgulho e na ambição, na perversidade e no ódio.

Há, enfim, em toda a parte, aqui e alhures, um sentido de organização, um pensamento unificativo, uma preocupação de metodizar, de vivificar, dinamizar, construir. O objetivo é de congregar, pela certeza de que o *"reino"* unificado e a *"casa"* que se não divide sobreviverão, um e outra, a todos os embates.

Uma família, uma instituição, uma doutrina, enfim, que se unifica, que se irmana, que se estrutura, que se uniformiza, tem assegurados, sem dúvida, o aperfeiçoamento e o progresso. O Espiritismo é um movimento de natureza essencialmente espiritual, embora influencie, embora atue, beneficamente, junto aos problemas de ordem material, cristianizando-lhes as soluções. Estudando as relações entre o mundo invisível e visível, dele fazem parte vivos e mortos, encarnados e desencarnados. Criaturas de todos os níveis evolutivos, de todos os graus de entendimento, das mais variadas compreensões, empunham, cheias de boa vontade e esperança, a sua bandeira de renovação espiritual: TRABALHO — SOLIDARIEDADE — TOLERÂNCIA.

Nos templos de oração e trabalho do Espiritismo, reúnem-se, em número avultado, companheiros egressos das mais diversas crenças e religiões, doutrinas e filosofias, muitos deles ainda apegados a superstições e hábitos remanescentes de remotas e consecutivas experiências reencarnatórias. Suas práticas e tendências, inclinações e desejos, em que pese à boa intenção de alguns deles, caem, por vezes, em flagrante desacordo, ético e doutrinário, com o "novo ideal", exuberante de simplicidade e beleza, a que se acolhem presentemente: o ideal espírita-cristão.

Não é com facilidade que tais companheiros assimilam a essência doutrinária do Espiritismo, isenta de rituais, desprovida de materialidade. Não é com facilidade que adquirem convicção e firmeza. Nem o Espiritismo nunca exigiu, não exige, de quem quer que seja, adesão extemporânea, superficial, momentânea.

A Doutrina Espírita, iluminada pelos clarões do Evangelho, aí está, perene e eterna, para todos, informando, esclarecendo, orientando, regenerando, deixando-nos, contudo, a liberdade de lhe aceitarmos ou não o caminho renovador. Se alguns de nós adotaram-na pela lógica e limpidez de seus postulados, muitos a procuram enganados, mal-informados, na ilusória esperança de que venha a ser ela um recurso fácil para fácil obtenção de vantagens transitórias.

A Doutrina sabe que onde estiver o tesouro do homem lá estará o seu coração, conforme asseverou o Mestre. Os espíritas convictos devem realizar com amor a tarefa de preservação de sua unidade. A fim de que a marcha do Espiritismo não sofra embaraço, retardamento, para subsistir no infinito tempo e nos mistérios da eternidade, ele, o Espiritismo, não se deve fragmentar, fracionar-se, dividir. À vacilação e inconstância dos indecisos havemos de contrapor a firmeza, o idealismo dos convictos. A segurança dos segundos conduzirá os primeiros à meta libertadora.

Assim como o "reino" e a "casa" que se dividem não podem subsistir, a Doutrina deve conservar sua coesão doutrinária, ética, administrativa. Deve permanecer íntegra, isenta de interpolações e mesclas para que se possa prosseguir, com o concurso dos homens e dos espíritos, no seu divino papel de consoladora das almas e libertadora das consciências.

Sendo, como se vê, um movimento essencialmente espiritual, de indiscutíveis e benéficos reflexos morais na vida das criaturas, tendente, inclusive, a irradiar-se na Terra inteira, segundo a promessa de Jesus, impõe-se a sua unidade, a sua tríplice unidade, a fim de que, como Doutrina de cunho universal, cumpra, no tempo e no espaço, seus elevados objetivos.

Unidade direcional, doutrinária, fraternal. Unidade de orientação, amorosa e justa, benevolente e sábia, como a própria orientação do Cristo, para que os naturais e compreensivos fenômenos, que acompanham a expansão mal dirigida, não lhe sejam nocivos ao desenvolvimento. Unidade doutrinária, que lhe assegure, que lhe preserve a coesão das linhas mestras, a simplicidade dos princípios, a substância cristã de que se nutre. Unidade afetiva, de sentimentos, que contribua para que os espíritas do mundo inteiro, vinculados pelo coração, sejam uma só família — unida, indissolúvel, solidária — cooperando, pela caridade, para o advento da legítima fraternidade entre os homens.

Fonte: *Reformador*, setembro de 1960. p. 5-6.

A volta ao mundo

"Necessário vos é nascer de novo." — Jesus

Existe em *"Nosso lar"* — colônia espiritual revelada pelo querido amigo André Luiz — um serviço muito importante: o PLANEJAMENTO DE REENCARNAÇÕES, cuja finalidade a própria denominação especifica. Naquele departamento, dirigido por *"entidades especializadas em conhecimentos de biologia e embriologia"*, são previstas todas as providências relacionadas com a prévia formação do corpo físico para a volta ao mundo.

É um serviço complexo, cuja natureza define a sabedoria e a bondade dos que o dirigem. O conhecimento da existência desse serviço compele-nos, sem dúvida, a refletir no valor da reencarnação, na importância do envoltório físico, na significação de nossa presença no proscênio terrestre.

Não fomos atirados à vida sem objetivo, sem finalidade. Não somos uma folha seca que a ventania jogou ao longe, para diluir-se na poeira do chão, ante a inclemência solar. Delicadas e complexas providências precederam nosso reingresso no rio da vida física, providências que movimentaram numerosas entidades de elevado gabarito cultural e moral. Esse conhecimento aumenta o senso de responsabilidade, faz-nos

---

[1] Nota da Editora: referência à colônia espiritual descrita pelo espírito André Luiz na obra homônima, *Nosso lar*, psicografada por Francisco Cândido Xavier e publicada pela FEB em 1944.

medir a extensão de nossos compromissos, o caráter sagrado de nossos deveres no mundo, com vistas à redenção e ao aperfeiçoamento de nossa alma eterna. Cabe-nos, portanto, valorizar a oportunidade, aproveitar o tempo — precioso talento que a Riqueza Divina nos concede —, enobrecer a vida, pelo menos com um esforço persistente, continuado, incessante, no problema de nossa melhoria.

Não é justo menosprezarmos uma oportunidade que, para existir, para ser criada, dependeu, primordialmente, de Deus e de Jesus, e, por fim, de valorosa equipe de servidores da Espiritualidade Mais Alta.

Estudar e trabalhar, portanto, cada um na atividade que mais se coadune com a sua formação, parece-nos o meio adequado de retribuirmos a confiança dos instrutores desencarnados que, de maneira excepcionalmente carinhosa, nos prepararam a veste corporal para a continuidade de redentoras experiências. (...) [2]

---

[2] Nota da Editora: original incompleto, o que impossibilitou a reprodução integral do artigo. Fonte: *Reformador*, outubro de 1960. p. 222.

Elogios

Agosto | 1961

O servidor do Espiritismo cristão deve ser infenso ao elogio, viver permanentemente acautelado contra o encômio ostentativo, bombástico, via de regra, impregnado, quando não de insinceridade, pelo menos de entusiasmo excessivo.

Um dos motivos dessa atitude de vigilância e precau ção é bem simples e conhecido: sabe o espírita, sabemos todos, que o elogio fácil é um dos caminhos que mais frequentemente levam o trabalhador ao desequilíbrio, ao fracasso, à ruína. Quem quiser atirar um companheiro no abismo, afastá-lo do serviço ou vê-lo modificar o ritmo de suas tarefas não tem necessidade de caluniá-lo, nem de injuriá-lo: basta, simplesmente, torná-lo alvo de adjetividade pomposa.

Repita, com insistência, certos chavões, agradáveis à nossa vaidade, mas nocivos ao nosso espírito ainda inseguro na rota evolutiva, tais como *"operoso"*, *"dinâmico"*, *"notável"*, *"apóstolo"*.

Sim, leitor amigo, até este: *"apóstolo"*! O companheiro vai inflando, inflando, inflando, como um colorido balão junino nas maravilhosas noites do Nordeste — maravilhosas e, para nós, inesquecidas na recordação! —, até que, após ganhar ilusória altitude, volta a descer, veloz, bamboleante, terminando por espatifar-se no chão, quase sempre ante o olhar indiferente ou o comentário impiedoso de quantos lhe insuflaram a vaidade, de quantos lhe estimularam o personalismo.

Outro motivo para que o espírita vigilante, cuidadoso, não confie no elogio, nem o deseje, mas, sim, o deteste: sabe, porque deve ter compreensão para isso, que um elogio a mais não o torna melhor.

O contrário é o que sempre acontece: quando somos elogiados, ingressamos numa faixa psíquica realmente perigosa, capaz de aumentar-nos o orgulho, de incentivar-nos o clássico narcisismo, de ampliar-nos a presunção. Jesus era peremptório: *"Eu não aceito glória que vem dos homens"* (João, 5: 41). Era como dissesse: *"Conheço bem, ó, homens, a vossa leviandade, a vossa insensatez; penetro-vos a alma inconstante e interesseira; conheço-vos o coração, entendo-vos a psicologia. Recuso-vos, portanto, os elogios".*

Quando, de público, uma mulher lhe proclama, empolgada, as excelsas virtudes, dizendo *"Bem-aventurada aquela que te concebeu e os seios que te amamentaram"*, o celeste Enviado, divinamente sereno, corrige-lhe, de imediato, a frase elogiosa, retrucando: *"Antes bem-aventurados são os que ouvem a palavra do Pai e a guardam"* (Lucas, 11: 27-28).

A boa palavra, no momento oportuno, oriunda de uma alma amiga e sincera, desejosa de realmente ajudar, é sempre valioso estímulo ao companheiro, no sentido de mantê-lo na tarefa edificante, com o objetivo de renovar-lhe as esperanças, com o propósito de reanimar-lhe as energias, porventura enfraquecidas. O elogio fácil, no entanto, constitui, invariavelmente, uma taça de fel que pode amargurar, por muitos anos, a vida espiritual do trabalhador invigilante, ainda preocupado com as recompensas terrestres. O problema consiste em saber-se distinguir uma do outro, a benefício de nossa segurança íntima.

Fonte: *Reformador*, agosto de 1961. p. 189.

Incompreensão

Janeiro | 1962

Sim, amigo, a incompreensão dilacera-te a alma. Desejarias que o teu pensamento, as tuas ideias e os teus sentimentos fossem os sentimentos, as ideias e o pensamento dos que, junto de ti, palmilham o caminho evolutivo, as veredas da redenção. Mas tu, que lês e meditas, que estudas e raciocinas sobre o Evangelho e o Espiritismo — tu que falas e escreves, não tens mais o direito de alimentar semelhante ilusão. Esperar entendimento não mais se justifica em ti, porque não desconheces a Doutrina, nem ignoras as lições da Boa Nova da Imortalidade. O Evangelho e o Espiritismo te cassaram o direito de exigir compreensão, porque ambos te ensinaram, te induziram a ser compreensivo.

Desejarias — bem o sinto! — que o lar fosse o tranquilo refúgio onde pudesses, esgotado, descansar dos labores de cada dia, em noites em que o cansaço não é mais cansaço, porque se transformou em exaustão, convertendo-te num trapo humano.

Gostarias — oh, como o percebo! — de te entreteres em palestras edificantes com aqueles que, contigo, mais de perto transitam nas redentoras estradas da vida.

Sentir-te-ias feliz — imensa e profundamente feliz, suave e liricamente venturoso! — se a tua delicadeza e o teu carinho tivessem ressonância junto a todos os caminheiros terrenos.

Sim, amigo, seria agradável e reconfortante, mas, bem o reconheces, em tuas silenciosas reflexões, não tens direito, por enquanto, a essa ventura. O teu mundo não comporta, ainda, a felicidade sem mescla.

" *O meu reino não é deste mundo*" — asseverou o Mestre.

Resgata primeiro os teus débitos. Acerta, antes, as tuas contas. Corrige, agora, os erros de ontem. Reconcilia-te com aqueles a quem feriste, suporta aqueles a quem fizeste chorar, abraça aqueles cujas esperanças esfacelaste.

Foste livre na semeadura? Sê, agora, escravo na colheita! Não sonhes com a reciprocidade afetiva, uma vez que, no momento que passa, no relógio de tua vida, ela é uma flor que não pode medrar no jardim do teu idealismo, no canteiro de tuas aspirações. Oferece tua ternura, dá algo de ti mesmo, mas não esperes retribuição, porque a Lei está funcionando junto a ti, contigo, em ti mesmo, nos escaninhos da tua consciência.

Os teus companheiros de jornada, guardando, ainda, dolorosas e amargas reminiscências de ti, desconfiam do teu afeto, repelem o teu carinho. Tem, pois, paciência. Resigna-te. Ama e sofre, perdoa e procura servir. Não é isso que tens aprendido no Espiritismo? Não tem o Evangelho indicado essa conduta?

Lembra-te do Cristo, quando te sentires fraco no exercício da compreensão. Ele espalhou alegria e paz, consagrando-as, jubilosamente, nas Bodas de Caná da Galileia. Distribuiu, por onde passou, saúde e bom ânimo, esperança e fé. Reabilitou mulheres infelizes, corrigiu homens equivocados. No entanto, no seu último dia entre nós, ofertamos-lhe, por lembrança do mundo, o vinagre e o fel, a coroa de espinhos e a cruz.

Recorda isso, amigo, a fim de que a incompreensão te não doa n'alma, a desafeição dos teus não te incomode tanto, a rebeldia dos companheiros não te deprima a vida. Ora e trabalha, confia e espera.

Fonte: *Reformador*, janeiro de 1962. p. 21.

Espiritismo e espíritas

Fevereiro | 1962

"... a César o que é de César..." — Jesus

Qualquer movimento que possa constituir ameaça à integridade doutrinária e moral do Espiritismo encontra sempre os espíritas unidos, coesos, pensando em termos de homogeneidade, firmes, afinal, na defesa e na preservação dos seus augustos princípios.

Toda vez que irmãos nossos, operosos e cultos, e de cuja boa intenção e bons propósitos não temos o direito de duvidar, tentam introduzir na seara espírita certas inovações que estão em desacordo com os seus fundamentos, que, para todos nós, devem ter um sentido sagrado, porque divino, inclusive procurando misturar dois ingredientes que reputamos inconciliáveis, incompatíveis — **Espiritismo e política** — a reação se faz, pronta, inevitável, imediata.

Allan Kardec e quantos lhe seguem a orientação superior, sábia e ponderada, bem assim os legítimos instrutores da Vida Mais Alta, são incansáveis em reiteradas afirmativas de que Espiritismo é movimento espiritual. Doutrina essencialmente espiritualizante.

O insígne mestre lionês define-o por filosofia que estuda as leis que regem o intercâmbio entre o mundo físico e o extrafísico. Amigos espirituais categorizados conceituam-no como revelação divina para a renovação fundamental dos homens. Obreiros do campo terrestre, encarnados, apontam-no como doutrina iluminativa, destinada a encaminhar as criaturas para o bem, para a moral, para a cultura superior, para os misteres da fraternidade.

Léon Denis declara que o Espiritismo abre perspectivas novas à humanidade, iniciando-a nos mistérios da vida futura e do mundo invisível. Apesar disso, de vez em quando despontam iniciativas, que pessoalmente consideramos menos inspiradas, insinuando movimentos não só desnecessários, mas, sobretudo, inconvenientes, por sua manifesta e inequívoca incompatibilidade com o espírito da Doutrina.

Tais iniciativas, esposadas, via de regra, por minoria aritmeticamente inexpressiva, são fatalmente rechaçadas, pelo menos assim o têm sido até hoje, nada restando aos seus propugnadores senão o retraimento, não sabemos nós se em recuo estratégico ou definitivo.

Toda a família espírita levanta-se, altaneira e esclarecida, consciente e firme, para a decidida reação que repercute, vigorosa, por todos os rincões da Pátria do Evangelho. E a iniciativa, muita vez convertida em teses, é unanimemente rejeitada em congressos, concentrações, etc.

***

Nestas horas de extrema gravidade para o Espiritismo e de indisfarçável responsabilidade para os espíritas, todos se unem. Todos se entendem, se harmonizam, se articulam para a negação *"in limine"* da ideia. A família espírita brasileira se manifesta como se fora uma orquestra muito bem ensaiada, onde cada músico, sob a batuta do maestro, desempenha o seu papel com engenho e arte, com aprumo e beleza. A orquestra é a Codificação, austera e respeitável. O maestro é Allan Kardec, o inconfundível discípulo de nosso Senhor Jesus Cristo. Os músicos somos nós, os espíritas, herdeiros do magnífico patrimônio.

Numerosos companheiros comparecem às tribunas ou escrevem crônicas e artigos, moderados, mas incisivos, nos quais proclamam, alto e bom som, que o Espiritismo e as instituições espíritas devem ficar à margem das organizações políticas, fora das atribuições que competem a César, afastados de atividades que se não integram no corpo da Doutrina. A função do Espiritismo e dos centros espíritas é encaminhar as criaturas para Deus. Educá-las para a vida superior. Amparar-lhes o coração nas provas rudes, nos sofrimentos morais e físicos. Esclarecê-las, afinal, convenientemente, com base no Evangelho do Mestre, a fim de que possam elas dirigir seus próprios passos, proceder corretamente, disciplinar os sentimentos, conduzir-se dignamente na sociedade — inclusive na esfera das atividades políticas.

***

Em hipótese alguma devemos colaborar para a aproximação do Espiritismo com a política, o que, a nosso ver, poderia representar um começo, sutil, é bem verdade, de "constantinização" da Doutrina. Qualquer tentativa nesse sentido, agora ou mais tarde, deverá encontrar a coletividade espírita em posição de alerta, em fraterna observação.

Movimentos dessa natureza, objetivando o matrimônio de elementos tão opostos, caracteristicamente antagônicos, deverão encontrar a família espírita sempre unida, solidamente congregada, não para condenar ou ferir o irmão que os aceita, mas, sim, para, estreitando-o ao peito, reconduzi-lo amorosamente ao pensamento justo, ao raciocínio adequado. Nessas horas, sabem os espíritas entender-se.

Calam-se, de improviso, os pruridos pessoais. Cessam as divergências. Dissipam-se possíveis mal-entendidos, olvidam-se diversidades de interpretação doutrinária. Formam um só bloco, expressam um só pensamento, tomam a mesma atitude, o espírita religioso, o filosófico, o científico. Allan Kardec é o denominador comum. Jesus Cristo é o supremo guia. Erguem a voz, todos, do norte e do sul, do leste e do oeste, para o **não** definitivo, embora fraterno. E completam: **no Espiritismo não deve haver, jamais, lugar para movimentos que se assemelhem a ligas eleitorais.**

A Doutrina que o missionário de Lião codificou, sob o comando e supervisão dos espíritos superiores, prepostos do Cristo, é, substancialmente, de libertação espiritual. Sua finalidade, precípua, inconfundível, é quebrar os grilhões da ignorância e do atraso moral da humanidade terrestre. Seu objetivo, indisfarçável, é destruir o formalismo, em qualquer de suas expressões e significados. O papel da Doutrina Espírita é operar, junto à inteligência e ao coração das criaturas humanas, no sentido de reconduzi-las ao Pai, pela superação de suas fraquezas.

***

Aquele que deseje participar de atividades políticas que o faça como cidadão comum, com a sua inteira e exclusiva responsabilidade pessoal. Todo brasileiro, inclusive o espírita, tem o dever de votar e o direito de ser votado. Dever e direito absolutamente pacíficos, porque constitucionais. Que exerça, no entanto, esse dever, e desfrute, igualmente, desse direito, por sua conta e risco. Filie-se ao partido que mais lhe convier, porém exclua o Espiritismo e suas instituições de qualquer participação no assunto. Inegavelmente, temos admiráveis companheiros em atividades parlamentares, nos âmbitos federal, estadual e municipal, nas quais — ressalte-se a bem da verdade — se comportam com dignidade, com bravura moral e com decência. Coerentes e sinceros no testemunho da fé espírita-cristã, proclamam-na, corajosamente, sempre que necessário. Engrandecem, por seu trabalho, por sua conduta, por seu idealismo em prol das causas nobres, o ideal que cultivam, todavia, nem por isso representam as instituições, nem traduzem o pensamento do Espiritismo, que é impessoal, divino, transcendente, sobrepondo-se, destarte, a pessoas, partidos e acontecimentos. Convém não confundir Espiritismo com espíritas. Assim sendo, não devem vicejar entre nós movimentos que visem, sutilmente, a comprometer a Doutrina Espírita.

***

A autoridade moral de uma religião — é interessante nunca esquecer esta verdade histórica! — está na razão direta do seu distanciamento das vantagens humanas. Sua respeitabilidade é tanto maior quanto maior for a sua desvinculação dos interesses meramente terrestres, transitórios e perecíveis, em sua feição política ou financeira. Seu acatamento é tanto maior quanto mais ausente venha ela a encontrar-se dos banquetes de César. Essa autoridade, essa respeitabilidade e esse acatamento começariam a decrescer, a declinar, a empobrecer-se, a cadaverizar-se, a decompor-se à medida que se fossem tornando comuns os interesses, que se tentasse amplexar César e Deus, num conúbio absurdo e detestável, num consórcio tão impossível, no atual estágio evolutivo da humanidade, quanto a mistura da água ao óleo.

***

Semelhante matrimônio — estranho, impossível mesmo de produzir bons frutos — assinalaria na história do Espiritismo uma página realmente lastimável, sob todos os aspectos. Um capítulo não só de angústia e tristeza, de mácula e retrocesso moral, mas, sobretudo, de desvirtuamento, de dissensões, de inevitáveis desavenças geradas pela paixão política, que os prélios eleitorais exacerbam, ampliam, cavando abismos entre os homens. Seria o melancólico começo do fim de um movimento espiritualista glorioso e respeitável, austero e acatado, como tem sido o Espiritismo, que há esparzido sobre a humanidade, num mundo de incertezas e descrenças, de temores e lágrimas, as mais fecundas sementes de consolação e amor, de solidariedade e cultura. Seria, finalmente, a conspurcação da água cristalina que a Doutrina Espírita, nestes cento e quatro anos de Codificação, tem ofertado a todos os sedentos do caminho, encaminhando-lhes o pensamento, com segurança lógica, para elevadas concepções de felicidade e progresso.

Fonte: *Reformador*, fevereiro de 1962. p. 5-6.

Tal vida, tal morte...

*"Porque cada um levará
o seu próprio fardo."* — Paulo. *Gálatas, 6: 5*

O ditado é antigo: tal vida, tal morte. Semelhantes palavras ficaram nebulosas, por muito tempo, até que o Espiritismo, como restaurador das verdades cristãs, viesse dar-lhes o justo significado. Com os ensinos espíritas, desprovidos de quaisquer fantasias, ficaram evidenciadas, em princípio, as seguintes verdades fundamentais:

a) a morte não existe,
b) a morte não é um banho miraculoso que torna o criminoso santo, o sábio ignorante.

O Espiritismo, confirmando o *"a cada um será dado de acordo com as suas obras"*, de Jesus, veio demonstrar, também, com Paulo de Tarso, que *"cada um levará o seu próprio fardo"*, quando chegar o momento da grande transição.

A ideia, simplista, de que a morte conduz o homem, graciosamente, ao Paraíso, sem que haja, o homem, levado vida cristã, essa ideia, contrariada pelo *"tal vida, tal morte"* dos antigos, encontra nos tempos modernos o seu desmentido, com a diferença de que, na atualidade, esse desmentido tem o apoio da ciência, da filosofia e da religião, graças à Doutrina Espírita, que consubstancia esses três aspectos.

O Espiritismo ensina, em tese, que no além-túmulo continuamos o mesmo sistema de vida adotado na Terra, cultivando as mesmas ideias, as mesmas inclinações, os mesmos sentimentos, carregando o mesmo fardo, positivo ou negativo.

Quem foi preguiçoso na Terra no espaço quase sempre será amante do comodismo. Quem estimulou a maledicência no campo físico no plano espiritual, após a desencarnação, deleitar-se-á com a malícia. O avarento do mundo será, inevitavelmente, o escravo dos bens transitórios no plano subjetivo, no rumo da perturbação e da loucura.

Em sentido contrário, aquele que se devotou ao trabalho, que foi amigo da indulgência, que procurou desprender-se do apego aos patrimônios perecíveis, como tal ingressará na vida espiritual, sem remorsos e sem complexos, apto a prosseguir, confiante, na marcha ascensional — tal como informa o apóstolo dos gentios, aos cristãos da Galácia: *"Cada um levará o seu próprio fardo"*.

Aqueles que iniciaram, aqui na Terra, o seu processo de renovação para a luz, via de regra o consolidam no espaço, sem mais delongas, ao se defrontarem com as realidades do chamado *"outro mundo"*, que outra coisa não é senão o prolongamento natural do mundo físico.

O fenômeno é perfeitamente compreensível: a semente que venceu a resistência do solo, que sentiu os benefícios da luz, facilmente cresce e se desenvolve sob o beijo dos raios solares. Nossas almas são, realmente, sementes do Criador da vida.

Jesus Cristo é para as nossas almas, em qualquer parte, em qualquer tempo, o radioso sol que nos estimula ao crescimento. Todos possuímos, por natureza, latente, esse sublime heliotropismo que nos atrai para a luz, desde que nos saibamos aquecer, ainda no plano físico, por suas benéficas irradiações, aquecimento esse que se transfere, que se amplia, que se avantaja, salutarmente, no plano espiritual, após a morte, determinando o fortalecimento de nossos espíritos ao despertarmos.

Quem sentiu, na Terra, a convocação de Jesus senti-lo-á, inequivocamente, no espaço invisível, além do campo terrestre, conduzindo o precioso fardo de suas aspirações mais elevadas, numa confirmação plena, não só das palavras de Paulo aos gálatas, mas também do ensinamento dos antigos: tal vida, tal morte...

Fonte: *Reformador*, (s.d.). p. 16.

Vigilância e preparação

"O que, porém, vos digo, digo a todos: vigiai!" — Jesus

O Mestre foi incansável no alertar os homens para o cumprimento de seus deveres. Em várias passagens evangélicas, vemo-lo a conclamar as criaturas à prudência e à vigilância, acentuando que ninguém saberá o dia exato nem a hora em que, perante o tribunal da própria consciência, avaliará, na alegria ou no sofrimento, o mérito ou o demérito das próprias ações.

O nosso problema se resume na preparação constante, na vigilância que não desanima, não transige, não dá apoio ao mal. O momento que seremos convocados a novas experiências, noutros setores do aprendizado, além da esfera carnal, é para nós desconhecido. A nossa posição, em face disso, deve ser a das virgens prudentes, que souberam preservar o óleo para as suas lamparinas.

Vigiar significa honrar os preceitos da Boa Nova, elegendo-os, na medida de nossos recursos, por direção e roteiro para os nossos passos. O que vigia está sempre a cavaleiro das situações. Assim é que:

— nas horas graves, conservará o equilíbrio e a serenidade;
— nos momentos aflitivos, não se confiará ao desespero;

— quando a maioria se entregar à revolta, guardará atitudes e palavras de entendimento;

— ante o comentário maledicente, emitirá parecer que se alicerce na mais pura e sincera boa vontade;

— nos círculos de conversação menos edificante, onde imperem a leviandade e a zombaria, o desrespeito e a má-fé, adotará atitude de compostura cristã, favorecendo o reajuste de todos.

A vigilância aconselhada por Jesus, em palavras tão firmes e incisivas, constitui precioso ensinamento para o nosso espírito ainda propenso aos grandes descuidos, uma vez que é orando, vigiando e operando no bem que elevaremos a mente a planos superiores, embora permaneçam os nossos pés ainda arraigados ao solo terrestre, na reparação de carmas delituosos.

Fonte: *Reformador*, (s.d.). p. 15.

Ontem, hoje e amanhã

"Andai enquanto tendes a luz..." — Lucas, 22: 40

É natural o insopitável desejo que muita gente sente, nos círculos do Espiritismo, de conhecer alguma coisa da própria vida, em encarnações passadas, desejo esse que resulta da compreensível curiosidade que marca invariavelmente o ser humano, apresente ele este ou aquele grau de evolução.

Aconselha, entretanto, o bom senso, não percamos demasiado tempo no afã de conhecer o passado. Os instrutores espirituais explicam que Deus oculta tais coisas ao homem a fim de evitar-lhe embaraços e perturbações.

De fato, não há necessidade fundamental de conhecermos o pretérito, salvo em casos especialíssimos, quando a maturidade espiritual suporta certas revelações, capazes de contribuírem para a melhoria da criatura.

Não adianta, pois, colocarmos os binóculos da curiosidade doentia para devassar ocorrências que se foram. O essencial é aproveitar a oportunidade da atual reencarnação, andando *"enquanto há luz"*, conhecer o hoje, observar o que nos convém fazer para a conversão de nossa vida em sinfonia de utilidade. Lastimar-nos ante os enganos do passado, ou encher-nos de precipitadas esperanças, em face dos júbilos do porvir, parece-nos conduta inadequada àqueles que têm o dever de valorizar os minutos de cada dia, trabalhando e servindo com lealdade. O ontem é uma página que se foi. Dessa página, restam-nos, apenas, as experiências construtivas. O amanhã, embora acenando-nos com mãos de luz, constituirá o fruto das realizações do dia que passa. O hoje, este sim, é sumamente importante ao nosso espírito ainda trôpego, porque nas lutas de cada dia, nos insucessos e nas vitórias, nos avanços e recuos da alma, vai o homem argamassando, pouco a pouco, a própria estrutura espiritual, preparando-se, com segurança, para os cometimentos do futuro.

O lavrador — e a comparação nos parece acertada — não pensa no que fará amanhã. Levantando-se com os pássaros, abre sulcos profundos na terra, a fim de nela depositar, anonimamente, a semente do trigo que garantirá a fartura do pão. O lavrador levanta-se cedo, a fim de aproveitar, ao máximo, os benefícios da luz.

O homem do campo, embora erga os olhos para o céu, a cada dia, não esquece os misteres da lavoura. Logo cedo parte, operoso e bem-humorado, para o labor da enxada e do arado. Se o lavrador descuidar-se do hoje, o amanhã será de penúria e fome, de indigência e desespero.

O fenômeno pode aplicar-se ao espírito humano: se nos descuidarmos do hoje, confiando-nos à preguiça e à ilusão, o amanhã da vida ser-nos-á doloroso e implacável.

Imitemos, pois, o lavrador humilde e despretensioso, que se não perturba na semeadura, enfrentando o sol e a chuva, e guardemos a certeza de que o divino Mestre regar-nos-á o plantio com o orvalho do seu infinito amor.

Fonte: *Reformador*, (s.d.). p. 21-22.

Estado de Minas

1976 | 1999

Espelho do tempo

Mário Cabral é um dos mais brilhantes intelectuais ser-gipanos. Uma das mais vigorosas inteligências da terra-berço de Tobias Barreto, Silvio Romero, João Ribeiro, Hermes Fontes, Bittencourt Sampaio e do nosso Alberto Deodato.

Bacharel em Direito e professor universitário, dirigiu, em Aracaju, o *"Sergipe-Jornal"* e a *"Revista de Aracaju"*. Escritor, jornalista, crítico literário, romancista, poeta de rara inspiração. Em Salvador, exerce as atividades advocatícias e escreve para o jornal *"A Tarde"*.

Agripino Grieco, com quem Mário Cabral apresenta visível afinidade psicológica, consagra-o na seguinte apreciação: *"Mário Cabral é um estudioso em dia com os bons autores, expressando-se com brilho e mostrando, em tudo quanto apresenta, uma bela bravura de crítico literário"*.

A obra do escritor sergipano é multifária: há trabalhos seus, de fôlego, sobre Direito, Economia, Literatura, Crítica. *"Espelho do tempo"* é excelente. O estilo leve, espontâneo, revela o intelectual nato, o escritor do melhor estofo. Suas memórias e reflexões fazem emergir as melhores reminiscências. O livro é depoimento de quem sabe dissertar com critério e analisar com objetividade.

Talentoso, culto, domina o vernáculo no romance, na poesia, e, na crítica, com a irreverência de um Grieco. Seu pensamento flui, escorreito, com a graça e a eficiência de um garimpeiro de ideias. *"Espelho do tempo"* retrata aspectos humanos e sociais de Aracaju de ontem, *"cidade-menina"* de nossa infância e juventude, hoje integrada na trepidação do progresso, com o petróleo jorrando e chaminés anunciando o ciclo de industrialização.

Livro bom, a nosso ver, não é, somente, o que informa, mas o que suscita repercussões em nosso mundo interior, falando, simultaneamente, ao cérebro e ao coração. Coração e cérebro fornecem ao ser humano os recursos essenciais ao progresso e à felicidade — amor e sabedoria.

Rico em minúcias descritivas, sem, no entanto, vulgarizar-se na análise de figuras humanas que compuseram a paisagem aracajuana, quando a linda capital sergipana era mais poesia que chaminés, mais jardins e praças que longas avenidas escondendo, sob as camadas asfálticas, a areia mais fina e mais alva do mundo, *"Espelho do tempo"* toca a sensibilidade. É que o livro não é um simples distribuidor de notícias antigas, descaracterizadas, amorfas, monótonas. É vivo, dinâmico, veiculando emoções, ressuscitando lembranças, colorindo imagens que jazem a distância. *"Espelho do tempo"* foi, para nós, mensagem positiva, emocional e culturalmente. Creditamos ao autor, com quem convivêramos longo tempo na Prefeitura de Aracaju, júbilos e recordações consubstanciados em páginas de magnífica e esplêndida tessitura.

Mário Cabral escreve com tanta beleza e perfeição que, sem embargo do tom amargo de alguns apontamentos, revelando sua indisfarçável formação anatoliana, as ideias flutuam em nosso mundo conceptual à maneira de nuvens harmoniosas.

Sob o ponto de vista filosófico, o autor e nós trilhamos caminhos diferentes, embora paralelos, buscando a Deus. Ele, desde moço, respirando em clima de descrença, que o leva, geralmente, a retratar acontecimentos com pinceladas causticantes; nós, desde a infância, crendo em Deus, nos homens e na vida espiritual, considerando a Terra abençoada escola de renovação.

Fonte: *Estado de Minas*, 29 de setembro de 1976. p. 4.
Nota da Editora: durante muitos anos, Martins Peralva escreveu artigos de cunho evangélico para o caderno "Opinião" do jornal Estado de Minas. O jornal, fundado em 7 de março de 1928, (...) é um dos mais importantes jornais impressos do Estado de Minas Gerais, também conhecido como *o grande jornal dos mineiros*. O jornal circula diariamente com seus cadernos fixos Política, Opinião, Nacional, Internacional, Gerais, EM Cultura e Economia. Atualmente, os seus suplementos são Agronegócio, Bem viver, Ciência, Ragga Drops, Direito & Justiça, Emprego, Especial, Feminino & Masculino, Guia de gastronomia, Guia de negócios, Gurilândia, Hora livre, Imóveis, Informática, Pensar, Prazer EM ajudar, Turismo, TV e Veículos. Fonte: <http://pt.wikipedia.org/wiki/Estado_de_Minas>. Acesso em: 12 nov 2009. Neste ano de 2014, o jornal completou 86 anos de existência, mantendo o seu conteúdo também na internet, quando, em 1995, passou a veicular o suplemento de Informática.

Uma visão geral da eutanásia

4 | fevereiro | 1977

Eutanásia, na definição dos dicionários, é a morte suave, sem dor, provocada por motivos piedosos. O tema sempre foi objeto de controvérsias, morais e jurídicas, que se acentuaram com o caso de Karen Ann, de 22 anos, que se encontra em coma desde 14/04/1975. O Supremo Tribunal de Nova Jersey, julgando pedido de seus pais, autorizou em 31/03/1976 o desligamento do pulmão artificial que a mantinha viva, a fim de que *"pudesse ter morte digna"*. A surpresa, todavia, aconteceu: os cientistas previam que a morte sobreviesse com o desligamento do aparelho, mas Karen Ann continuou viva, embora desacordada.

A vida humana, em última instância, pertence a Deus, embora muitas vezes dependa de recursos científicos. O Espiritismo, que estuda com profundidade os problemas humanos, amplia o conceito de eutanásia: entende que a chamada morte suave também pode ser provocada por outras razões. Não é, pois, apenas a piedade, em nome do amor, que suscita processos eutanásicos em termos etimológicos ou jurídicos: a ambição para precipitar heranças, o temor para impedir que o doente, sobrevivendo, faça revelações comprometedoras, a perversidade, consumando vingança cruelmente urdida — causas passionais, com um sedativo mais violento, adicionado ao remédio no conhecido *"chá da meia-noite"*, afastando o rival inconveniente. Tudo isso sem falarmos no materialismo, com o falso conceito das chamadas vidas inúteis, seja nos fenômenos teratológicos, de etiologia incompreensível aos olhos humanos, seja na carência mental.

Nelson Hungria, famoso penólogo brasileiro, em "Comentários ao Código Penal", vol. V, arts. 121 a 136, oferece-nos importante subsídio para o estudo do crime eutanásico: "Eliminar o sofrimento com a morte é desconhecer que uma alma sobrevive ao perecimento do corpo e que a dor é o crisol em que essa alma se purifica e se redime para a sua progressiva ascensão".

"Defender a eutanásia" — prossegue — "é, sem mais nem menos, fazer apologia ao crime. Não desmoralizemos a civilização contemporânea com o preconício do homicídio. A licença para a eutanásia deve ser repelida, principalmente, em nome do direito", assevera o eminente cultor das letras jurídicas.

O Vaticano manifesta-se contrário à eutanásia. O teólogo Fino Concetti, referindo-se a Karen Ann, em "L'osservatore romano", é categórico: "Seu caso é um exemplo de que os seres humanos não podem decidir quanto a pôr fim à vida de seus semelhantes, independentemente de que esteja consciente ou em estado de coma, mas que devem dedicar todas as suas energias e utilizar todos os meios disponíveis a serviço da vida".

Allan Kardec, no "Evangelho segundo o Espiritismo", obra essencialmente religiosa, indaga: "Um homem está agonizante, presa de cruéis sofrimentos. Sabe-se que seu estado é desesperador. Será lícito pouparem-se-lhe alguns instantes de angústias, apressando-lhe o fim?"

Os espíritos superiores, depois de indagarem se a ciência não se terá enganado nunca em suas previsões, se nos cabe o direito de prejulgar os desígnios de Deus e sobre o que pode acontecer no último instante, advertem-nos de que "desconhecemos as reflexões que a alma do enfermo poderá fazer nas convulsões da agonia e quantos tormentos lhe pode poupar um relâmpago a arrependimento".

O materialista *"não conhece o valor de um último pensamento"*, tendo em vista o futuro da alma, seu progresso, sua felicidade. S. Luiz, em mensagem dirigida a Allan Kardec, em 1860, em Paris, aconselha: *"Minorai os derradeiros sofrimentos quanto o puderdes, mas guardai-vos de abreviar a vida ainda que de um minuto, porque esse minuto pode evitar muitas lágrimas no futuro"*.

O Espiritismo é contrário à eutanásia. Nenhum de seus princípios favorece, ao menos contemporiza com esse ato de piedade, mesmo sincera, que a Doutrina Espírita configura por homicídio de graves consequências espirituais para autores e vítimas. Crime de lesa justiça divina.

A eutanásia pode interromper provas necessárias ao espírito. Retardar-lhe a renovação espiritual, que pode vir no último instante. Enfermo e familiares entrelaçam-se entre as quatro paredes do lar para reajustes necessários. Desse modo, direta ou indiretamente, todos respondem, perante Deus, pela eutanásia. Se a vítima não possuir suficiente evolução espiritual, haverá demora na ruptura dos laços que prendem a alma ao corpo, ocasionando-lhe perturbações no pós-morte. A eutanásia, por conseguinte, analisada sob esse ângulo, é inaceitável. É grave e lesiva infração às leis da vida.

Emmanuel, guia espiritual de Francisco Cândido Xavier, nos faz séria e profunda advertência: *"Não desrespeites, assim, quem se imobiliza na cruz horizontal da doença prolongada e difícil, administrando-lhe o veneno da morte suave, porquanto, provavelmente, conhecerás também, mais tarde, o proveitoso decúbito indispensável à grande meditação"*.

Fonte: *Estado de Minas*, 4 de fevereiro de 1977. p. 12.

Nos médiuns, uma nova arma contra os crimes

08 | março | 1978

É possível que uma pessoa morta, vítima de assassinato, possa, depois de um ano, denunciar seu agressor?

Há um ano, Terezita Basa foi esfaqueada em seu apartamento, na cidade de Evanston, Estados Unidos. Suas roupas foram queimadas e seu apartamento saqueado. Durante um ano, o caso ficou insolúvel, até que uma noite a Senhora Chua, que havia trabalhado no mesmo local de Terezita, entrou em transe mediúnico e começou a narrar para o marido, com a voz da vítima, como havia sido o assassinato, identificando o agressor como um homem de 31 anos, chamado Showery.

Os policiais não acreditaram muito na história, mas resolveram averiguar. Chegaram até Showery, que também trabalhara no mesmo local de Terezita, encontraram com ele joias roubadas da vítima. Depois do inquérito, Showery acabou confessando o crime e a Senhora Chua afirmava que não se lembrava do que tinha dito durante o transe.

ESPIRITISMO

Em Belo Horizonte, José Martins Peralva, diretor do Departamento de Divulgação Doutrinária da União Espírita Mineira, comentou o caso, dizendo: *"Esse fenômeno, ocorrido agora nos Estados Unidos, embora não seja frequente, é pos-*

sível acontecer. Eu, pessoalmente, recordo de um fato ocorrido em Aracaju, minha terra natal, mais ou menos entre os anos 1928 e 1930. Nessa época, em pleno Fórum, um cidadão, acusado de homicídio, estava sendo submetido a julgamento quando caiu em transe mediúnico diante da estupefação geral, nele incorporando o espírito do homem que havia sido assassinado".

Segundo frisa Peralva, isso é raríssimo acontecer: *"Quando isso se verifica, por motivos que obviamente desconhecemos, é com a permissão de Deus, cujos desígnios são verdadeiramente insondáveis para nós".*

Segundo Peralva, esse é um fenômeno de incorporação mediúnica, e é o segundo de que ele tem conhecimento. Ele explica que os médiuns são pessoas que possuem uma disposição peculiar que favorece ou facilita a aproximação de pessoas já mortas e que, por um fenômeno de sintonia vibracional, podem transmitir em sua linguagem própria a ideia e o pensamento expostos pelo morto. *"Na incorporação"*, diz José Martins, *"duas mentes estão devidamente associadas — a do médium e a do morto. Existem os conscientes, que são aqueles que durante o transe sabem de tudo que está se passando. Os inconscientes são aqueles que nada veem e nada sabem durante o transe, e nem depois dele".*

PARAPSICOLOGIA

Raul Marinuzzi, que entre vários livros acaba de editar *"Parapsicologia didática"*, e é presidente do Conselho Científico do Instituto Mineiro de Parapsicologia, diz: *"Fenômenos semelhantes a esse têm sido, com frequência, citados por pesquisadores do campo psíquico e da parapsicologia. Conhecemos vários casos — não relacionados a crimes, obviamente — de natureza semelhante, e já tivemos a oportunidade de analisar alguns no programa que mantínhamos na TV Itacolomi, no quadro Parapsicologia, da Universidade Popular do Amanhã. Não duvidamos, portanto, da possibilidade de o fe-*

nômeno haver ocorrido. O que se torna mais difícil é explicar o seu mecanismo".

Para Marinuzzi, essa dificuldade se deve ao fato de existir a possibilidade de se explicar tais manifestações em dois campos básicos da pesquisa parapsicológica: o campo dos fenômenos *"paramentais"* e o dos fenômenos *"parassemáticos"*. No campo dos *"paramentais"*, *"como exemplo ingênuo"*, diz Raul, *"poderíamos admitir uma emissão telepática da vítima agonizante que, por um motivo qualquer, fosse captada pela sensitiva, no caso a Senhora Chua, arquivada por algum tempo nas camadas mais profundas do seu psiquismo, que, encontrando uma situação propícia, teria eclodido na forma do transe descrito. Obviamente, tal hipótese apenas seria válida uma vez que ambas — vítima e sensitiva — eram colegas de trabalho"*.

Falando, ainda, dos quadros *"paramentais"*, Raul diz que a clarividência inconsciente e a *"retrocognição"* poderiam ser evocadas como hipóteses — *"mas apenas hipóteses explicativas"*.

Quanto à explicação *"parassemática"*, Marinuzzi diz que ela corresponderia às hipóteses levantadas pelo ilustre escritor e jornalista espírita José Martins Peralva. Como se vê, a hipótese *"parassemática"* é a própria hipótese religiosa, apenas explicada em outra terminologia. A adoção do termo *"parassemático"* possibilita que o reconhecimento da ideia não cause repulsa à cultura acadêmica tradicional, uma vez que as manifestações passam a ser atribuídas não mais a uma entidade mística e sobrenatural, mas a um conceito científico, ainda que este seja igualmente desconhecido e inexplicado.

Fonte: *Estado de Minas*, 8 de março de 1978. p. 8. Artigo de autoria desconhecida, para o qual Martins Peralva foi entrevistado.

O outro lado do aborto

 *Espiritismo*

30 | março | 1980

Para José Martins Peralva, secretário da União Espírita Mineira, diretor do Departamento de Divulgação e Doutrina desse órgão e autor de três livros doutrinários espíritas, *"se há um problema sobre o qual o Espiritismo e seus adeptos se pronunciam com veemência, condenando-lhe a prática, esse problema é o aborto. Sob o aspecto doutrinário, que veda frontal e irreversivelmente o seu uso (ressalvados os casos terapêuticos, a critério de médico e capaz) e, também, sob o ponto de vista humano, o aborto, à luz da Doutrina Espírita é classificado como um assassínio frio e cruel. Isso porque ele é executado em um ser que, embora vivo, não tem braços para se defender, nem voz para implorar piedade"*.

"O nascimento de uma criança" — continua Peralva — *"na linguagem espírita significa preciosa oportunidade concedida por Deus para que o espírito resgate suas dívidas, reabilite o passado, construa o futuro, aperfeiçoe-se continuamente na direção da luz imortal. O aborto vai significar, então, o corte violento e doloroso dessa oportunidade, a interrupção criminosa de uma vida, plena de sonhos e desejos, esperanças e afirmações. As consequências cármicas, de ordem física, mental e espiritual para os responsáveis, são numerosas e*

funestas. *Para exemplificar, podemos citar o câncer uterino, a loucura determinada por complexos de culpa que se radicam e se desenvolvem na consciência profunda, e os casos em que o espírito da mãe, que recorre ao aborto, volta em nova existência ligada psicologicamente ao corpo do filho, no fenômeno cientificamente classificado como xifopagia".*

José Martins Peralva, representando os espíritos, diz mais ainda: *"O crime do aborto, injustificável perante Deus e a própria consciência humana, fere as leis divinas no que ela tem de mais sagrado: o direito de nascer, viver e progredir. Sob o ponto de vista do Espiritismo, as do aborto são piores que as do homicídio comum envolvendo as criaturas adultas".*

Em face da possível legalização, ele diz que *"a posição desse credo religioso é frontal e única: não há lei humana que justifique o aborto. Se o mundo inteiro aprová-lo, o Espiritismo continuará frontalmente contra".*

Fonte: *Estado de Minas,* 30 de março de 1980. p. 12. Excerto de artigo assinado por Heloísa Aline Oliveira.

Nós e a imortalidade

09 | abril | 1980

O *"Novo dicionário enciclopédico luso-brasileiro"*, de Jaime de Séguier, dá o significado da palavra imortalidade, do latim *immortalitate* — qualidade do que é imortal, a imortalidade da alma. Vida perpétua na memória dos homens: aspirar à imortalidade.

Tudo que não morre, que se não extingue, é imortal. O que sobrevive ao corpo físico, no inelutável processo de decomposição e transformação, é imortal. Emmanuel, em linda mensagem, oferece expressiva definição: *"A ideia da imortalidade viverá sempre nas almas, como aspiração latente do belo e do perfeito"*. A imortalidade é, portanto, realidade intrínseca, inerente à própria consciência, em cujo cerne vive e atua. *"Deus é espírito"*, disse-o Jesus (João, 4: 24). Os seres por Ele criados, tendentes ao desenvolvimento na luta aprimoratória, batalham na direção do porvir, além das contingências físicas, no somatório das lutas e experimentações redentoras.

A Doutrina Espírita comprova, exuberantemente, a imortalidade da alma, seja pelos recursos científicos da experimentação, pelas ilações filosóficas, impregnadas de poesia e beleza, em ritmo de esperança e fé, amor e sabedoria, seja pelas afirmações evangélicas.

Emmanuel — sempre o admirável benfeitor —, indaga em tom de suave e amorosa advertência: *"Já pensaste que és um espírito imortal, dispondo, na Terra, por algum tempo, de valiosas potências concedidas por Deus às Suas exigências de trabalho?"* (*"Pão nosso"*). [1] E, ainda, no mesmo livro: *"O Espiritismo evangélico vem movimentar o serviço divino que envolve em si, não somente a crença consoladora, mas, também, o conhecimento indiscutível da imortalidade"*.

Dá-nos, por fim, a receita infalível: *"Se semeamos a simpatia e o amor, onde nos encontrarmos, indiscutivelmente, mais tarde, penetraremos, ditosos, a beleza divina da imortalidade gloriosa"*.

Em toda a bibliografia doutrinária, de autores desencarnados e encarnados, há conotações com o problema da imortalidade. Todavia, como estudo específico e, sobretudo, rico de fulgurações, parece-nos oportuno mencionar Gabriel Delanne em *"A vida é imortal"*, capítulo *"Golpe de vista histórico"*, com preciosas notícias sobre a crença na imortalidade na Índia, no Egito, na China, na Pérsia e entre os primeiros cristãos. Paulo, o apóstolo da gentilidade, ensina: *"Semeia-se corpo natural, ressuscita corpo espiritual. Se há corpo natural, há também corpo espiritual"* (Coríntios I, 15:44).

Jesus, comprovando em si mesmo a imortalidade-luz, aparece a Maria Madalena, aos dez discípulos, a Tomé e aos onze discípulos e, ainda, a outros sete discípulos, sem esquecer o encontro no caminho de Emaús.

Allan Kardec, em *"O Livro dos Espíritos"*, a monumental obra filosófica do Espiritismo, assevera: *"Tem assim o homem duas naturezas: pelo corpo, participa da natureza dos animais,*

---

[1] Nota da Editora: referência ao livro *Pão nosso*, psicografado por Francisco Cândido Xavier, pelo espírito de Emmanuel, publicado pela FEB em 1950.

cujos instintos lhe são comuns; pela alma, participa da nature-za dos espíritos". Camille Flammarion, discursando em Montmartre, ante os despojos carnais de Allan Kardec, mais tarde transferidos para Père Lachaise, proclama em frase de singular beleza: *"A imortalidade é a luz da vida como este refulgente sol é a luz da natureza"* (*"Obras póstumas"*).

Desde os primeiros surtos evolucionais do homem, com os mais vivos anseios e aspirações em busca da verticalidade espiritual, possui a alma humana o germe da imortalidade, caracterizando inevitável e divino heliotropismo.

Filósofos espiritualistas de todos os tempos, notadamente Sócrates e Platão, precursores da ideia cristã e do Espiritismo, referem-se, convictos, à imortalidade (*"O Evangelho segundo o Espiritismo"*— Introdução).

Viasa, na Índia, seis milênios antes do Cristianismo, exalta, em poemas de grande beleza, a glória do Ilimitado (*"A caminho da luz"*, Emmanuel).[2]

A bagagem moral e cultural dos homens indica, na sucessividade das vidas, a evidência da imortalidade, que é, segundo a prismática espírita e a ótica evangélica, uma opção de coisas sublimes: sobrevivência, comunicabilidade, participação em nossas existências. O conceito dinâmico da imortalidade, segundo o ângulo espiritista, leva-nos a ampliar nossas ideias a respeito da progressão dos mundos, da evolução humana, da renovação religiosa, da afirmação das filosofias transcendentais, do mundo melhor de amanhã. À medida que se aproxima de Deus vai o homem colocando-se em condições de receber mais amplas e luminosas notícias do mundo espiritual, que Flammarion denomina de *"Pátria da Verdade"*, nossa definitiva morada como seres eternos.

---

[2] Nota da Editora: referência ao livro *A caminho da luz*, psicografado por Francisco Cândido Xavier, pelo espírito de Emmanuel, publicado pela FEB em 1938.

A referência de Jesus *"Tenho ainda muito a que vos dizer, mas vós não podeis suportar agora"* (João, 16: 22), demonstra que as revelações ocorrem de maneira gradual, homeopática, para que se não percam, nem se menosprezem, pela nossa incapacidade de assimilação, os valores divinos.

Pela mediunidade, traço de união entre o plano espiritual e a Terra, recebemos, de forma abundante, os divinos suprimentos do amor e da sabedoria, do esclarecimento e da fé, que nos suavizam a jornada redentora. Os supostos mortos trazem à Terra, com fartura de detalhes e foros de incontestabilidade, pelos canais mediúnicos, entre eles, em primeiro plano, o de Francisco Cândido Xavier, médium a serviço de Jesus, o testemunho de que a vida prossegue além-túmulo. Os *"mortos"* dão-nos a certeza de que são imortais.

Pelo intercâmbio entre os dois planos da vida, recebemos não somente a crença consoladora, mas também perene motivação para que lutemos, intensamente, para que aprendamos, sempre, para que nos aperfeiçoemos, para que busquemos a luz da imortalidade. O Espiritismo, a nosso ver, o mais significativo acontecimento do século XIX, dá-nos a certeza da imortalidade da alma, confirmando, com argumentos e provas contundentes, o que os povos antigos sentiam e proclamavam.

Evidentemente, com a desencarnação, ou morte, entramos todos na imortalidade. Mas que tipo de imortalidade? Eis a questão. Os que malbaratam os bens da vida, escolhendo a porta larga do mundo, encontram certo tipo de imortalidade — a imortalidade-sombra. Os que se cuidam no amor e no conhecimento ingressam noutro tipo de imortalidade — a imortalidade-luz, prêmio aos que preferem a porta estreita das experimentações renovadoras. Emmanuel adverte: *"... recorda sempre que a 'porta larga' é a paixão desregrada do 'eu' e a 'porta estreita' é sempre o amor intraduzível de Deus"* (*"Ceifa de luz"*).[3]

---

[3] Nota da Editora: referência ao livro *Ceifa de luz*, psicografado por Francisco Cândido Xavier, pelo espírito de Emmanuel, publicado pela FEB em 1979.

Cabe-nos, pelo amor, com o Evangelho de Jesus, e pelo conhecimento, com a codificação de Allan Kardec, aprendermos a conquistar a imortalidade-luz. A aceitação do pensamento de Allan Kardec, que o Evangelho ilumina, abre amplas e definitivas perspectivas ao espírito humano acerca de Deus. Do Seu amor. Da Sua justiça. Perspectivas perfeitamente assimiláveis pelo homem que busca a imortalidade pelas vias da caridade.

Com Cristo e Kardec, o conhecimento se expande. O progresso se faz. A luz se acende no coração humano. A felicidade se instala, em definitivo, no santuário íntimo das criaturas.

Fonte: *Estado de Minas*, 9 de abril de 1980. p. 6.

A beleza das coisas eternas

26 | novembro | 1981

É difícil um ser humano exercer a atividade literária durante 50 anos sem contrariar, uma vez sequer, os ensinos de Jesus, e os princípios morais e éticos da Doutrina Espírita, genialmente codificada por Allan Kardec.

Francisco Cândido Xavier, mineiro de Pedro Leopoldo, vem realizando esse prodígio, para muitos considerado impossível. Sua atuação missionária, o perfeito equilíbrio moral nas situações mais difíceis, superando-as com a sabedoria de um Estêvão, o proto-mártir do Cristianismo, a humildade de um São Francisco de Assis, a *"estrela d'alva da Renascença"*, a caridade de um São Vicente de Paulo, seu amor e fidelidade ao Cristo, do qual tem sido servo fiel, têm-lhe dado plenas e irrefutáveis condições para exercer a atividade com inteira segurança, de 1931 a 1981.

A vida honrada, pobre, evangélica, dele tem feito uma personalidade verdadeiramente cristã, amada por todos. Seu respeito a todas as crenças, sua atividade apostolar no desempenho mediúnico, definem, em verdade, a mediunidade com Jesus.

A sua literatura psicográfica, que atinge, agora, 200 livros, torna mais claras, consequentemente mais compreensíveis, as obras básicas do Espiritismo. O que os seus livros veiculam merece um registro especial, notadamente considerando-se o que representam sob o ponto de vista de com-

175

plementação doutrinária. Perfeita conotação filosófico-moral identifica a obra de Allan Kardec com a literatura psicográfica de Chico Xavier.

Podemos dizer que as obras recebidas por Francisco Cândido Xavier sequencionam o pensamento consubstanciado na codificação espírita, cujo marco inicial foi esse monumento de filosofia transcendental pelo missionário lionês denominado, simplesmente, de *"O Livro dos Espíritos"*.

Os livros e mensagens psicografadas pelo sensitivo mineiro harmonizam-se com a Boa Nova da imortalidade e com o *Pentateuco-luz*, de Kardec: *"O Livro dos Espíritos"*, *"O Evangelho segundo o Espiritismo"*, *"O Livro dos Médiuns"*, *"O céu e o inferno"* e *"A gênese"*.

Jesus, Kardec e Emmanuel falam o mesmo idioma. Edificam a mesma epopcia de luz. Incentivam a renovação espiritual. Conjugam o mesmo verbo — amar. Dispensam a mesma imensa, profunda ternura para com os pequeninos dos caminhos humanos. Emmanuel, Bezerra de Menezes e André Luiz, bem como as demais inteligências desencarnadas que formam a plêiade de obreiros que psicografam por Chico Xavier, colocam em plano principal, prioritário, o aspecto religioso da Doutrina Espírita, sem embargo da abordagem, em alguns livros e mensagens, de temas e conceitos científicos.

A religião imprime no coração do homem as mais vivas expressões do amor, sublimando-lhe os sentimentos no rumo da angelitude. Nos livros que orientam o serviço mediúnico, que é sempre e invariavelmente uma missão de amor, encontramos o perfume das lições de Jesus. A beleza das coisas eternas. O amor e o sacrifício, a disciplina e o estudo, o trabalho e a humildade, o integral desinteresse pelas recompensas materiais.

O intercâmbio mediúnico, com Kardec e André Luiz, sob a égide do Cristo, é um verdadeiro *"dai de graça o que de graça recebestes".* Nas obras histórico-doutrinárias, a mesma conotação Jesus-Kardec. Exaltam o amor, glorificam o perdão, com o esquecimento de todo o mal, estruturam a dignidade pessoal, com vistas ao entendimento maior na Vida Plana.

"Há 2.000 anos", *"50 anos depois"*, *"Paulo e Estêvão"*, *"Renúncia"* e *"Ave, Cristo!"* são repositório de opulentas exemplificações das mais comoventes renunciações pelo amor e para o amor. *"A caminho da luz"*, de Emmanuel, e *"Brasil, coração do mundo, pátria do Evangelho"*, de Humberto de Campos, são livros que enalteceriam os mais cintilantes escritores da Terra.

Todos os livros, enfim, que os mensageiros do Senhor escrevem para o mundo, utilizando as mãos generosas de Francisco Cândido Xavier, definem a mediunidade com Jesus. Mediunidade. Amor. Mediunidade-luz. Mediunidade-coração. Mediunidade-renúncia. O pensamento do Cristo de Deus, da manjedoura aos nossos dias, atravessando os séculos, enriquece os 200 livros psicografados pelo companheiro humilde, simples e bom.[1]

O que podemos dizer a um homem que, durante longos e sofridos anos de labor espírita-cristão, tem dado tudo de si, sem nada reclamar em seu favor, nem uma palavra ou gesto de reconhecimento, nem uma manifestação de afetividade?

Chico Xavier, o adolescente de 1931, hoje com 72 anos de existência, tem dado tudo de si mesmo: tempo, coração, saúde, amor, não dispondo, sequer, de horas para alimentar-se, medicar-se, repousar, dormir. Nenhuma construção vocabular, por mais requintada, pode traduzir o nosso sentimento, nem dimensionar a nossa dívida para com ele.

Fonte: *Estado de Minas*, 26 de novembro de 1981. p. 5.
[1] Nota da Editora: a bibliografia mediúnica de Francisco Cândido Xavier no ano da presente edição conta com 484 títulos.

Inspiração do Natal

16 | dezembro | 1981

O Natal de Jesus é sempre uma sugestão, suave e doce, generosa e fraterna, à solidariedade humana.

A impressão que se tem, à medida que se aproximam os dias natalinos, quando a figura do Guia Supremo da humanidade é lembrada com mais intensidade, é de que uma aura de suavidade e paz começa a envolver a Terra, fazendo com que os corações menos sensíveis despertem para o impositivo de confraternizar, de ajudar, de alegrar o companheiro de jornada evolutiva.

Entendemos assim que, à proporção que formos, no curso do tempo, espiritualizando ideias e aspirações, todos os dias do ano, de janeiro a dezembro, serão permanente e venturoso Natal de alegria, paz e trabalho, em favor do próximo.

Durante o Natal, nossas mãos se abrem, nossos corações se alargam, nossos impulsos de afetividade se acrisolam, em homenagem ao Pastor divino.

O Natal, com a magia de sempre, sugere atividades beneficentes, encontros cordiais, atitudes fraternas, exaltando a imarcessível glória do seu perene Inspirador.

O entusiasmo suscitado na época do Natal existirá, de forma permanente, quando pudermos vivenciar, dia a dia, o amor preconizado pelo celeste Emissário.

O Natal de 25 de dezembro, embora festejado sob as mais belas inspirações, não é tudo, embora seja muito para que possamos suavizar as agruras de um ano inteiro de lutas as mais diversas. É necessário que cada um de nós, individualmente ou em comunidade, movimente-se no sentido de renová-lo todos os dias, dentro de nós mesmos, a fim de que possamos oferecer, sempre, algo em compreensão e amor, de janeiro a dezembro, para que haja alegria e esperança, entendimento e paz nos lares e coletividades.

Pela bondade que inspira, observa-se oportuna conotação entre o que fazemos, nos dias natalinos, e o que devíamos fazer durante os 365 dias do calendário terrestre, mesmo porque Deus não nos dotou de mãos e não nos enriqueceu de sentimentos para uso, apenas, em alguns dias da nossa vida.

Fonte: *Estado de Minas*, 16 de dezembro de 1981. p. 6.

Da reencarnação, na cultura helênica, à bênção do recomeço, em nossos dias

15 | abril | 1982

18 de abril — Dia Universal do Livro — é uma data também muito significativa para a comunidade kardequiana, isso porque assinala o 125º aniversário de *"O Livro dos Espíritos"*, cuja primeira edição fora lançada em Paris em 18 de abril de 1857, dia em que, efetivamente, nasceu a Doutrina dos Espíritos. Além da comemoração internacional, 18 de abril é, igualmente, festejado no Brasil como o Dia do Livro Espírita.

Recordar, nesta oportunidade, não só a figura de Allan Kardec, codificador do Espiritismo, mas também de um dos seus ilustres precursores, Sócrates, enaltecendo-lhes os ensinos, realmente bem sintonizados com a moral cristã, parece-nos atitude de coerente justiça no mês em que transcendente livro vence mais uma data aniversária no calendário da Terra.

O filósofo ateniense fora investido pelo Cristo de levar ao seu admirável povo, em cujo seio floresceram os maiores expoentes da arte e da filosofia, os pródromos de sua doutrina de amor.

Jesus, cocriador da organização planetária terrestre, trouxe-nos diretamente a sua mensagem de eterna beleza espiritual. Allan Kardec, em França, no terceiro quartel do século

XIX, fora escolhido pelo Cristo para trazer ao mundo, que se ajoelhava aos pés da *"deusa Razão"*, as claridades espirituais.

***

Quando lemos, pela primeira vez, ainda moço, a *"Apologia de Sócrates"*, de Platão, não percebêramos a visão cristã-espírita da obra, com numerosos e inconfundíveis pontos de contato com as lições do Mestre galileu e os princípios fundamentais da codificação espírita, embora a introdução de " *O Evangelho segundo o Espiritismo"* o apontasse, e a seu fiel discípulo, como precursores das ideias cristãs e espíritas.

A referência de Kardec a essa concordância merecera, talvez, de nossa parte, superficial importância. Mais tarde, com a leitura da excelente obra *"A caminho da luz"*, uma síntese da história da civilização à luz do Espiritismo, psicografada por Francisco Cândido Xavier, encontraríamos importantes menções de Emmanuel à altitude espiritual do pensador grego, entre elas a de que *"sua existência, em algumas circunstâncias, aproxima-se da exemplificação do próprio Cristo".*

Analisando, agora, depois de quarenta anos de sua primeira leitura, a famosa obra de Platão, foi-nos possível vislumbrar melhor o pensamento socrático, expresso no magistral diálogo com os discípulos, no espaço de tempo decorrido entre a decisão condenatória e a ministração da substância letal, que o levaria ao reino da imortalidade.

As vidas de Sócrates, Jesus e Kardec, seus ensinos e exemplificações, realmente assemelham-se bastante. O sábio grego foi acusado de corromper crianças e os jovens do seu tempo, porque difundia, nas praças públicas, a unicidade de Deus, a imortalidade da alma, a existência da vida futura, descortinando uma *"visão mais ampla da fraternidade humana e da família universal"*, como acentua o autor do *"A caminho da luz"*.

Jesus transmite ao povo, no santuário da natureza, as mesmas ideias, mais tarde explicadas na codificação espírita. Teve o mesmo destino de Sócrates: a condenação à morte. Allan Kardec sorveu o cálice do sofrimento, injuriado, ferido em mais seus nobres sentimentos. Pagou caro, também, pelo crime de trazer ao mundo novas expressões da verdade, que fariam ruir as bases de uma sociedade ainda incapaz de entender e, muito menos, de aceitar a Nova Revelação.

Sócrates, como Jesus, não escreveu nenhum livro. A filosofia da imortalidade, do gênio helênico, seria fixada, no tempo e no espaço, pelos discípulos Platão e Xenofonte. A filosofia do amor e do perdão implantada por Jesus na alma palestinense seria perpetuada, em função do porvir, pelos evangelistas Mateus, Marcos, Lucas e João, pelo convertido de Damasco, Paulo de Tarso, e por outros epistológrafos do Cristianismo nascente.

Dos três, somente Allan Kardec, com o concurso da Espiritualidade Maior, deixaria livros doutrinários, que a cultura contemporânea vai absorvendo a pouco e pouco.

Sócrates e Platão pressentiram, quatro séculos antes da vinda de Jesus (470-339 a.C), as generosas ideias de solidariedade humana que o celeste Benfeitor insculpiria, mais tarde, no coração da Palestina. Não é sem razão, portanto, que Emmanuel afirma, com sua incontestável autoridade: *"É por isso que, de todas as grandes figuras daqueles tempos longínquos, somos compelidos a destacar a grandiosa figura de Sócrates, na Atenas antiga"*.

O método de ensino era o mesmo. Dialogando nas praças, ruas e festas públicas, o sábio grego despertava o espírito de sua gente para a ideia da imortalidade. Jesus pregava, nos templos, nos logradouros públicos, nas praias e em festas (Bodas em Caná da Galileia — João, 2: 1-12), a filosofia do amor. Uma verdade é incontestável: ambos falavam ao povo, às multidões ansiosas por ouvir palavras de vida eterna, mensagens de esperança.

Cristo e Kardec referem-se aos espíritos, os seres inteligentes da Criação. Sócrates também o faz, mas substitui a palavra "espírito" por "daimon".

Em clara alusão ao corpo espiritual de Paulo de Tarso (I Coríntios, 15: 44), ou perispirítico, na linguagem espírita, o gênio grego diz que o homem que se alheia do bem, ao morrer, sai "com uma corporeidade que, por ter-se familiarizado com o corpo, parece-lhe íntima e natural, porque nunca deixou de viver em comunidade com ela e multiplicar as ocasiões de exercitar-se nisso".

Jesus ensina: "São os teus olhos a lâmpada do teu corpo; se os teus olhos forem bons, todo o teu corpo será luminoso; mas se forem maus, o teu corpo ficará em trevas" (Lucas, 11: 34).

Kardec, indagando dos espíritos sobre o envoltório que sobrevive à morte corpórea, obtém a explicação: "Tem uma coloração que, para vós, vai do colorido escuro e opaco a uma cor brilhante, qual a do rubi, conforme o espírito é mais ou menos puro" (Questão 88, item A, de "O Livro dos Espíritos").

Sócrates usa a palavra pesado, reportando-se ao corpo que sobrevive à morte. Há uma harmonia muito grande entre os ensinos e as exemplificações de Sócrates, Jesus e Kardec, mas temos que limitar nossas observações ao essencial, atentos à natural carência do espaço.

O comportamento do mártir da Grécia, diante da morte, foi digno, sereno, corajoso. Suas palavras ao funcionário encarregado de fazê-lo tomar a cicuta revelam ternura, carinho, perdão: "A ti também, amigo, digo adeus. Farei o que me dizes. Vede" — dirigindo-se aos amigos que lhe acompanham as horas finais, na prisão — "que honradez neste homem. Durante todo o tempo em que aqui estive, *veio ver-me com frequência. É o melhor dos homens e chora por mim, de coração. Mas vamos, Críton, obedeçamos-lhe alegremente, e que me seja trazido o veneno, se está preparado, ou então que se o prepare".*

Jesus, ante a turba agressiva, fanática, insana, pronuncia, do alto do madeiro, palavras de amor e perdão, que atravessam séculos e milênios: *"Pai, perdoa-lhes porque não sabem o que fazem"* (Lucas, 23: 34).

Kardec, ante as injúrias que lhe atiram, revela nobreza, dignidade, equilíbrio.

Acreditando na palingenésia (do grego *"palin"*, de novo, e *"genésis"*, geração), que é o retorno à vida corporal, Sócrates confabula com os discípulos, deixando-lhes as últimas lições: *"... se os homens depois da morte voltam à vida, deduz-se necessariamente que as almas estão no Hades durante esse tempo, porque voltariam ao mundo se não existissem e isso é uma prova de que existem, uma vez que os vivos nascem dos mortos".*

E o diálogo prossegue: *"Reviver, se há retorno da morte à vida, é efetuar esse retorno. Por essa razão, nos convenceremos de que os vivos nascem dos mortos".*

Ainda sobre a reencarnação: *"A mim também, Cebes, parece-me que nada pode se opor a essas palavras e que não nos enganamos ao admiti-las. Porque é certo que há um retorno à vida, onde os vivos nascem dos mortos, que as almas dos mortos existem, que a sorte das boas almas é melhor e das más, pior".*

Notável a dialética do grande vulto da humanidade. Tal como Jesus e Kardec, refere-se de maneira bela e convincente sobre a morte, a sobrevivência, a reencarnação, as virtudes evangélicas. Quem tiver olhos de ver analise, com serenidade e isenção, a obra socrática.

Jesus, no famoso encontro noturno com Nicodemos, refere-se precisamente às vidas sucessivas como recursos para a alma evoluir, aperfeiçoar-se, tornar-se feliz, unir-se, ou melhor, reunir-se a Deus: *"Em verdade, em verdade te digo que se alguém não nascer de novo, não pode ver o reino de Deus"* (João, 3: 3).

Kardec enfeixa admiráveis ensinos sobre a reencarnação, que Emmanuel, em sua sabedoria, define por *"bênção do recomeço"*.

A moral socrática, de que se embriagam espiritualmente os jovens e as crianças do seu tempo (ó sublime ebriedade!), é a mesma com que Jesus e Kardec inundaram de esperança o mundo nos séculos I e XIX da era cristã.

Os três ensinaram a justiça, praticaram a caridade, exaltaram as excelências do amor, enalteceram o perdão, exemplificaram as mais belas virtudes cristãs, estabelecendo, portanto, as coordenadas, as linhas mestras do processo aprimoratório da alma humana.

A Jesus, o divino Mestre, a Kardec, Sócrates e outros missionários, o tributo de nosso reconhecimento.

Fonte: *Estado de Minas*, 15 de abril de 1982. p. 2.

Brilha uma luz
nos horizontes da vida

18 | abril | 1984

Em todas as manifestações da inteligência há sempre uma obra, ou um elenco de obras que se afirmam, que se consagram, que se perpetuam, em definitivo, no espírito e na memória dos homens, convertendo se em patrimônio da humanidade. São realizações do intelecto ou do coração. Nunca perdem o brilho, não se confinam entre fronteiras. Anulam marcos divisórios. Tais obras inserem-se no contexto da pintura, da escultura, da poesia, da música, da literatura.

Leonardo da Vinci, um dos maiores gênios do mundo, imortalizou-nos com Mona Lisa, Michelângelo, com Pietá, Davi, com a Capela Sistina. Rudyard Kipling, com o humaníssimo "Se...", de conteúdo filosófico, fixou seu nome na galeria dos mais notáveis poetas, Castro Alves, com "Navio negreiro", esbanjando amor pela raça negra. Wagner, Beethoven, Listz, Chopin e outros deixaram o sinete de sua genialidade em obras imperecíveis. Em nossos dias, Gabriel Garcia Marques supera-se com "Cem anos de solidão", Dante, com a "Divina comédia", livro incontestavelmente mediúnico, com numerosos detalhes que se assemelham às obras de André Luiz, psicografadas por Francisco Cândido Xavier, Euclides da Cunha, com "Sertões", o mineiro Camilo Rodrigues Chaves, com "Caiapônia" — romance da terra e do homem do Brasil Central, lídima expressão da literatura geopsicológica.

Em parágrafo especial, a Bíblia, livro universal. Fascinante no Velho Testamento, com a saga do valoroso e nobre povo hebreu; divinamente bela, com o Novo Testamento, mensagem de amor legada por Jesus Cristo.

Um livro há, no entanto, não escrito por um homem, que pudesse ser apontado como seu exclusivo autor, apareceu, em Paris, no terceiro quartel do século XIX. Mais exatamente no dia 18 de abril de 1857. Surgiu no cenário da inquieta e requintada intelectualidade da época, sob a chancela de eminente sábio, respeitado nas rodas francesas por sua abrangente cultura: Hippolyte Léon Denizard Rivail, conhecido como Allan Kardec. Seus autores: seres espirituais, de elevada hierarquia. O nome dessa obra: *"O Livro dos Espíritos"*. Título singelo, despretensioso, guardando, porém, em seu bojo, transcendente filosofia. Para elaborá-lo e entregá-lo ao público, naquele memorável 18 de abril, selecionou ideias e conceitos, definições e argumentos filosóficos, acendendo uma luz no difícil e glorioso romance da evolução do homem.

Subscrevem-lhe a soberba introdução: Agostinho, Bispo de Hipona, o gênio africano, que Humberto Rohden vigorosamente biografou; Vicente de Paulo, o apóstolo da caridade; João Evangelista, o discípulo que reclinava a cabeça no peito de Jesus, que o amava; Sócrates e Platão, luminares do pensamento helênico; Emmanuel Swedenborg, notável sensitivo sueco; S. Luiz e outros.

"O Livro dos Espíritos" é um marco de luz na história da humanidade. Obra de profunda significação para a comunidade espírita, que nele reverencia a estrutura filosófica da Doutrina e o excelso missionário que a codificou. Suas 1.019 questões alargam os horizontes humanos, clarificando os problemas do ser, do destino, da dor, da evolução, enfim. Obra opulenta, dá adequada resposta à milenária indagação do homem, desde que despertou para o raciocínio, emergindo das brumas do instinto — de onde vim, o que estou fazendo na Terra, para onde irei depois da morte.

Divide-se em quatro partes: na primeira, estuda as causas primárias, disserta sobre Deus, os elementos gerais do Universo, a Criação. Na segunda, contém judiciosas revelações sobre o nascimento, a morte, a pluralidade das existências, a emancipação da alma, a intervenção dos espíritos no mundo corporal, as ocupações e missões dos espíritos. Na terceira, aborda as leis morais e, em doze capítulos, trata das leis de adoração, trabalho, reprodução, conservação, destruição, sociedade, progresso, igualdade, liberdade, justiça, amor, caridade e perfeição moral. Na quarta, enfoca, com lógica e bom senso, a problemática das penas e gozos terrenos, e das penas dos gozos futuros.

"O Livro dos Espíritos", em 127 anos, é o mais velho de seus quatro irmãos, que formam, com ele, o Pentateuco-luz da codificação espírita: "O Evangelho segundo o Espiritismo", "O Livro dos Médiuns", "O céu e o inferno" e "A gênese". Contém os princípios básicos da filosofia espírita. Encerra uma explicação, lógica, racional, da vida e dos homens. Desperta responsabilidades. Sugere deveres conscienciais. Induz à prática da caridade. Suscita respeito ao próximo. Exalta a disciplina. Da assimilação e vivência de seus preceitos, decorre a felicidade do homem.

Allan Kardec foi um sábio, no pleno sentido da palavra. Pode ser considerado coautor da obra monumental. Professor de Química e Matemática, de Astronomia, de Física, de Fisiologia, de Francês, de Retórica e Anatomia, era, também, bacharel em Ciências e Letras. Linguísta culto e estudioso, conhecia a fundo, além do idioma pátrio, o Alemão, o Inglês e o Holandês, exprimindo-se com facilidade nessas línguas. Possuía sólidos conhecimentos do Latim, do Grego, do Gaulês, bem como de línguas neolatinas, entre elas a italiana e a espanhola. Adolescente, estudou com Pestalozzi, de quem se tornou discípulo, que o escolhia sempre para seu substituto, em suas viagens. Além das obras codificadoras, cuja vitalidade e beleza aumentam, dia a dia, publicou, entre outros livros didáticos, a "Gramática francesa clássica".

Camile Flammarion, ao discursar diante de seus despojos corporais, sintetiza-lhe a personalidade: *"Ele foi o bom senso encarnado!"*

E nós ousamos acrescentar, ao término dessas considerações: com os mensageiros do Alto e com Kardec, *"O Livro dos Espíritos"* é, em verdade, um sol que refulge nos horizontes da vida, iluminando a mente e o coração dos homens.

Fonte: *Estado de Minas*, 18 de abril de 1984. p. 2. Caderno 2.

Mediunismo e Espiritismo

17 | dezembro | 1994

Confundir mediunismo com Espiritismo revela desconhecimento dos mais elementares princípios da Doutrina Espírita, codificada por Allan Kardec. Ambos são coisas absolutamente distintas, cabendo-nos aduzir, como premissa essencial: os fenômenos mediúnicos existem desde tempos imemoriais, ao passo que a Doutrina Espírita está em plena juventude   137 anos de luminosa e abençoada existência.

O Espiritismo codificado é muito jovem, pois nasceu no terceiro quartel do século XIX, quando o sábio francês, Hippolite Léon Denizard Rivail, conhecido como Allan Kardec (nome que tivera no passado, como sacerdote druida nas Gálias), publicou a primeira obra da Codificação, "O Livro dos Espíritos", que sintetiza em 1.019 questões, sabiamente elaboradas, os fundamentos filosóficos da Doutrina.

O livro, verdadeiro monumento de sabedoria e simplicidade, didático, acessível, divide-se em quatro partes: (1) Das Causas Primárias, (2) Do Mundo Espírita ou Mundo dos Espíritos, (3) Das Leis Morais, (4) Das Esperanças e Consolações.

Os fatos mediúnicos precedem à Doutrina, remontam aos albores da humanidade, são comuns a todos os povos, enquanto o Espiritismo é a doutrina revelada pelos espíritos superiores, com a efetiva participação de Allan Kardec, sendo considerado por seus adeptos como realização da promessa de Jesus, pertinente ao Consolador que veria restaurar os eternos ensinos do divino Amigo.

Na parte religiosa, O Espiritismo conduz-nos ao conhecimento e consequente vivência da moral cristã; no aspecto filosófico, esclarece-nos sobre essenciais cogitações humanas — por exemplo, de onde viemos, o que estamos fazendo na Terra, para onde iremos depois da morte; na feição científica, estuda os fenômenos mediúnicos, que tanto interesse despertam no homem.

A literatura doutrinária do Espiritismo é vasta, sendo objeto de registro especial o fato de que, somente o médium Francisco Cândido Xavier — *"Um homem chamado amor"*, de renome internacional e prestígio inquestionável, já psicografou cerca de 400 obras, algumas traduzidas para outros idiomas.

De Allan Kardec, temos as obras fundamentais: *"O Livro dos Espíritos"* (1857), *"O Livro dos Médiuns"* (1861), *"O Evangelho segundo o Espiritismo"* (1864), *"O céu e o inferno"* (1865) e *"A gênese"* (1868). O conhecimento dessas obras leva-nos a indisfarçável realidade: o homem será, em qualquer tempo, o artífice de sua própria evolução.

O avanço das ideias espíritas situa o Brasil como grande nação espírita, pugnando, pelas vias da inteligência e do sentimento, pela edificação do mundo feliz de amanhã.

Pareceu-nos oportuno, neste trabalho, evidenciar a seriedade e a importância de uma Doutrina que luariza *"de esperanças a noite de nossas vidas"*, segundo definição do eminente escritor francês Léon Denis.

Fonte: *Estado de Minas*, 17 de dezembro de 1994. p. 7.

Raízes cristãs da mediunidade

31 | dezembro | 1994

As raízes da mediunidade — traço de união entre os planos físico e espiritual — repousam na sementeira cristã, nela encontrando um *"perfeito escalonamento de valores, definições e atividades"*, identificando-se, por via de consequência, com a luminosa história do Evangelho, tendo o Espiritismo avocado a missão de direcionar os eventos mediúnicos segundo os ensinos evangélicos e os preceitos de codificação de Allan Kardec.

Em si mesma, como veículo de relacionamento entre encarnados e desencarnados, a mediunidade independe do fator moral; no entanto, a assistência espiritual recebida pelo médium tem a ver e muito com o problema moral, tendo em vista o elemento *"sintonia"*.

O médium evangelizado, correto, terá, sempre, a proteção de espíritos superiores; o invigilante atrairá para o seu campo mental entidades inconsequentes, segundo os princípios de afinidade, visto que o semelhante atrai o semelhante.

É gratificante e confortador sabermos que a mediunidade tem raízes históricas no Evangelho. Em nossa Mãe Santíssima, vemos a mediunidade sublimada, quando registra a visita de entidades angélicas anunciando o nascimento do celeste Emissário, portador das boas novas do reino. Em homenagem ao belo, ao divino, fixemos, no transcendente episódio, a profunda humildade da mãe de Jesus, ante a reverente saudação do anjo Gabriel: *"Salve, agraciada! O Senhor é contigo"*. A aceitação de Maria, acatando a vontade do Alto, é um dos mais belos cânticos do Evangelho: *"Aqui está a serva do Senhor; que se cumpra em mim conforme a tua palavra"*.

Em José da Galileia, vemos a clariaudiência avançada, quando, em transe onírico, ouve notícias sobre a missão de Jesus. Em Simão Pedro, o honrado pescador e glorioso apóstolo, observamos ora *"o médium da luz"*, refletindo as claridades de Deus, ora *"o médium da sombra"*, claudicando. Ao falar inspirado pelos benfeitores da Vida Transcendente, ouve, comovido, a palavra do Mestre: *"Bem-aventurado és, Simão Barjonas, porque não foi a carne e sangue que to revelou, mas meu Pai que está nos céus"*. Pedro havia dito: *"Tu és o Cristo, o Filho de Deus vivo"*.

O velho pescador adaptava-se, mentalmente, ora aos planos iluminados, ora às esferas perturbadoras. Quando Jesus anuncia sofrimentos que passaria em Jerusalém, Pedro discorda: *"Tem compaixão de ti, Senhor; isso de modo algum te acontecerá"*, ao que o Rabi galileu responde: *"Arreda, Satanás, tu és para mim pedra de tropeço, porque não cogitas das coisas de Deus, e sim dos homens"*.

No Dia de Pentecostes, os companheiros de Jesus e legatários do seu Evangelho atuaram como médiuns de efeitos físicos, poliglotas e psicofônicos. Em Saulo de Tarso, o futuro, grande e incomparável bandeirante do Evangelho, identificamos o notável médium de clariaudiência e clarividência, no seu maravilhoso encontro pessoal com Jesus, às portas de Damasco.

A mediunidade tem raízes históricas na Boa Nova. Os médiuns, criaturas em processo de crescimento, têm alternâncias de luz e sombra, sinalizando a personalidade humana, mesclada de revérberos que encantam e de nuances que desalentam e entristecem.

Anotemos, no encerramento deste trabalho, a palavra de Emmanuel, mentor espiritual de Francisco Cândido Xavier: *"Educa-te e assimilarás a influência das forças espirituais que iluminam"*.

Fonte: *Estado de Minas*, 31 de dezembro de 1994. p. 6.

Abençoado intercâmbio

21 | janeiro | 1995

As obras do sábio francês Allan Kardec, designadas o *Pentateuco-luz*, sobre as quais nos reportamos em crônica anterior, adquiriram, no curso dos anos, extraordinária significação, no que toca ao seu perene sentido de atualidade.

Emmanuel, ex-senador romano na época do Cristo, mentor espiritual do médium Francisco Cândido Xavier, compara as forças mediúnicas a uma cachoeira, que pede a disciplina da engenharia para se tornar proveitosa ao progresso humano.

Identificando-nos com as judiciosas observações de Kardec e a bela imagem de Emmanuel, diríamos que *"O Livro dos Médiuns"* (Paris, 1861) deve ser criteriosamente estudado pelas comunidades doutrinárias, haja vista a opinião kardequiana de que *"as dificuldades e os desenganos que muitos topam na prática do Espiritismo"* originam-se da falta de estudo, da ausência de conhecimentos básicos, especificamente na área fenomenológica.

A busca do fenômeno, realmente sugestivo e, por que não dizê-lo, fascinante, embora não seja o caminho mais adequado para o contato com o assunto e a consequente vivência espírita-cristã, é humanamente compreensível, visto que reflete o natural desejo do homem de comunicar-se com parentes e amigos que demandaram o além-túmulo.

Quem não apreciará, após a perda física de um ente querido, vê-lo retornar, na posse de seus naturais atributos, ao convívio dos que ficaram envoltos nas brumas terrenas, ouvir-lhe a palavra repassada de ternura, amor e saudade?

"*O Livro dos Médiuns*" tem função essencialmente normativa, aclarando a senda dos que venham a se interessar por seu intercâmbio, rico de surpresas e, sobretudo, de verdades. As chamadas reuniões mediúnicas vicejam no Brasil, sendo notórias em pequenas comunidades e em núcleos ponderáveis, envolvendo não apenas pessoas desprovidas de recursos culturais, mas também pessoas eruditas, podendo nós outros considerarmo-las espontânea manifestação do espírito fraterno e amorável, generoso e afetivo da gente brasileira, dotada de sublime emocionalidade.

Bela, pois, a missão de "*O Livro dos Médiuns*", alentado volume de Espiritismo experimental: orientar, sob a ótica doutrinária e conscientizar, segundo os ditames do Evangelho de Jesus, os que se disponham ao abençoado intercâmbio com os impropriamente considerados "*mortos*".

Somos beneficiários dos laboriosos estudos de Kardec e seus brilhantes continuadores, especialmente Léon Denis, conhecido como o "*poeta da filosofia espírita*", pelo conteúdo e beleza de seu estilo literário, Gabriel Delanne, Ernesto Bozzano, etc., estudos que nos tornaram cientes e conscientes de que os ensinos que compõem e enriquecem a obra citada "*não criam faculdades mediúnicas*", apenas educam-nas, como fazem, segundo o codificador, as regras da poesia, da pintura e da música, com relação ao burilamento de aptidões inatas.

As diretrizes de "*O Livro dos Médiuns*" aprimoram as faculdades espirituais para o amor, elevando-nos o coração e iluminado-nos o pensamento. Nossas reflexões inspiram-se nos estudos do eminente codificador, estudos que sobrelevam-se no tempo e no espaço.

Fonte: *Estado de Minas*, 21 de janeiro de 1995. p. 7.

Bem-aventurados
os que oram

04 | fevereiro | 1995

A prece é um dos maiores bens da vida. Quem ora com fervor entra em comunhão com Deus, representado por Suas leis imutáveis e infalíveis, atraindo as coisas boas que a Divina Misericórdia generosamente nos concede.

Quando colocamos o coração e a mente em prece, conversamos com o Pai Amantíssimo, falamos com Aquele que não regateia os patrimônios de Sua ilimitada sabedoria, não retém os imarcescíveis tesouros de Sua bondade.

Jesus, o celeste Emissário, refere-se com muito amor às dádivas divinas, obtidas na oração: *"Qual dentre vós é o homem que se porventura o filho lhe pedir pão dará pedra? Ou se lhe pedir um peixe lhe dará uma cobra?"* (Mateus, 7: 9-10).

Deus, na concepção doutrinária do Espiritismo, jamais desatende nossas rogativas, desde que justas, segundo os critérios das leis eternas do Pai. Se pedimos algo e não somos atendidos, guardemos no recesso do coração a certeza de que o que pedimos não nos teria sido proveitoso à vida, se concedido.

Condicionados às limitações humanas, quase sempre pedimos coisas aparentemente boas, mas na verdade desprovidas de real interesse. A supremacia corporal, por exemplo, pode proporcionar-nos sucesso, mas pode suscitar-nos atos inadequados e cruéis perante os fracos. Há quem almeje superabundância de bens transitórios, no pressuposto de que são portadores de felicidade, no entanto, a vida ensina e a experiência revela que bens exagerados trazem efeitos nocivos.

Quando oramos, realmente conversamos com Deus, devendo, portanto, fazê-lo com amor e respeito. André Luiz, no livro "*Entre a Terra e o céu*" psicografado por Francisco Cândido Xavier, analisa, com muita lógica, o problema da prece, explicando-a segundo as leis divinas, o que nos leva a defini-la, figuradamente, como preces verticais e/ou preces horizontais. As primeiras traduzem apelos edificantes, as segundas exprimem anseios inerentes ao cotidiano. Explicitando mais o tema, o autor espiritual refere-se a "*invocações*" (atitudes mentais que não fazem jus à designação de prece). Sendo oração uma conversa com Deus, com Jesus, com os benfeitores espirituais, deve ela refletir o que de melhor há em nós, a fim de que não a vulgarizemos, não a tornemos consentânea com a nossa posição deficitária, na escala dos valores evolutivos. Conversar com Deus significa oferecer ao Pai um coração sincero, embora imperfeito, não nos sendo lícito orar insensatamente, mesmo porque Deus, atuando por meio de leis, não defere pedidos impróprios aos reais interesses da alma.

"*O Livros dos Espíritos*", obra básica da filosófica espírita, no capítulo II ("Da lei da adoração"), esclarece: "*... três coisas podemos propor-nos por meio da prece: louvar, pedir e agradecer*", afiançando, ainda: "*Aquele que ora com fervor e confiança se faz mais forte contra as tentações do mal e Deus lhe envia bons espíritos para assisti-lo*".

A prece é sublime bálsamo para os que oram, no sofrimento; brisa cariciosa, amena, para os que oram com amor; vigoroso oxigênio para os que oram, lutando e crendo.

Bem-aventurados, enfim, os que oram!

Fonte: *Estado de Minas*, 4 de fevereiro de 1995.
[1] Nota da Editora: em referência ao livro *Entre a Terra e o céu*, psicografado por Francisco Cândido Xavier, pelo espírito de André Luiz, publicado pela FEB em 1954.

O divino Semeador

17 | fevereiro | 1995

E de muitas coisas lhe falou (Jesus) por parábolas, e dizia: *"Eis que o semeador saiu a semear"* (Mateus, 13: 3).

Com esse singelo intróito, iniciou o Mestre uma das mais profundas parábolas do Evangelho, enfocando, com sabedoria, quatro tipos de experiências humanas: a semente atirada à margem do caminho (que as aves comeram), a semente atirada em solo rochoso (onde era pouca a terra, obstando a fecundação), a lançada entre os espinhos (que o sol crestou) e a atirada em boa terra (que deu fruto a cem, sessenta e trinta por um).

A parábola do semeador é a própria história da realidade espiritual de cada ser humano: cada indivíduo, di-lo Emmanuel, retém da verdade parcela correspondente ao seu próprio entendimento. Jesus proclama, no contexto da parábola, a diversidade com que recebemos a mensagem provinda do Mais Alto. A parábola do semeador é um expressivo retrato, sem retoques, daquele que foi o maior Filósofo de todos os tempos, do Oriente e do Ocidente, o mais perfeito espírito que o mundo já conheceu.

Acompanhemos a palavra do Senhor: os que ouvem a mensagem e a desprezam simbolizam a semente caída à margem do caminho; os que a ouvem, mas logo se desinteressam de seu conteúdo, revelam a fragilidade da crença; os que a ouvem demonstrando temporário entusiasmo representam a semente caída entre os espinhos; na quarta etapa, encontramos a mensagem caída em coração renovado.

O amor do Cristo educa o homem para a eternidade, desenvolvendo-lhe as potências anímicas. O divino Semeador oferta-nos, pacientemente, os tesouros de seu magnânimo coração, por conhecer os inconvenientes da extemporaneidade. O Mestre sabe que recursos germinativos desabrocham de forma cadenciada e que experiências difíceis funcionam como despertadores desses recursos.

A indisciplina e a desordem têm perturbado os quadros terrestres, formando uma sociedade intranquila, mas o Evangelho — esperança e realidade — surge como esteio da ordem e fator do equilíbrio. Meritório, portanto, o esforço exegético da palavra do divino Semeador, uma vez que o pensamento do Cristo estimula o progresso, incentiva o aperfeiçoamento comunitário, na medida em que a unidade-homem, base de todo grupo social, conhece, assimila e vivencia-o.

A parábola do semeador é diretriz pedagógica, eis que, definindo as peculiaridades de cada terreno-coração, demonstra que a palavra de Jesus permanece atual: "*Eu sou a luz do mundo*" (João, 8: 12).

O semeador esclarecido jamais será um apressado, um intranquilo, na veiculação do ensino do Pastor celeste, uma vez que sabe que as letras evangélicas, que são espírito e vida, são como as sementes: necessitam de tempo para que o burilamento real se concretize.

A parábola do semeador, que silenciou multidões na beira do lago, é uma diretriz para os disseminadores das verdades eternas.

Fonte: *Estado de Minas*, 17 de fevereiro de 1995. p. 7.

Jesus e a samaritana

10 | março | 1995

O Novo Testamento é rico em lições para todos nós. Em cada episódio, em cada parábola, em cada alegoria criada pelo sublime Educador há um mundo de ensinamentos, um oceano de lições, visando ao bem e ao progresso das criaturas humanas. A preocupação maior do Mestre galileu foi sempre a de fixar, nas redentoras letras do Evangelho, no dia a dia de sua gloriosa caminhada, ocorrências e apontamentos, singelos e persuasivos, que nos despertassem de milenar apatia emocional, concitando-nos, em perene e paciente *surge et ambula*, ao progresso espiritual.

O encontro do Senhor com a mulher da Samaria, na fonte de Jacó, oportunizaria a lição da adoração em espírito e verdade (João, 4: 1-30). Realmente, grandes momentos da Boa Nova tiveram seu início através de encantadores diálogos, que o Mestre convertia, sabiamente, em preciosas lições.

Vejamos alguns exemplos: na conversa com Saulo de Tarso, o futuro grande apostolizador dos gentios, às portas de Damasco (Atos, 9: 1-10); no pedido da mulher samaritana: *"Senhor, dá-me desta água para que eu não mais tenha sede, nem precise vir aqui buscá-la"* (João, 4: 15); e, ainda, a luminosa observação de Jesus: *"Deus é espírito; e importa que os seus adoradores O adorem em espírito e em verdade"* (João, 4: 24); na exclamação elogiosa de uma mulher, que se destaca da multidão, faminta de luz: *"Bem-aventurada aquela que te concebeu e os seios que te amamentaram"*, ao que retruca o Senhor: *"Antes, bem-aventurados são os que ouvem a palavra de Deus e a guardam"* (Lucas, 11: 27-28).

Em todos os lances do Cristianismo, o incomparável Educador de todos os milênios encontrou sempre a oportunidade para concitar-nos ao despertamento. A fonte de Jacó e todas as fontes criadas pela natureza, mãe pródiga, generosa, e pelo homem, todas elas secarão um dia, mas a palavra divina, inesgotável fonte de amor e sabedoria, permanecerá saciando todos os sedentos.

Surpreendendo a samaritana, Jesus fala das coisas eternas, revela-lhe fatos de sua vida particular, lembra a adoração em espírito e verdade, evidenciando a importância da Revelação no despertamento da alma para a espiritualidade. Jesus atendeu, com singular paciência e mestria, à curiosidade da muher da Samaria, revelando-se o sublime Pastor de nossas almas, empenhado em reunir, em seu imenso aprisco, as ovelhas que Deus lh'o confiara. O diálogo Jesus-samaritana induz-nos a pensar, refletir no imperativo de fazer-lhe a vontade, augusta e soberana, de dedicar-lhe os melhores ideais de adoração pelo espírito e pela verdade, pelo trabalho, pela autorrenovação.

Cada um de nós, seja qual seja nosso estágio evolutivo, tem em si mesmo, no mundo íntimo, um santuário de amor e sabedoria, em cujo altar oferecemos a Deus, mais tarde, o culto da fé e do trabalho. Quando Allan Kardec, em *"O Livro dos Espíritos"* (questão 654) indagou: *"Deus tem preferência pelos que O adoram desta ou daquela maneira?"*, obteve o seguinte esclarecimento: *"Deus prefere os que O adoram do fundo do coração, com sinceridade, fazendo o bem e evitando o mal"*.

O diálogo Jesus-samaritana, de sublime conteúdo e rara beleza, aparentemente acidental, deixaria para o porvir da humanidade maravilhosa lição, convidativa para o renascimento espiritual. Nosso coração agradece ao Senhor, mas não esquece o contributo da mulher samaritana, na fonte de Jacó, do qual se utilizaria o divino Mestre para nos despertar para uma compreensão maior.

Fonte: *Estado de Minas*, 10 de março de 1995.

Múltiplas vidas

31 | março | 1995

Uma simples análise de filosofia religiosa evidencia que o prisma palingenésico, reencarnacionista, oferece ampla e lógica visão em torno da justiça divina. As religiões e filosofias não-reencarnacionistas ensinam a unicidade das existências: a alma é criada para o corpo que vai animar.

As reencarnacionistas preconizam a sucessividade das vidas, com o consequente progresso, cultural e espiritual, que é um apanágio, uma prerrogativa de todas as criaturas, em todos os reinos do Universo.

Vultos que deixaram suas nobres vidas, seus nomes ilustres, marcados na história da humanidade, aceitaram a reencarnação — a *"roda dos nascimentos"*: Sócrates, Platão, Pitágoras, Viasa, os essênios, os druidas, etc..

Jesus, o maior expoente da humanidade, enfoca o retorno das almas ao campo das lutas redentoras, aprimoratórias, sequenciando o processo evolutivo, meta de todos os seres: em seu Evangelho de luz, o Mestre fala, com meridiana clareza, sobre a reencarnação — no diálogo com Nicodemos, importante autoridade do Sinédrio (João, 3: 3); na referência a João Batista, que teria sido Elias reencarnado (Mateus, 11: 14-15); na conversa com os discípulos, a respeito do cego de nascença (João, 9: 1-3).

Allan Kardec, o insígne codificador do Espiritismo, após exaustivos estudos e criteriosas pesquisas, resume, em lapidar síntese filosófica, o universal esforço do espírito em busca do progresso, da felicidade: *"nascer, viver, morrer, renascer ainda, progredir sempre - tal é a lei"*.

A tese da unicidade das existências — ou das múltiplas vidas — limita, a nosso ver, os laços espirituais aos impositivos da consanguinidade, enquanto o reencarnacionismo assegura a continuidade, a sequência desses vínculos. Pelas reencarnações sucessivas, viabiliza-se o desenvolvimento moral, intelectual, social; pela sequência do aprendizado, na esteira insondável dos milênios, oportunizando aos viajores do Infinito (os espíritos, criados simples e ignorantes) a incorporação às suas individualidades eternas de crescentes valores, nas áreas das virtudes e dos conhecimentos, que se somam, obviamente, aos patrimônios anteriormente adquiridos.

Não seria possível ao homem, numa só existência, mesmo que lhe fossem conferidas duas centenas de anos, a aquisição de todos os valores culturais e morais — síntese da perfeição. A tese unicista pode sugerir parcialidade da justiça divina, pela diversidade de experiências que caracterizam a sociedade, os agrupamentos humanos, com o seu cortejo de contradições. A filosofia reencarnacionista, preconizando múltiplas vidas, delineia amplos, justos, promissores horizontes, que fortalecem a aproximação, o intercâmbio entre os homens.

A reencarnação, evidentemente, renova esperanças, universaliza o conceito de fraternidade e amor, mostra-nos o Pai amoroso e justo, pleno de bondade e carinho para com todos os Seus filhos. Pelo reencontro das almas, em novos corpos, segundo o enfoque do Espiritismo, que floresce sob a égide do Evangelho, consolidam-se afetos, recompõem-se elos que ficaram a distância, nos ignotos caminhos do Universo, retomam-se labores iniciados no passado longínquo, aprimora-se a renúncia pessoal, rearmonizam-se adversários. A reencarnação brilha, nos roteiros humanos, como a nossa grande oportunidade, simbolizando luz e esperança, progresso e ascensão, integrando-nos à grande família universal.

Fonte: *Estado de Minas*, 31 de março de 1995.

O bem é sempre o bem

14 | abril | 1995

Aótica espírita-cristã, em torno do bem, é divinamente sugestiva e confortadora para o espírito humano. Em alguns casos, a atitude bondosa é fruto de ação raciocinada, pensada, refletida, resultando da manifestação de um processo evolutivo que se vem construindo a pouco e pouco; noutros casos, traduz um impulso generoso, espontâneo, fraterno, cultivado ao longo dos séculos, hoje já natural naquele que vem crescendo em sucessivas reencarnações, vivendo a naturalidade do amor.

Como premissa, lembramos que o autor Emmanuel, mentor espiritual de Francisco Cândido Xavier, preleciona, no tocante à importância da prática do bem: *"A disciplina antecede à espontaneidade"*, evidenciando, num caso e noutro, que o bem é sempre o bem, na divina manifestação do amor de Deus.

O bem, na verdade, é uma das mais saudáveis, construtivas e cristãs realizações, eis que abrange o passado, presente e futuro do espírito humano — três etapas que se interligam, se harmonizam, solidariamente.

No que toca ao pretérito, a prática do bem interrompe animosidades remotas, impede repetição de atritos que envolveriam aqueles que vivenciam lutas redentoras, cerceia débitos perante a lei do amor, em que, ainda segundo Emmanuel, *"cada ser é uma nota na sinfonia universal"*. Trazemos, de outras vidas, responsabilidades que nos cumpre ressarcir, eliminá-las de nossa agenda cármica, exclui-las de nossa corrente, na indefectível contabilidade divina.

A reaproximação de almas e corações viabiliza a reconciliação de adversários, sendo oportuno recordar a luminosa *"advertência-convite"* de Jesus: *"Reconcilia-te com o teu adversário enquanto estás a caminho"* (Mateus, 5: 24).

O bem, obviamente, é sagrado em qualquer circunstância, sendo essencialmente reajustador, eis que traz o ontem ao nosso hoje, enseja-nos acertos na vida que passa, equilibra-nos para a glória do amanhã luminoso.

Quando exercitamos o bem, temos sossego íntimo, temos paz de espírito, adormecemos, tranquilamente, no final de cada jornada diária, por mais exaustiva tenha sido.

A construção de preciosas amizades, com encarnados e desencarnados, constitui fundamental patrimônio afetivo, em nível divino, para quem pratica o bem, inestimável tesouro que nos proporciona luz interior.

Pertinente ao porvir, quando nos dedicamos ao bem asseguramos, para nós próprios, uma vida espiritual liberada de sintonia com entidades inferiorizadas, contudo, podemos ajudá-las, na condição de servidores da paz.

No bem — quanto mais desinteressado melhor! — encontraremos a oportunidade de edificar no presente, corrigir deslizes de ontem, construir para o amanhã, dado o universal entrelaçamento entre todas as criaturas. De acordo com a tese reencarnacionista, quem exercita o bem está preparando, para si mesmo, nas trilhas inevitáveis e redentoras do amanhã, existências isentas de débitos dolorosos.

A amenidade de nosso futuro, na Terra e noutros mundos habitados, estará sempre, segundo os parâmetros das leis universais, na razão direta e indesviável de nosso comportamento. Allan Kardec, o Codificador da Doutrina Espírita, foi sábio, explícito e inspirado, com a máxima *"Fora da caridade não há salvação"*.

Fonte: *Estado de Minas,* 14 de abril de 1995.

A divina claridade

28 | abril | 1995

O sentimento religioso — matriz da fé divina — constitui preciosa e definitiva aquisição do homem. A fé, que lhe é consequência natural, mesmo com a dimensão de um *"grão de mostarda"* (Mateus, 17: 20), é componente essencial à vida: transportando montanhas, na expressão de Jesus (ainda em Mateus, 17: 20), é fator decisivo para os reais triunfos da alma, para a efetiva tranquilidade do coração. Patrimônio do espírito, em todos os domínios do Universo, a fé deve ser edificada sobre os alicerces da razão, que a ilumina e equilibra.

Pensar, falar e agir — sobretudo agir — em consonância com a fé esclarecida, favorece o êxito de empreendimentos subjetivos, na área do sentimento e no campo dos eventos pessoais.

Na confiança em Deus e em Jesus, haurimos bom ânimo e reconforto, entusiasmo e esperança. A crença religiosa é uma força incoercível, que nos compete estimular e vitalizar com vero sentimento de amor.

Os espíritos superiores, em bonita e profunda definição, inclusive ao nível de imagem literária, dizem ser a fé emanada das fontes celestiais *"a divina claridade da certeza, a mãe da caridade e da esperança"*, facultando-nos alegrias e triunfos na arena terrestre e no cenário eterno da Espiritualidade — triunfos e alegrias que nos fazem crescer a felicidade, sob a égide de Jesus.

Operaremos bem, em termos de fé, quando incentivarmos, com sinceridade, a crença sobre a qual repousam as esperanças de outrem, nutrindo almas idealistas e confiantes.

A marcha do sentimento religioso vem de longe, representando sedimentação de remotas e contínuas experiências do espírito, vivenciadas, via de regra, num estuário de provações e lágrimas. Nossos anseios de evolução devem incluir o robustecimento da fé, pois ela garantir-nos-á, no porvir, um celeiro de bênçãos.

O direcionamento da fé para a autoiluminação coloca-nos a mente e o coração em harmonia com as conquistas mais altas e significativas: esclarecemos o intelecto, suscitamos energias reparadoras e construtivas, revigoramos o cosmo celular, fortalece-nos o ideal, em suas formas mais belas e sublimes, impede-nos a atrofia da alma e o enfraquecimento dos valores fundamentais.

A escala da fé é variável: há jornadeiros das trilhas do aperfeiçoamento que, semelhantemente a nós próprios, têm-nos incipientes, mas, nem por isso, menos valiosa.

Admiráveis personalidades do Cristianismo marcaram suas vidas com vigorosos exemplos de fé: Paulo de Tarso, o incomparável herói das batalhas da fé renovadora; Estêvão, o suave apóstolo da fé serena, mas imbatível; Santo Agostinho, Bispo de Hipona, o gênio da Cristandade, etc.

A fé diversifica-se, em singulares nuances: embrionária, nas suas primeiras manifestações, expectante, com estranhas vacilações, à medida que se desenvolve, enfim, a fé iluminada pela razão, caracterizando "a divina claridade da certeza", na sugestiva acepção dos espíritos sábios, pela missionária psicografia de Francisco Cândido Xavier.

Fonte: *Estado de Minas*, 28 de abril de 1995.

Evangelho no lar

12 | maio | 1995

O Evangelho é o grande livro da vida — vida imortal, eterna, triunfante. Os ensinos de Jesus, anotados por Mateus, Marcos, Lucas e João, este o suave evangelista, os episódios e lições de atos dos apóstolos e epístolas são fagulhas que iluminam, perenemente, os caminhos humanos, consubstanciando mensagens de amor e paz, luz e sabedoria, que dissipam as trevas. Obra divina, que praticamente todo mundo conhece, expressa o pensamento religioso cristão.

Abençoados templos, de várias denominações, perpetuam-lhe, com amor, a palavra renovadora. Carinhosamente designado nos centros espíritas de Boa Nova da Imortalidade, a sua parte moral figura no livro *"O Evangelho segundo o Espiritismo"*, componente religioso do *Pentateuco-luz* da codificação de Allan Kardec, na feliz denominação da presidente da União Espírita Mineira, a educadora Maria Philomena Aluotto Berutto, o livro é utilizado no culto do Evangelho no lar pelas maioria dos espiritistas.

Considerada a transcendência do Evangelho, a sua leitura nos lares, de modo geral, é pequena, claro sinal de que ainda não nos conscientizamos de seu eterno fulgor. Ler e refletir sobre a mensagem universal do Cristo, na intimidade da família, em dia e horário certos, significa abençoado contato com o celeste Embaixador, cuja presença simbolizada em seus ensinos cria condições, moral e vibracionalmente, para que se amealhem tesouros *"que a traça não consome"* nem o *"ladrão rouba"*.

A visita de Jesus aos lares consagra a promessa sublime de há quase dois milênios: *"Onde estiverem duas ou três pessoas reunidas em meu nome, ali estou no meio delas"*. A palavra divina, suave e misericordiosa, é como semente no campo: plantada, hoje, e adubada, amanhã, com perseverante amor, germinará na época própria, produzindo os frutos que lhe correspondem.

Sob a compassiva influência de Jesus, tudo se transforma: o bem-estar surge, radioso, a confiança recebe novos incentivos, a paz doméstica se fortalece, júbilos indefiníveis dimanam das fontes celestiais, realizações íntimas modificam o quadro emocional e afetivo da família que se reestrutura sob o generoso influxo do Mestre, que é amor, paz, união, amizade.

A augusta presença do Rabi galileu é fator de aproximação e concórdia, preparando os filhos para o "amanhã da vida": *"Buscai o reino de Deus e Sua justiça, e o mais vos será concedido por acréscimo"*. Os emissários divinos, zelando por aqueles que, mesmo sob as naturais limitações humanas, afeiçoam-se aos roteiros do bem, dá-lhes valioso amparo na senda terrestre, abençoado-os nas enfermidades e sustentando-lhes a integridade da habitação.

Fonte: *Estado de Minas*, 12 de maio de 1995.

A conversão de Saulo

02 | junho | 1995

A humanidade conhece, admira e respeita, no campo religioso, entre tantos outros, dois vultos notáveis: Paulo de Tarso, o apóstolo dos gentios, e Santo Agostinho, Bispo de Hipona, eminente figura do Catolicismo. Ambos, até entenderem e aceitarem o Cristo, podiam, embora inadequadamente, ser considerados inconvertíveis: Saulo, o futuro Paulo de Tarso, perseguia, ferozmente, os adeptos do Cristianismo; Santo Agostinho, cérebro incomum, emoldurando privilegiada inteligência, perslustrava as sendas da indiferença espiritual.

A história de um e outro retrata a luta íntima das criaturas, caracterizando momento de transição, em que, acordando, o homem, para a verdade, converte-se em apaixonado da Luz. Todos nós teremos esse momento glorioso. No apóstolo de Tarso e no filho de Santa Mônica, confirma-se o dito popular: "*O fruto só amadurece no tempo próprio*". Nas letras desta crônica, o singelo perfil de Paulo de Tarso.

Deixando Jerusalém, rumo a Damasco, onde perseguiria os cristãos, iniciava Saulo uma jornada de lutas — lutas que lhe facultariam acender, na consciência do mundo, a inextinguível lâmpada do Evangelho. Afastando-os do fervilhante centro do Moiseísmo, para a perseguição aos seguidores do Carpinteiro de Nazaré, começou Saulo, logo, a sentir os embrionários clarões da verdade.

A carinhosa indagação de Jesus "*Saulo, Saulo, por que me persegues?*" expressa a misericórdia divina concitando-nos à humildade e nos rendermos à soberania de Deus. Espírito

211

nobre, de inconcussa inteireza moral, rendeu-se Saulo, efetiva e incondicionalmente, ao Cristo, rendição estereotipada em comovente postura verbal e espiritual: *"Senhor, que queres que eu faça?"*. A queda e a cegueira na entrada da cidade, a chegada em Damasco, o encontro e o diálogo com Ananias são marcos fundamentais na sua grande vida.

A *"queda-elevação"* daquele moço culto, genial, ardoroso na fé, apontou-lhe, em definitivo, o que o seu espírito, preparado para as lides redentoras do Evangelho — *"... Este é para mim um vaso escolhido para levar o meu nome perante os gentios e reis, bem como perante os filhos de Israel"* —, realmente desejava: a compreensão e a vivência integrais de novos caminhos na direção da Luz. Em Jerusalém, o templo suntuoso assimilava a fé moisaica; em Damasco, com Jesus, absorveria a essência do amor, que conduziria a efetivo despertamento. Renovado, encetava o apóstolo Tarso gloriosa batalha na arena ardente de seu universo interior.

De tal forma batalhou, que podemos dizer: sem a gigantesca atuação paulina o Cristianismo teria desenvolvimento mais lento. É que o poder divino acendeu, na alma do ex-algoz de Estêvão, radiosa luz que brilha, ofuscante, até os nossos dias. Paulo de Tarso, o convertido de Damasco, merece, com justiça, o honroso título de *"bandeirante do Cristianismo"*.

Fonte: *Estado de Minas*, 2 de junho de 1995.

Visão espírita da eutanásia

16 | junho | 1995

A eutanásia (do grego *euthanasia*) é uma prática materialista essencialmente incompatível com os postulados do Espiritismo, que preconizam a pré-existência da alma ao corpo, sua continuidade além da morte física e sucessivos retornos (reencarnações) ao plano terreno, para o desenvolvimento de suas potencialidades morais e intelectuais. Segundo os dicionários — morte suave, piedosa, sem sofrimento, pela qual se procura abreviar, sem dor, a vida de um doente reconhecidamente incurável. Na obra *"O Evangelho segundo o Espiritismo"*, o assunto é enfocado de maneira convincente, em diálogo "Allan Kardec — espírito São Luis".

O codificador questiona: *"Um homem agoniza, presa de cruéis sofrimentos. Sabe-se que o seu estado é sem esperanças; é permitido poupar-lhe alguns instantes de agonia, abreviando-lhe o fim?"*, ao que São Luis responde: *"Mas quem vos daria o direito de prejulgar os desígnios de Deus? Não pode ele conduzir um homem até a sepultura, para, em seguida, tirá-lo, com o fim de fazê-lo examinar-se a si mesmo e modificar-lhe os pensamentos?"*

Em *"O Livro dos Espíritos"*, obra filosófica da Doutrina, a tônica é a mesma. Allan Kardec indaga: *"Quando uma pessoa vê diante de si um fim inevitável e horrível, será culpada se abreviar de alguns instantes os seus sofrimentos, apressando voluntariamente sua morte?"*, obtendo a seguinte resposta: *"É sempre culpado aquele que não aguarda o termo que Deus lhe marcou para a existência. E quem poderá estar certo de que, mau grado as aparências, esse termo tenha chegado; de* que um socorro inesperado não venha no último momento?" (Questão 953).

Emmanuel, pela psicografia de Chico Xavier, adverte: "Quando te encontres diante de alguém que a morte parece nimbar de sombra, recorda que a vida prossegue, além da grande renovação", sublime instante em que a alma, depois de pequena ou grande caminhada, abandona as vestes corporais e reingressa, triunfante, no Mundo da Verdade.

Escreve, ainda, Emmanuel: "...o corpo carnal, ainda mesmo o mais mutilado e disforme, em todas as circunstâncias, é o sublime instrumento em que a alma é chamada à flama da evolução". Ninguém questiona a dor daquele que observa, sofrendo, de um ente querido a moléstia prolongada e incurável. O Espiritismo apenas recorda que ninguém pode afirmar a incurabilidade e a duração de uma doença, eis que a saúde e a doença obedecem, certamente, a insondáveis desígnios de Deus.

Patologias da alma, cármicas ou não, refletem-se na organização somática, corrigindo-nos sinuosidades morais e espirituais. Nossos conhecimentos e percepções psíquicas, muito limitados, em torno da vida além do véu, deixam-nos infensos a essa verdade, embora lampejos divinos nos conscientizem para anseios elevados. Na sequência das vidas que se repetem, as leis de amor e justiça, misericórdia e perdão encaminham-nos, inevitavelmente, para as moradas do Pai, anunciadas por Jesus, na condição de seres redimidos.

Com a palavra respeitável de Emmanuel, concluímos esta página: "Ante o catre da enfermidade mais insidiosa e dura brilha o socorro da Infinita Bondade, facilitando, a quem deve, a conquista da quitação".

Fonte: *Estado de Minas*, 16 de junho de 1995.

Estrela d'alva da Renascença

07 | julho | 1995

As grandes vidas devem ser conhecidas, a fim de que lhes sejam tributados o culto da simpatia e admiração, e o preito do reconhecimento dos pósteros. Francisco de Assis, o por todos querido missionário da Úmbria, foi uma dessas extraordinárias vidas. Eis que nele se concentraram as mais altas virtudes do sentimento: amor pela pobreza, suavidade do coração, bondade com os animais, carinho pela natureza, com a qual tanto se identifica a sua alma generosa.

Considerado *"a estrela d'Alva da Renascença"* por um de seus biógrafos (Chesterton, se não nos trai a memória), Francisco de Assis personificou um dos mais belos modelos de vivência cristã. Antes de conhecer a Jesus e receber-lhe, emocionado, a amorosa convocação, sua vida de moço rico transcorria irrequieta, despreocupada, afeiçoada ao *"clube dos que bebem e comem"*. Moléstia grave foi-lhe a pedra de toque espiritual, determinando o seu momento de transição.

Certa vez, passeando pelos arredores de Assis, a cidadezinha onde nascera, pergunta a si mesmo: *"Estarei no mundo apenas para beber e comer, e fazer correrias a cavalo?"* — essa abençoada reflexão torna-o tristonho, marca o início de sua plena e definitiva integração com os ideais preconizados pelo Cristianismo. A partir daí, troca a sua vida despreocupada, sem objetivos maiores, por outra plena de substância espiritual, dedicada aos desvalidos, diante dos quais seu coração expandia-se em ações de amor, que é *"luz divina"*, e de caridade, que é *"benemerência humana"* (livro "Bezerra, Chico e você", psicografado por Chico Xavier).[1]

Os lances encantadoramente naturais, espontâneos, de sua existência, e seu dia a dia, revelam um coração puro, angelical. Na porta de uma igreja, vê um mendigo e pergunta-lhe: *"Irmão, quer me emprestar por hoje a sua roupa?"* Ante o espanto do mendigo, continua: *"Por favor, dê-me a sua roupa. Quero experimentar se tenho forças para suportar um único dia a sua miséria"*. Episódios semelhantes assinalam o consórcio de seu coração com a *"irmã Pobreza"*.

Seu pai, Pedro Bernardoni, próspero comerciante, estranha-lhe o comportamento. O seu filho, porém, mantém-se firme no intento de trocar uma vida comum por uma vida apostolar. Resoluto, dirige-se ao pai: *"Até hoje, chamei 'pai' a Pedro Bernardoni, mas, de agora em diante, só quero servir a Deus e a Ele direi: 'Pai nosso, que estais nos céus...'"*.

O ato material da mudança de roupa com o mendigo simboliza uma metamorfose profundamente espiritual, que se patenteia no isolamento que se consagra, daí por diante, num verdadeiro sacrifício para quem diuturnamente deleitava-se em alegres reuniões. Despertando para nova vida, lê e estuda o Evangelho, cujas palavras ressoam-lhe na acústica interior: *"Ide e pregai o Evangelho"*, *"É chegado o reino de Deus"*, *"Curai os enfermos"*.

O ensino de Jesus sobre os bens terrenos toca-lhe o coração: *"Não leveis convosco para o caminho nem bordão, nem alforje, nem dinheiro, nem dois vestidos"*. Os seus amigos perdem um fervoroso companheiro de folguedos, mas a humanidade ganha um coração que iluminaria os séculos porvindouros.

---

[1] Nota da Editora: referência ao livro *Bezerra, Chico e você*, psicografado por Francisco Cândido Xavier, pelo espírito de Bezerra de Menezes, publicado pelo Grupo Espírita Emmanuel (GEEM) em 1973. Fonte: *Estado de Minas*, 7 de julho de 1995.

Um roteiro de luz

21 | julho | 1995

Tornou-se lugar comum dizer que o mundo está em processo de deterioração. Em ruínas. Que tudo está perdido. Tais afirmações resultam da visualização, ou informações, sobre ocorrências que se verificam nas comunidades terrestres, em todo o mundo, evidenciando desequilíbrios e problemas de toda natureza. Observa-se até que pessoas reconhecidamente otimistas, enfatizam, desoladas, as estranhas atitudes humanas nas estruturas atuais da sociedade. Decerto, tais pessoas cansaram-se dos fatos tristes e cruéis que marcam a vida do homem, em forma de violência, insegurança, carência moral e material.

Parece-nos desaconselhável deixar-nos dominar por tais ideias e pensamentos. Ao contrário, em atitude de cautela e vigilância, conscientizando-nos pela fé em Deus e confiança em Jesus de que a esses ostensivos fatores de desagregação, observados na face planetária, contrapõe a força poderosa, invencível, transcendente do Evangelho. A mensagem divulgada na Terra, obviamente, pelas religiões cristãs, nos diz, no imo consciencial e no templo do coração que, no grande porvir reservado à humanidade, teremos paz e felicidade, progresso e fraternidade, inerentes às civilizações baseadas no amor.

Se a indisciplina campeia, com naturalidade, perturbando mentes, o livro divino, explicitado desde 18 de abril de 1857 pela codificação espírita, surge, com esteio da ordem, na intimidade dos seres. Se o pessimismo nos invade os redutos do sentimento, a palavra do Senhor comparece, em forma de esperança-certeza, reanimando almas sitiadas pelo desalento. Se a paisagem humana exibe tristeza e derrota, essa palavra, augusta e misericordiosa, repercute na acústica de nossa alma, transmitindo amor e fraternidade aos grupos sociais.

Os roteiros de luz do Evangelho tornam o homem útil à sociedade, que lhe absorve a essência transcendente: *"Vós sois a luz do mundo. Não se pode esconder a cidade edificada sobre o monte. Nem se acende uma candeia para colocá-la debaixo do alqueire, mas sobre o velador, e alumia a todos que se encontram na casa"*. Os componentes sociais contrários ao Evangelho estiolam-se ante a grandeza de Cristo, a exemplo da planta que não recebe o beijo do orvalho, a bênção do oxigênio, o calor do sol, a umidade da terra. A civilização que se alimenta da seiva evangélica jamais perecerá. Eterniza-se.

O *"O Livro dos Espíritos"*, na questão 799, é claro na abordagem de Allan Kardec e no esclarecimento da Espiritualidade: *"De que maneira pode o Espiritismo contribuir para o progresso?"* — R. *"Destruindo o materialismo, que é uma das chagas da sociedade, ele faz com que os homens compreendam onde se encontram seus verdadeiros interesses"*.

Associados entre si, Evangelho e Doutrina Espírita operam na construção do mundo renovado de amanhã, mediante reencarnações de abnegados missionários, autênticos arquitetos da nova civilização, sob a égide de Jesus, governador espiritual da Terra.

Fonte: *Estado de Minas*, 21 de julho de 1995.

Como os espíritos se apresentam

04 | agosto | 1995

Perispírito, psicossoma, etc. são termos definidores da roupagem semimaterial com que os espíritos se apresentam perante os médiuns videntes, e com a qual assinalam, no mundo extrafísico, suas existências. Em *"O Livro dos Espíritos"*, questão 93, vimos tratar-se de envoltório formado de *"uma substância vaporosa"*. Emmanuel, sábio instrutor espiritual, define-o por *"campo eletromagnético, em circuito fechado, constituído de gases rarefeitos"*.

À medida que o ser pensante vai conquistando qualidades superiores, mediante sucessivas reencarnações, no rumo da autossublimação — desiderato natural do espírito — a densidade e coloração perispiritais adquirem luminosidade específica. Os preceitos doutrinários, com a sanção da lógica, estabelecem que luz e sombra caracterizam o roteiro evolutivo do homem, sendo notório que ambas refletem inconcussas alternâncias nas afanosas lutas do espírito em busca do ideal comum de aperfeiçoamento.

No perispírito, reservatório de mil experiências — *"porão da individualidade"*, segundo André Luiz — estereotipa-se a marcha do espírito eterno. Para análise do perispírito, temos os seguintes parâmetros:

— funções: reveste o espírito desencarnado e serve de intermediário espírito-corpo, quando encarnado;

219

— forma: de acordo com a sua evolução, pode o espírito modificar-lhe a forma;

— organização: organiza-se com o fluido peculiar ao mundo onde vive;

— densidade: rarefeita nas almas nobres; opaca nas atrasadas;

— coloração: brilhante nos seres elevados; sem brilho nos que estagiam na retaguarda do progresso.

Emmanuel, no livro *"Roteiro"*, psicografia de Chico Xavier, adverte-nos, claramente, sobre a dificuldade de análise do perispírito: *"Tão arrojada é a tentativa de transmitir informes sobre a questão aos companheiros encarnados, quão difícil seria esclarecer à lagarta com respeito ao que será ela depois de vencer a inércia da crisálida"*.[1]

Filósofos do século XIX designaram-no mediador plástico; os egípcios, Ká; os teosofistas, corpo astral; Paulo, corpo celeste; os homens primitivos, corpo-sombra. Allan Kardec, com a Doutrina Espírita, deu-lhe nome definitivo, já consagrado: perispírito.

As palavras de Jesus, na parábola da candeia — *"Os teus olhos são a candeia do teu corpo"* — afiguram-se-nos conotativas com o perispírito: olhos maus densificam-lhe a estrutura, olhos puros e bons dão-lhe claridade e beleza, harmonia e fulgor, aureolando almas santificadas no amor e na sabedoria. Na parábola das bodas, é sugestiva a interpelação do rei a um homem que não usava a veste nupcial: *"Amigo, como entraste aqui sem veste nupcial? E ele emudeceu"*. A contextura da vestimenta espiritual reflete a infinita misericórdia de Deus, amparando o esforço do homem e sustentando-o na arena do trabalho redentor.

---

[1] Nota da Editora: referência ao livro *Roteiro*, psicografado por Francisco Cândido Xavier, pelo espírito de Emmanuel, publicado pela FEB em 1952.
Fonte: *Estado de Minas*, 4 de agosto de 1995.

Três diferentes dores

01 | setembro | 1995

Somente os que alcançaram os cimos da evolução bendizem os que se fazem instrumentos da dor — pensamento que nos vem à mente ante a visão, através da leitura, da cena do Calvário, em que um dos homens que ladeavam a Jesus, no episódio da crucificação, extravasa revolta: *"Não és tu Cristo? Salva-te a ti mesmo e a nós também"*. Enquanto o outro, compadecido, reprova o companheiro: *"Nem ao menos temes a Deus, estando sob igual sentença? Nós, na verdade, com justiça, porque recebemos o castigo que os nossos atos merecem, mas este nenhum mal fez"*. E, com humildade, pede a Jesus: *"Lembra-te de mim quando entrares no Paraíso"*.

Destacam-se, no singular relato evangélico: o sublime, incomparável amor de Cristo pela humanidade; os posicionamentos dos dois condenados. A diversidade de comportamento induz-nos algumas conjecturas, tais como: conceito de *"paraíso"* na interpretação espírita — apreciação, de acordo com a ótica doutrinária da obra de Allan Kardec, da promessa de Jesus; identificação de três diferentes dores no Calvário.

Verificamos, nas reações comportamentais das históricas personagens, duas posturas bem diferentes: numa delas, ironia, revolta, alheamento a cogitações elevadas; na outra, temor a Deus e à justiça, que corrige o infrator e ampara o que com ela se harmoniza; sinceridade, na autoavaliação de seus erros; coragem, no admoestar o companheiro e

221

no defender a Jesus; equidade, no proclamar *"Este homem nenhum mal fez"*; convicção da imortalidade, ao pedir ao Mestre *"Lembra-te de mim quando entrares no teu reino"*; certeza do poder e da inocência do Senhor.

"Paraíso", na conceituação do Espiritismo, significa *"plano espiritual suave"*, onde o fardo é leve e o jugo suave — plano onde entrou, na mesma hora, segundo a Espiritualidade, um dos crucificados, em face da renovação que se lhe operou *"no íntimo da alma"*. A *"conversa a três"*, no Calvário, faz-nos refletir na essência da promessa do Senhor: *"Em verdade te digo que hoje mesmo estarás comigo no paraíso"*, cabendo-nos a ressalva doutrinária de que a promessa não isentaria aquele homem de reencarnações corretivas, que o fariam mais tarde espírito iluminado.

No episódio do Gólgota, conheceu a humanidade três diferentes dores: dor-luz, com o Cristo; dor-esperança, com o homem sensível ao sofrimento do Mestre; dor-revolta, com o companheiro rebelde, infenso à benevolência.

Os estudiosos encontrarão, nas três dores, preciosos recursos exegéticos. A dor de Cristo iluminará os séculos futuros. A dor-esperança fortalecerá os corações de boa vontade. A dor-revolta incutir-nos-á, na sequência de nosso aprendizado, no rumo da perfeição, a dura e sofrida lição do esforço regenerativo.

Fonte: *Estado de Minas*, 1 de setembro de 1995.

Conhecimento, divulgação e vivência

22 | setembro | 1995

Os espíritas, de modo geral infensos ao proselitismo, têm, no entanto, especial carinho para com a tarefa da divulgação do Espiritismo, empregando esforços para que sua mensagem, principalmente, consubstanciada nos livros publicados sob a chancela do professor Hippolyte Léon Denizard Rivail (Allan Kardec), chegue à mente e ao coração das criaturas desprovidas de interpretações que não se afinem com a essência doutrinária e com a iluminada e transcendente perspectiva da Espiritualidade Maior.

O conhecimento espírita, que descerra ao homem amplos horizontes de compreensão da vida espiritual, pode ser obtido de várias formas: na própria fonte — o livro —, em ação direta, individual, com o interessado compulsando, no lar e em bibliotecas, obras confiantemente doutrinárias e evangélicas; coletivamente, em grupos de amigos, promovendo agradáveis e esclarecedoras tertúlias, sendo, diga-se de passagem, desaconselhável estudo isolado, que, via de regra, favorece a adoção de pontos de vista pessoais, distanciados das verdades e conclusões doutrinárias.

O estudo em conjunto, com análise cuidadosa dos princípios da Codificação assemelha-se a proveitoso labor de garimpo espiritual, possibilitando a extração em seus cristalinos filões de preciosas joias. A boa prática mediúnica, estereotipada na *"mediunidade com Jesus"*, bem como viver o que se aprende, constituem apreciável forma de divulgação, compondo a trilogia *"conhecimento, divulgação e vivência"*.

Difundir o pensamento espírita, à luz redentora do Evangelho, assegura o fortalecimento da legenda *"Trabalho, solidariedade e tolerância"*, de Allan Kardec, e impede o estímulo das fórmulas contrárias à lógica e simplicidade dos princípios estabelecidos pelas entidades codificadoras, que insculpiram em seus ensinos (vide *"O Livro dos Espíritos"*, *"O Evangelho segundo o Espiritismo"*, etc.) limpidez e bom senso, coerência e sabedoria. Aquele que adiciona aos valores do conhecimento e aos misteres da divulgação o esforço autotransformativo realiza importante tarefa.

Allan Kardec, em síntese genial, deixou-nos expressiva legenda, que se revigora com o tempo: *"Conhece-se o verdadeiro espírita pela sua transformação moral e pelo esforço que emprega para domar as más inclinações"*. De um missionário de escol não poderia vir definição mais respeitosa e compreensiva do estado evolutivo de cada um, em harmonia com o lúcido axioma, de origem espiritual: *"Aquele que dá o que pode merece o salário da paz"*.

Os espíritos superiores consideram a Doutrina Espírita templo, escola, oficina, hospital, atentos à sua multifacetada estrutura, baseada no sentimento e na inteligência. Conhecê-la e vivenciá-la, na medida de nossas possibilidades interiores, significa sustentar-lhe a expansão.

Fonte: *Estado de Minas*, 22 de setembro de 1995.

Dinâmica da vida espiritual

06 | outubro | 1995

É compreensível que muita gente não identifica-da com a literatura espírita-cristã revele desconhecimento quanto à maneira como se movimentam os espíritos no plano extrafísico, ocorrendo, em função desse desconhecimento, inevitáveis conjecturas e correlatas indagações: como se deslocam no espaço aqueles que deixaram o implemento corpóreo na Terra? Localizam-se aonde e como? Estáticos, como autômatos, ou à maneira de sombras aladas?

Segundo o Espiritismo, que estuda amplamente as relações entre o mundo terráqueo e o espiritual, a vida é intensa e o processo de deslocamento é variável, apropriado às condições evolutivas da pessoa; obedece às leis naturais, vigentes em todos os departamentos do Universo, diversificando-se segundo as potencialidades, as peculiaridades de cada um. Assim preceitua a doutrina kardequiana, assim informam, em livros e mensagens, os amigos espirituais.

Indivíduos de pequenos recursos mentais, psíquicos, movimentam-se semelhantemente à forma adotada na Terra, obviamente em outra dimensão vibratória, percorrendo, com naturalidade, vias públicas, urbanas e rurais; outros servem-se de veículos espaciais (aerobus, na designação de André Luiz, psicografia de Francisco Cândido Xavier),[1] em trajetos mais ou menos longos; outros, ainda, utilizam recursos volitivos próprios, acionados pela vontade e determinação, com ou sem o auxílio de benfeitores espirituais.

---

[1] Nota da Editora: referência ao descrito no livro *Nosso lar*, psicografado por Francisco Cândido Xavier, pelo espírito de André Luiz, publicado pela FEB em 1944.

Edifícios acolhem instituições e comunidades, escolas e universidades, regidas por leis sábias e desígnios que extrapolam o entendimento humano; em hospitais, análogos aos do mundo terreno, médicos e enfermeiros, hábeis e abnegados, que se aperfeiçoam na esfera espiritual, atuam sob a égide de Jesus, o excelso Amigo, na proteção de almas que deixaram a vida orgânica acometidas de reflexos psicofísicos negativos, que as misericordiosas leis do progresso e da evolução expungem, com o tempo, graças a eficazes recursos terapêutico-espirituais ministrados pelos samaritanos celestiais.

Autênticos cireneus, anônimos e devotados, protegem almas desavisadas que não souberam, na Terra, valorizar sagrados imperativos aprimoratórios, confiando-se a vigorosos desvios do sentimento, a fim de que não sejam molestados, vibracionalmente, em zonas onde imperam a desordem e o ódio, conduzindo-as, carinhosamente, a ambientes saturados de transcendente religiosidade, restaurando-lhes energias exauridas no curso de longas enfermidades; expedições fraternas, em tarefas socorristas, excursionam ao submundo do espaço — sim, submundo! — onde se concentram, pelos princípios da afinidade, irmãos em sofrimento. O mundo espiritual, semelhante ao físico, é dinâmico, ativo, esplendidamente natural, condicionado a leis sábias e benevolentes de Deus, vibrante em manifestações de justiça e bondade, amor e sabedoria.

Fonte: *Estado de Minas*, 6 de outubro de 1995.

A reencarnação

24 | novembro | 1995

A reencarnação é lei fundamental do progresso, da ascensão do espírito, ressaltando-se, como premissa essencial, que uma existência corpórea de noventa ou cem anos, sem vidas anteriores, seguramente será insuficiente para que o homem adquira valores morais e intelectuais que lhe confiram credencial de alma iluminada, perfeita, genial, sem defeitos no estojo do coração e na oficina da inteligência.

A lei da reencarnação encontra compreensível resistência em algumas pessoas, por ser apreciada sob o prisma da materialidade. Quando se fala ou se escreve sobre o assunto, a ideia corrente em tais criaturas é de que o homem precisaria *"entrar no corpo materno"*, dúvida que também inquietou Nicodemos: *"Como pode um homem nascer, sendo velho? Pode ele, porventura, voltar ao seio materno e nascer segunda vez?"* (João, 3: 4).

O mecanismo reencarnatório, diga-se de pronto, origina-se, sob o ponto de vista biopsíquico, no espaço e no organismo materno. O reencarnante e seus futuros genitores aproximam-se, inclusive, durante o sono, para a indispensável adaptação fluídico-vibratória, em divina simbiose *"mãe-filho"*, desde o instante concepcional, restringindo-se o invólucro perisperitual, que se acomodará, durante nove meses, na tepidez do santuário uterino. Na medida que a individualidade fetal se desenvolve, vão surgindo as expressões morfológicas, segundo os imperativos genéticos.

A reencarnação, significando o reencontro com experiências acumuladas no tempo, é o caminho para que o ser pensante recomponha o pretérito e construa o futuro, intelectual e moralmente; redima-se de faltas cometidas; reencontre corações que partilharam experiências várias, agradáveis ou não; fortaleça vínculos que haviam ficado a distância. A oportunidade da volta ao cenário terrestre pode, segundo o bom ou mau uso do livre-arbítrio das personagens, triunfar ou diluir--se nas lides existenciais.

Na realidade substancial da vida, Deus é o princípio, a reencarnação, o caminho, a evolução, a chegada. Nos mecanismos reencarnatórios, desenvolvem-se maravilhosos fenômenos inatingíveis pela mente humana, potente, mas, ainda, limitada. Avanços e recuos acontecem ante a sublime perspectiva do contato com almas queridas ou o vivenciamento com corações menos estimados.

Deus instituiu a reencarnação, na engrenagem de Suas leis, para que o homem realize seus planos redentores, conforme o princípio doutrinário de que "o espírito é o artífice do próprio aperfeiçoamento, o construtor do próprio destino, feliz ou desventurado. A vida é doação de Deus à Seus filhos, a estes competindo transformá-la em abençoada oportunidade iluminativa", segundo as leis da perfectibilidade.

Fonte: *Estado de Minas*, 24 de novembro de 1995.

Reconhecimento mundial

08 | dezembro | 1995

A formosa capital do Brasil — *"coração do mundo, pátria do Evangelho"* [1] — sediou, com excepcional brilho, de 1 a 5 de outubro deste ano, memorável evento, o I Congresso Espírita Mundial, do qual participaram milhares de estudiosos da Doutrina Espírita, patrimônio filosófico-religioso-científico codificado por Allan Kardec, ilustre educador francês.

Promovido pelo Conselho Espírita Internacional, que tem na secretaria geral Rafael González Molina, da Espanha, reuniu 34 países, inclusive o Brasil, totalizando, entre brasileiros e estrangeiros, mais de 2.600 pessoas, sendo organizado e realizado pela Federação Espírita Brasileira, presidida por Juvanir Borges de Souza. Segundo *"Reformador"*, órgão oficial da casa-máter do Espiritismo na Pátria do Cruzeiro, a Assembleia Legislativa promoveu, no dia 3 de outubro, data de nascimento de Kardec, homenagem ao respeitável missionário.

Ressalte-se a efetiva fraternidade reinante durante o Congresso, que debateu o tema *"O Centro Espírita — Unidade Fundamental do Movimento Espírita"*, irmanando cidadãos de várias nacionalidades, que, falando idiomas diferentes, permutaram manifestações de amizade, sob o pálio das verdades evangélicas e o fulgor das luzes doutrinárias, graças à temática elaborada com inspirado acerto.

O Congresso movimentou Brasília espírita, ensejando estudos de excelente nível doutrinário e substanciosas con-

---

[1] Nota da Editora: referência ao livro *Brasil, coração do mundo, pátria do Evangelho*, psicografado por Francisco Cândido Xavier, pelo espírito de Humberto de Campos, publicado pela FEB em 1938.

clusões. Os que lá compareceram, participando, ou simplesmente observando, dão testemunho do porte, do conteúdo
do encontro que o Brasil teve a honra e a satisfação de realizar, e que repletou de gratas emoções a comunidade espírita
brasileira, reunindo, em preito de amor a Jesus e respeito a
Allan Kardec, corações idealistas.

Registramos, neste artigo, ocorrência de especial sentido: a justa homenagem dos congressistas ao querido médium Francisco Cândido Xavier, através de *Moção de Reconhecimento e de Agradecimento*, aprovada por unanimidade,
apresentada pela delegação do Estado de Sergipe, onde a
mensagem de Cristo e os princípios kardequianos florescem,
exuberantemente, direcionados pela dedicação e competência de esforçados companheiros, inclusive jovens universitá-
rios.

O presidente da entidade sergipana, João Batista Cabral, em correspondência enviada à União Espírita Mineira,
representada no I Congresso por Honório Onofre de Abreu,
Oswaldo de Abreu e Maria José de Abreu, designa o médium, na moção, de nosso benfeitor, realçando, no intróito
dos tocantes considerandos, aspectos de sua personalidade
cristã: relevantes serviços à humanidade, 85 anos de idade e
quase 70 a serviço do Espiritismo, cerca de 400 livros para o
Brasil e o mundo, sobre diversificados assuntos, trabalho em
prol da regeneração da humanidade.

A Moção repercutiu, agradavelmente, na consciência
coletiva, por distinguir um cidadão pobre, humilde, simples,
que, sob o singelo nome de Chico Xavier, engrandece a humanidade, pelos edificantes exemplos, no campo do amor e
na esfera de sua multiforme mediunidade, que extrapolam
as fronteiras do Brasil.

Reconhecido à homenagem, que declara não mere-
cer, Chico Xavier, em carta ao signatário desta crônica, reco-
menda-o agradecer à Federação Espírita do Estado de Sergipe, em seu nome, a Moção, o que foi feito com inexcedível
honra e alegria, em correspondência já expedida.

Fonte: *Estado de Minas*, 8 de dezembro de 1995. p. 7. Caderno Opinião.

O ser mais perfeito

29 | dezembro | 1995

É o ser mais perfeito que o mundo conheceu, em todos os tempos. Ser divino, transcende os mais avançados conceitos e sublimes definições, enleando gênios notáveis que transitaram e transitam pelas sendas humanas, tocados pelas luminosas e excelsas manifestações de sua incomparável personalidade, rica de bondade e sabedoria, luz e amor.

Ele foi e continua sendo, na verdade, o ser mais perfeito da história da humanidade, iluminando, com o seu amor sem limites, os sofridos e redentores caminhos da Terra, nossa abençoada moradia-escola, que governa dos altíssimos cimos siderais.

Não era médico, mas curava cegos e paralíticos; restituía a saúde às vítimas de terríveis enfermidades; limpava e recompunha corpos que doenças cruéis dilaceravam.

Andava por estradas palmilhadas por sofredores de todas as dores, enviando-lhes mensagens de eterna e suave esperança. Deixou rastros de luz que os séculos não apagaram, perpetuando inigualáveis clarões que superam os mais encantadores luares... Amava todos os homens, nivelando-os na balança de seu coração, santuário de bênçãos. Antes dele, nas estruturas sociais, *"escravo era escravo, senhor era senhor"*. Por ações e palavras, igualou ricos e pobres, nobres e plebeus, tornando-os partícipes dos bens celestiais, integrando-os na família universal, em ato de consagração da legítima fraternidade.

O doce magnetismo de sua voz ecoa, serenamente, por toda a Terra: nos campos floridos e agrestes, nas encostas silentes, nos lagos poéticos, nos palácios e choupanas, dissipando a tristeza, enxugando lágrimas, lenindo aflições. A paz interior, à maneira de nota musical provinda de alturas inatingíveis, inundava de vida total a alma dos seres e das coisas, aquietando mares e florestas, compondo, em divina orquestração, a sinfonia da esperança, o cântico da imortalidade.

Sua palavra, ora mansa, ora enérgica, reavivava, em prodigiosa metamorfose, sonhos fugazes, anseios angustiosos. A túnica, de alvura ímpar, semelhante às nuvens mais lindas e claras, parecia um pedaço de céu vestindo um corpo de luz diáfana. As modestas sandálias pisavam caminhos pedregosos, onde cresciam dilacerantes espinhos.

Ao longo de sinuosas veredas e aprazíveis sítios, que se confraternizavam no abraço das árvores, semeava, semeava, semeava... amparando enfermos que ele curava com palavras, gestos, e, às vezes, com um simples olhar, do qual fluíam compreensão e ternura. Vistosas cidades e aldeolas tranquilas, mansões e tugúrios absorviam-lhe, por igual, o verbo renovador.

Dos celeiros de Deus, recolhia os bens da vida perene, distribuindo-os com homens e mulheres, crianças e velhos, concitando-os à aquisição dos imarcescíveis dons da fé, dizendo-lhes, ternamente: *"Não se turbe o vosso coração, credes em Deus, crede também em mim"*.

O ser mais perfeito está aniversariando! Flores perfumadas, rosas coloridas enfeitam os jardins, na esplêndida antevisão da humanidade, pronunciando-lhe o nome querido: Jesus!

Fonte: *Estado de Minas*, 29 de dezembro de 1995.

Esclarecimento e consolação

12 | janeiro | 1996

O planeta Terra é o maravilhoso cenário destinado à ascensão da humanidade, sob o ponto de vista moral, espiritual e intelectual, concedendo-nos, generosamente, em nome da Bondade Divina, os elementos imprescindíveis ao multimilenar processo de aprimoramento. Todas as comunidades que se identificam com as verdades evangélicas são aquinhoadas com valiosos recursos para que o crescimento, vertical e iluminativo, se opere no curso dos milênios, sem nenhum tipo de exclusivismo.

O Espiritismo, em sua sólida estrutura filosófica, que prima pela logicidade e clareza, estabelece, entre outros, dois importantes objetivos: esclarecer e consolar, segundo a ação harmônica e permanente das leis divinas, em função das quais as agruras e lutas da vida, à maneira de cadinhos purificadores, elevam e fazem progredir os seres. Em sucessivos períodos, árduas provas e amargas experiências propiciam o religamento do Criador à criatura.

O esclarecimento conscientiza-nos, pela razão, quanto à utilidade das provações para o homem, criado simples e ignorante, mas destinado a evoluir, a crescer internamente: *"a vida é luta e a luta foi feita para o homem"*, disse-o alguém, em frase que se ajustaria, como uma luva, na estrofe de um poema modernista.

Jesus legou-nos os luminosos dons do esclarecimento e da consolação, por ele e por Kardec transformados em bênçãos para a humanidade terráquea. Não bastará ao homem ser consolado, mas insculpir no espírito as claridades do conhecimento.

233

No tocante ao conhecimento, assevera o Evangelho: "*Conhecereis a verdade e a verdade vos libertará*". A respeito da consolação, diz o Mestre: "*Bem-aventurados os aflitos, pois que serão consolados*". A doutrina kardeciana recolhe, em seu substrato, os fulgores da imortalidade, ensinando que as dores são crises salutares que produzem a cura do espírito.

Entendendo que sofremos por merecer, em face de erros e culpas do passado e/ou do presente, somos induzidos a considerar justo o sofrimento, resignando-nos, assim, como o obreiro aceita o trabalho porque lhe assegura o salário e o espírito aceita a dor que o liberta e redime. Essa conceituação palingenésica minimiza as provas, por mais dolorosas, em vista do esplendoroso horizonte que o binômio Evangelho-Espiritismo faz descortinar, oportunizando aos viandantes da eternidade gloriosos, altaneiros e soberanos remígios.

A Doutrina Espírita, iluminada pela moral cristã, da qual é corolário, pode ser definida por filosofia de amor e luz, visto que faculta ao homem o esclarecimento e abre os pórticos da misericórdia, elucidando "*o problema do ser, do destino e da dor*", sintetizado na lapidar equação: de onde veio o homem, o que está fazendo na Terra, por que sofre, para onde irá depois da desencarnação.

Fonte: *Estado de Minas*, 12 de janeiro de 1996.

O aborto na visão espírita

02 | fevereiro | 1996

Qual o posicionamento da Doutrina Espírita acerca da prática do aborto? Eis a proposição, frequentemente formulada por aqueles que, desconhecendo-a, ignoram-lhe a posição contrária. Como premissa, a nosso ver oportuna e necessária, devemos ressaltar que há pessoas pertencentes às outras religiões que também discordam de tal prática, mais compatível com ideias e conceitos de culturas materialistas.

Os espíritos que elaboraram, com Allan Kardec, os postulados doutrinários, bem como aqueles que os complementam, desaconselham, de modo incisivo, a prática abortiva, pelo que ela representa em termos de insensibilidade e pelas consequências dela resultantes, uma vez que, ao ocorrer tal fato, duas realidades coexistem no universo do ser em formação, a saber: a) o veículo físico, em fase de organização; b) a alma, em efetiva fase de desenvolvimento, que lhe é direito natural, concedido por Deus — Criador e Pai.

O contato do nascituro (bem o sabem os que estudam e meditam sobre o fenômeno reencarnatório), a partir do íntimo e respeitável ato da coabitação, é marcado pela simbiose entre as duas mentes, da mãe e do filho. Com o aborto, o ente espiritual em preparo para o renascimento é deslocado do corpo maternal, onde, segundo as leis fisiobiológicas, deveria permanecer durante nove meses. Atinge-se, assim, um ser que ainda não tem voz para gritar, nem braços para se defender, sofrendo os efeitos de um ato de insensibilidade.

Em nossas apreciações doutrinárias não há, nem poderia haver, qualquer intenção censurativa de nossa parte — apenas o alinhamento de observações, fraternas e respeitosas, ante aqueles que possam divergir da visão espírita, observações suscetíveis de esclarecer o assunto "*prática abortiva*", prejudicial ao físico e ao psíquico, gerando processos obsessivos advindos dos escaninhos conscienciais e da imantação do espírito obstado em seu desiderato reencarnatório, em órgãos específicos dos responsáveis.

Obstar a eclosão e o curso da vida, dom divino, contrariando as leis de Deus, evidencia ato infeliz, à luz do Espiritismo e ferindo a razão superior, com reflexos em reencarnações das personagens envolvidas, carreando sofrimentos ao que fora submetido ao aborto e aos responsáveis indiretos. As leis divinas, imutáveis e eternas, contabilizam todos os nossos atos, positivos e negativos, sancionando a justiça imanente.

Nestas reflexões, inserimos o contributo de "*O Livro dos Espíritos*", Cap. VII, "União da alma e do corpo" — questão 357: o aborto "*é uma existência nulificada em que ele (o espírito) terá de recomeçar*"; — questão 358: "*Há crime sempre que transgredis a lei de Deus*"; — questão 359: "*Em caso que o nascimento da criança pusesse em risco a vida da mãe, preferível é que se sacrifique o ser que ainda não existe*".

Fonte: *Estado de Minas*, 2 de fevereiro de 1996. p. 7. Caderno Opinião.

A consagração do "Ide e pregai"

01 | março | 1996

Entendemos, com o apoio da razão e do sentimento, caber ao homem a excelsa glória de ostentar o galardão, perene e honroso, de arauto da Boa Nova da Imortalidade, coadjuvante, portanto, de Cristo, na missão de implantar, no globo terrestre, as sementes fartamente espalhadas nas searas imensas do coração humano, prenunciando as benesses espirituais do porvir.

Mesmo que, durante tempo de durabilidade imprevisível, o livre-arbítrio do homem mantenha-o infenso às sublimes verdades, por desconhecer-lhes a grandeza e ignorar-lhes a excelência, numerosas estradas de Damasco abrir-se-ão aos roteiros humanos.

Saulo de Tarso e Levi Mateus sugerem nossas reflexões. A convocação do primeiro — comovente, vigorosa, emocionante — evidencia uma epopeia de luz, de manifesta autoridade nos fastos do Cristianismo: "*Levanta e entra na cidade (Damasco), onde te dirão o que te convém fazer*". A recomendação a Levi — sintética, calma — convidando-o para compor o colégio apostólico, é indutiva: "*Segue-me!*".

Duas almas diferentes, preparadas para os misteres divinos da pregação, através da escrita e da palavra, que o Senhor lhes atribuiria, mais tarde. Diante de Saulo, prostrado na areia escaldante, o amoroso questionamento: "*Saulo, Saulo, por que me persegues?*". Contemplando a fisionomia assustada de Levi, recomenda, com serenidade: "*Segue-me!*".

Os dois prescindem de discursos: levantam-se e seguem o Mestre, entregando-lhe a vida e o destino. Saulo, depois Paulo de Tarso; Levi, mais tarde, o evangelista Mateus. O mesmo idealismo, a mesma fé, a mesma convicção. Seus corações e consciências não eram pétreos blocos de mármore, insensíveis, porém sublimes peças de cristal, trabalhadas pelo Cristo no dobar dos milênios; ambos, tocados pelas sonoridades evangélicas, identificados com as honrosas convocações.

Levi deixa na retaguarda interesses inerentes à coletoria. Saulo, "*vaso escolhido para levar o nome de Jesus perante os gentios e os reis, bem como perante os filhos de Israel*". Cristo é compreensivo, generoso, porém seu verbo revela firmeza, como o fizera noutra oportunidade: "*Misericórdia quero e não sacrifício*". No futuro, Mateus e Paulo consagram o "*Ide e pregai*".

Braços e corações do Rabi galileu, pelo Espiritismo considerado governador espiritual da Terra, permanecem abertos — universalmente abertos àqueles que o procuram e o aceitam pelas sacrossantas vias do amor. A temporalidade de pueris cogitações, que se extinguem nas cinzas do próprio tempo, funciona como chave de luz que abre as portas da felicidade, a todos descerrando os cenários da vida imortal.

Não existe, na verdade, maior tributo, em prol da redenção do mundo e da felicidade humana, que o atendimento ao "*Ide e pregai*", celeste convite para o arroteio espiritual. Contatar as pérolas do Evangelho, divulgando-lhe os fundamentos normativos, constitui abençoada realização humano-social.

Fonte: *Estado de Minas*, 1 de março de 1996. p. 7. Caderno Opinião.

Alegremos nossos mortos

12 | abril | 1996

"... Os vínculos espirituais mantêm emoções e esperanças..."

Allan Kardec, na sua notável obra *"O Livro dos Espíritos"* — um título singelo, uma filosofia transcendente, um conteúdo maravilhoso — enfoca assunto de interesse do dia a dia dos humanos. Na obra em lide, que reputamos destacada na bibliografia universal, o eminente educador suscita oportuna questão: *"Sensibiliza os espíritos lembrarem-se deles os que lhe foram caros na Terra?"* (Questão 320).

As entidades codificadoras, com sabedoria e bom senso, esclarecem: *"Muito mais do que podeis supor. Se são felizes, esse fato lhes aumenta a felicidade. Se são desgraçados, serve-lhes de lenitivo"*. Essas considerações, provindas do mundo espiritual, facultam aos seres humanos, encarnados e desencarnados, abrirem a pouco e pouco, no curso infinito do tempo, as portas da compreensão, consolidando observações que se ampliam e amadurecem, plenas de beleza e simplicidade.

As pessoas pouco familiarizadas com a doutrina kardequiana admitem que a morte, como se fora eterno desencontro, ergue impenetrável véu de olvido às recordações, que desapareceriam do acervo das lembranças. Puro engano! Os que partem e os que ficam conservam tudo — imagens, afetos, emoções, na acústica da memória, que se aloja no arcabouço perispiritual.

239

Fabuloso elenco de lembranças enriquece as almas, alimentadas pelos recursos da esperança e da fé, jamais permitindo o acesso de ideias desesperançosas, embora, via de regra, nos confiemos, provisoriamente, a reações menos controladas, diante da transição vida—morte—vida, o que revela a débil posição, em matéria de fé, do ser humano. O certo é repousar o pensamento na lógica doutrinária, na convicção de que tudo prosseguirá: viver, morrer e renascer significa passagem, na filosofia da eternidade, isto é, adentrar planos que jamais se extinguirão.

O problema da dor-saudade e o afeto-tristeza permanece como um longo desafio. Eis que a educação do espírito, em termos de imortalidade, transforma a luta, em todos os planos, em alegria e paz.

A assimilação do lenitivo opera o crescimento. Milhões de almas, em todos os tempos, ajudaram-se mutuamente, no aquém e no além, evidenciando a presença de Deus.

Na sequência dos séculos e dos milênios, com suas naturais provações, a vida continua. Experiências unem seres e mundos. A bondade, que nasceu ontem, com o nome de afinidade, tem, hoje, o nome santo do amor. O que ontem se chamava morte, tem hoje, em consenso que se expande, a sugestiva denominação de sobrevivência. Os vínculos espirituais mantêm emoções e esperanças, concitando-nos a homenagear os mortos-vivos das estâncias espirituais, fortalecendo-os nas experimentações que são o alimento de Deus para a humanidade.

Fonte: *Estado de Minas*, 12 de abril de 1996. p. 7. Caderno Opinião.

Deus cria, o homem revela

03 | maio | 1996

"... O conhecimento do princípio das coisas é vedado ao homem..."

Vedado é ao ser humano, por suas limitações, o pleno conhecimento do princípio das coisas. Por mais avance o carro da Ciência e floresça a Filosofia, por mais procure o homem aprofundar os fenômenos existenciais, prevalece o condicionamento às leis divinas, universalmente regidas pela onipotente vontade de Deus. Confunde-se o cérebro humano ante a grandiosidade do cenário universal, pois o que parece criação do homem é criação divina, trazida ao humano conhecimento pelas maravilhosas vias da revelação.

Devemos conscientizar-nos de que somente Deus cria, cabendo ao ser humano, na realidade, revelar-lhe as múltiplas expressões. Abrindo esta crônica com título específico, não vacilamos na afirmativa de que somente Deus dispõe do supremo poder de criar, pertencendo ao homem, decerto, o privilégio de, pelo estudo e meditação, pelo constante labor, em gabinetes e laboratórios, revelar o oculto. O homem revela, na pauta da divina vontade, apenas o que Deus permite. Assim prescrevem os ditames da razão.

A obediência ao Criador contribui para que as lições advindas das esferas universais da luz nos despertem para a humildade real, até que nos alteemos, espiritual e intelectu-

241

almente, tornando-nos indenes a desastrosos equívocos e à errônea aplicação das coisas divinas, evitando lamentável inchaço espiritual. A referência *"o homem põe e Deus dispõe"*, que consagra a grandeza do Pai e proclama nossa indigência interior, demonstra, de forma inconcussa, que o cérebro e a inteligência confundem os eventos, sob o compassivo olhar do Pai. Todas as obras de amor originam-se nos laboratórios divinos. O astrônomo revela o cometa que Deus criou.

Em belíssimo prelecionamento, *"O Evangelho segundo o Espiritismo"* estabelece o *"amai-vos e instrui-vos"*, axioma de ouro que divinizará o homem, abrindo-lhe as portas de luz do progresso, como dom de Deus. *"O Livro dos Espíritos"* ensina que o conhecimento do princípio das coisas é vedado ao homem para que não ultrapasse os limites.

O principal livro da codificação de Allan Kardec preconiza as melhores virtudes e atributos como decisivos fatores de evolução. Por inata intuição, os gênios autênticos, luminares do Mundo Maior, sabem que o criador de tudo que existe é Deus. O ser humano cresce ao se conscientizar de que o sol da sabedoria vem iluminando, desde o princípio, os continentes humanos, enviando-lhes os elementos clarificadores da verdade. A assertiva de Jesus (a verdade nos fará livres) faculta-nos a edificação do progresso, na Terra e noutras esferas. A certeza de que Deus cria sem cessar ensejará a concretização dos ideais afins com os supremos objetivos do Pai amantíssimo.

Fonte: *Estado de Minas*, 3 de maio de 1996. *(s.d.t.).*

Simples e ignorantes

31 | maio | 1996

"... Todos os espíritos estão sujeitos à reencarnação..."

Com a expansão, cada vez maior, dos princípios palingenésicos, ou reencarnacionistas, é compreensível tenha o homem moderno o empenho de, mesmo sem adentrar-lhe, suficientemente, os meandros, desejar saber algo sobre o assunto, especialmente sobre a reencarnação propriamente dita dos espíritos, compelidos a voltarem ao mundo terreno quantas vezes se tornarem necessárias ao seu aperfeiçoamento. Esse empenho sugere-nos apontamentos em torno do sempre fascinante tema: *"Qual o objetivo de encarnação dos espíritos?"* (Questão 132, de *"O Livro dos Espíritos"*).

A palingenesia — *"a bênção do recomeço"*, na suave e brilhante definição de Emmanuel — representa a oportunidade do espírito voltar a novos corpos para desenvolver atributos morais e intelectuais, no rumo do progresso, realizável em consecutivas escaladas reencarnatórias, durante as quais lhe será avaliada a determinação de conquistar valores definitivos e inalienáveis. Espíritos superiores reencarnam em nobres missões, outros comparecem à Terra sob o jugo expiatório ou provacional, impondo-lhes Deus a *"reencarnação com o fim de fazê-los chegar à perfeição"*.

243

Todos os espíritos estão sujeitos à reencarnação, pois ante a lei divina, justa e sábia, todos são igualmente submetidos a provas, sem privilégios, nem prerrogativas. Deus não cria exceções que beneficiem a uns e prejudiquem a outros, postura igualitária e misericordiosa que define e caracteriza o sentido, amplo e generoso, da justiça divina.

De acordo com o Espiritismo, todos somos criados simples e ignorantes, e nos instruímos *"nas lutas e tribulações da vida corporal"*, acentuando as entidades codificadoras e afirmativas de que *"Deus, que é justo, não podia fazer felizes a uns, sem fadigas e trabalhos, conseguintemente sem méritos"*, observação que se harmoniza com a palavra sábia de Jesus: *"Nenhuma das ovelhas que o Pai me confiou se perderá"*.

O conjunto dos ensinamentos espíritos gira em torno do enunciado filosófico: *"Nascer, viver, morrer, renascer ainda, progredir continuamente — tal é a lei"*, fixando o Espiritismo, nessa admirável proposição, a sua estrutura doutrinária, que fornece chave de luz à cultura e talento de pensadores que iluminam os séculos. Com a palingenesia, tudo se torna claro, límpido, de fácil entendimento.

A interpretação reencarnacionista da vida, com seus contrastes humanos, torna lógica a explicação do progresso. Sob a sua ótica amorosa, Deus se torna amado pela justiça com que trata os Seus filhos, a todos concedendo as mesmas oportunidades de crescimento e felicidade. O Espiritismo ensina que o homem é valioso colaborador da obra divina. Não é lícito, pois, à comunidade terrestre, ensarilhar as armas do bom combate, mas, sim, preparar obreiros que possam, mais tarde, voltar ao mundo como usufrutuários dos imperecíveis bens por eles mesmos forjados no trabalho.

Fonte: *Estado de Minas*, 31 de maio de 1996.

A crença em Deus

21 | junho | 1996

*"... Duvidar da existência de Deus é
negar que todo efeito tem uma causa..."*

O multimilenar problema da crença em Deus acompanha a humanidade desde os primeiros tempos, havendo até quem diga: *"Graças a Deus, eu não acredito em Deus"*.

A crença no Criador, síntese de amor e sabedoria, nasce com o homem e o acompanha durante a vida, embora, acionado por jactancioso impulso negativista, procure negá-Lo. O tema, transcendente por sua própria natureza, é tão importante que Allan Kardec, sabiamente, o colocou como item inicial de *"O Livro dos Espíritos"* — Prova da existência de Deus.

O codificador iniciou o portentoso livro com a indagação: *"Que é Deus?"*, obtendo a seguinte resposta, que hoje aparece em muitos compêndios doutrinários, que dilucidam, suficientemente, o assunto, levando o homem, pela reflexão, sentimento e lógica, a atendê-lo, obviamente, nos limites de sua acanhada compreensão.

Os povos selvagens interpretavam Deus segundo os fenômenos da natureza: trovões, tempestades e relâmpagos que iluminam as noites chuvosas. Evoluindo, ao longo de milênios e milênios, vem o homem alterando, gradativamente, suas conceituações sobre o sublime Ser, Artífice universal dos mundos, galáxias e leis que vigem na mecânica celeste, grandiosa manifestação de ordem e sabedoria.

É necessário, digamos, com indispensável premissa: pretender o homem definir Deus seria o inominável absurdo de o finito definir o infinito, anatomizando-o. Allan Kardec pergunta às entidades codificadoras: *"Onde se pode encontrar a prova da existência de Deus?"*, e obtém a seguinte resposta: *"Num axioma que aplicais às vossas ciências. Não há efeito sem causa. Procurai a causa de tudo que não é obra do homem e a vossa razão responderá"*.

O relojoeiro, com habilidade, fabrica o relógio, o engenheiro constrói casas, pontes, canais e ultrassensíveis instrumentos de comunicação. Todavia, nem um nem outro fabrica a matéria-prima. Deus criou o mundo, o sol, a lua, as estrelas, os oceanos, componentes maravilhosos de Sua obra. *"O que não é obra humana só pode ser realização de Deus"*. Santo Agostinho, gênio do Cristianismo, confessa: *"Quando me perguntam se Deus existe, respondo 'sim'; quando me perguntam que é Deus, respondo 'não sei'"*.

Allan Kardec, em nota explicativa (*"O Livro dos Espíritos"*) afirma: *"Para crer em Deus, basta se lance o olhar sobre as obras da Criação. O Universo existe, logo tem sua causa. Duvidar da existência de Deus é negar que todo efeito tem uma causa e avançar que o nada pode fazer alguma coisa"*. O sentimento instintivo que todos os homens trazem em si, da existência de Deus, é a prova, realmente, que Deus existe. Tal sentimento congênito resulta *"de um problema de educação, ideias adquiridas"*, eis que existe nos próprios selvagens.

Deus é amor irradiando sobre o Universo e, consequentemente, sobre a Terra, onde crescemos interiormente, nos assenhoreamos do mecanismo das grandes realizações, nos curamos de mazelas trazidas de outras existências. Eurípedes Barsanulfo, o apóstolo do Triângulo Mineiro e do Brasil Central, encerra antológico poema de louvor a Deus, intitulado *"Deus"*, com a seguinte frase: *"Deus, reconheço-Vos eu, Senhor, com Jesus, quando oro: 'Pai nosso, que estais no céus...' ou com os anjos, quando cantam 'Glória a Deus nas alturas...'"* Aleluia!...

Fonte: *Estado de Minas*, 21 de junho de 1996.

Casas de Deus

12 | julho | 1996

"... É pretensiosa a ideia de que somente a Terra é habitada..."

Os meios de comunicação têm enfocado, em frequente noticiário, o momentoso problema do contato de seres de outras esferas com o nosso mundo, tornando-se-nos oportuno lembrar que já no século XIX, quando surgiu o Espiritismo codificado (abril de 1857), os espíritos abordaram, exaustivamente, o assunto da pluralidade e habitabilidade dos mundos, conforme se lê em *"O Livro dos Espíritos"*, mais exatamente no capítulo "Encarnação nos diferentes mundos".

Para os espíritas, portanto, notícias sobre a existência de outros orbes habitados não constituem novidade e, muito menos, surpresa. Apesar do imenso respeito e gratidão ao mundo que nos serve de morada, surge óbvia indagação: por que Deus privilegiaria a nossa amada Terra, com amplas e fecundas condições de habitabilidade, quando sabemos, com absoluta convicção, que Seu amor e sabedoria envolvem milhões de departamentos do Universo?

A Terra, por múltiplas razões, inclusive volume, constituição e posição, fica muito a dever, em importância e objetivos, a outros planetas, sendo incabível, portanto, a pretensiosa ideia de que somente ela, nossa abençoada *"casa"*, nosso querido *"domicílio"*, seria a exclusiva morada das criaturas de Deus.

Interrogados se as diversas existências corporais *"se verificam todas na Terra"*, as entidades responsáveis pela codificação espírita dão elucidativa resposta: *"Não. Vivemo-las em diferentes mundos. As que vivemos aqui não são as primeiras, nem as últimas; são, porém, das mais materiais e das mais distantes da perfeição".*

Tão logo evoluem, podem passar os espíritos de um para outro mundo, ou permanecerem no mesmo globo, obstados de passarem a um mundo superior. Evidenciando a solidariedade entre os mundos que formam os sistemas planetários, esclarecem que as encarnações podem acontecer em mundos diferentes: seres evoluídos, em mundos igualmente evoluídos; seres atrasados, em mundos igualmente atrasados, iguais ou inferiores à Terra.

Ainda em função dessa solidariedade, espíritos superiores podem encarnar em mundos inferiores com a missão de ajudar o progresso. Essas migrações evidenciam que os milhões de mundos — *"casas de Deus"* — são solidários na construção de seus destinos, em vivências milenares, no rumo e na busca das bem-aventuranças. A pluralidade dos mundos tem apoio na própria razão evangélica, haja vista a palavra de Jesus, no Evangelho de João (14: 2): *"Na casa de meu Pai há muitas moradas; se assim não fora, eu vo-lo teria dito".*

Os obreiros espirituais referem-se a planetas tão adiantados que a inteligência e o saber de seus habitantes superam o saber e a inteligência dos sábios terrenos. Júpiter seria um desses planetas. Nesta conformidade, não nos deve ofender, nem admirar, a tese da existência de outros educandários disseminados pelas majestosas estâncias do Infinito, regidos pelo grande Arquiteto. Ao invés de rejeição, o que nos deve empolgar é um sentimento de profundo respeito pelo Criador, que coloca milhões de *"casas"* nas magnificentes paragens universais, destinadas ao progresso das humanidades.

Fonte: *Estado de Minas*, 12 de julho de 1996.

Perdão e amor

02 | agosto | 1996

*"... A alma que não perdoa assemelha-se
a um vaso cheio de lama e fel..."*

A Doutrina Espírita oferece preciosa definição do perdão, nobre sentimento que exorna as almas realmente elevadas: concessão de nova ou novas oportunidades de resgate e consequente reparação de erros e males praticados pela criatura humana ao longo de consecutivas existências. O perdão será sempre sinônimo de compassividade, de tolerância, enfim, de amor.

Aquele que verdadeiramente perdoa, de coração limpo, como se costuma dizer, sob a inspiração dos luminosos e eternos ensinos de Jesus, o faz sempre de modo espontâneo, caridoso, superior, nada cobrando, em termos de reconhecimento, pelo gesto fraterno, no qual se evidenciam e concentram, indiscutivelmente, os puros sentimentos de bondade, de amor.

A reencarnação, em seu contexto próprio, significa, em verdade, o perdão de Deus-Amor, na mais sublime expressão a Seus filhos faltosos, mas não incorrigíveis. Um dos mais nobre aspectos do perdão é, sem dúvida, o pleno esquecimento do mal recebido, havendo, ainda, um somatório de outras características, tais como: capacidade de socorrer e ajudar, discretamente, o ofensor, não se regozijando com seus eventuais insucessos, delicadeza sincera no relacionamento, acompanhando o generoso ato do perdão, vibração espírita amiga, o que significa preces em favor daquele que se fizera invigilante instrumento de ofensa ou ofensas.

O benfeitores espirituais dizem: " *A alma que não perdoa, retendo o mal consigo, assemelha-se a um vaso cheio de lama e fel"*. O maior beneficiário do perdão, em última análise, nem sempre é aquele que o recebe, mas o que, refreando impulsos e melindres, perdoa ofensas recebidas, conservando a própria paz, por transformar o adversário em amigo, acolhendo-o com efetiva e real naturalidade.

Quem perdoa isola-se do mal e de suas nefastas consequências. Jesus aconselhava-nos a perdoar infinitamente *"para que o amor em nosso espírito seja como o sol brilhando em casa limpa"*, conforme lembram os amigos espirituais. A lei do perdão está implícita, a nosso ver, como augusta manifestação de amor, na própria encarnação, visto que esta abre as portas luminosas do renascimento do espírito, tantas vezes quanto necessárias.

Expressiva é a passagem evangélica: *"Então Pedro, aproximando-se, lhe perguntou: 'Senhor, até quantas vezes meu irmão pecará contra mim, que eu lhe perdoe? Até sete vezes?' Respondeu-lhe Jesus: 'Não te digo que até sete vezes, mas até setenta vezes sete'"* (Mateus, 21: 22). O perdão, pois, para ser legítimo e fundamentado em Cristo, será definitivo, sem limites.

Outro importante registro de Mateus (5: 23-24): *"Se, pois, ao trazeres ao altar a tua oferta, ali te lembrares de que teu irmão tem alguma coisa contra ti, deixa perante o altar a tua oferta, vai primeiro reconciliar-te com teu irmão; e então, voltando, faze a tua oferta"*. Muito clara e evidente a recomendação do divino Mestre.

Em Pedro (I: 3,8), outro precioso ensinamento: *"Acima de tudo, porém, tende amor intenso para com os outros, porque o amor cobre a multidão de pecados"*. Quem ama segundo os padrões crísticos perdoa incondicionalmente, afastando de seu destino, de sua vida, de seu carma, os inconvenientes da intransigência e da malquerença, evitando futuros efeitos.

Fonte: *Estado de Minas*, 2 de agosto de 1996.

A bênção do trabalho

30 | agosto | 1996

*"... O trabalho, sendo lei da natureza,
constitui necessidade para a humanidade..."*

O trabalho apresenta-se, como é notório, sob dois aspectos fundamentais: o material e o espiritual. Nestes, exerce o ser pensante valores imperecíveis. No sentido estritamente material, a imprescindibilidade do afã profissional reside no impositivo de, por ele, obter o homem os recursos e meios necessários à sua manutenção e de sua equipe familiar, cuja responsabilidade de sustentação lhe compete.

Os deveres materiais, inerentes ao mister profissional propriamente dito, são fatores de equilíbrio e segurança, sob o ponto de vista mental e corporal. São patrimônio importante e respeitável que ao homem cumpre zelar, facultando o desenvolvimento de qualidades que sustentam e orientam, inspiram e comandam o progresso das coletividades.

O desinteresse e desamor pelo trabalho, em qualquer de seus aspectos, constituem infração moral pela qual responderá o homem, quando convocado à prestação de contas perante a natureza, que tem leis inderrogáveis, dando-nos, ela mesma, em suas divinas manifestações, o próprio exemplo através de atividade imanente, que abrange todo o Universo, jamais se interrompendo.

O trabalho essencialmente espiritual envolve tarefas nobres, que pesam, favoravelmente, na contabilidade da vida, tarefas que traduzem amor, em seu melhor e mais completo significado, porque através delas identifica-se o ser humano com os anseios de seus semelhantes, acumulando créditos para o porvir — quando o espírito finaliza a experiência terrena, adentra o Mais-Além, realiza o inevitável encontro consigo mesmo, perante o sóbrio, sábio e indefectível tribunal da consciência.

Sob a ótica espírita-cristã há nuances ponderáveis no exercício e caracterização do trabalho, tais como: cultivar o senso de justiça, exercer a moderação no avaliar os próprios irmãos. O trabalho, sendo lei da natureza, constitui necessidade para a humanidade. *"A civilização obriga o homem a trabalhar mais, porque lhe aumenta as necessidades e os gozos"*, di-lo o Espiritismo, em sua obra básica *"O Livro dos Espíritos"*.

Sem o trabalho, permaneceria o homem na infância, quanto à inteligência: isso é, também, preceito doutrinário. A aplicação de energias físicas e mentais, em função do trabalho, é de extrema significação para o ser humano, visto que, em última análise e verdade, quando o corpo se movimenta e se desenvolve, em múltiplas atividades, o faz, primacialmente, por efeito da vontade do espírito, que preside, conscientemente, a engrenagem corporal. *"O espírito trabalha, assim como o corpo"*. Jesus, o mestre por excelência, no Evangelho de João (5: 17) é incisivo: *"Meu Pai trabalha até agora, e eu trabalho também"*.

Fonte: *Estado de Minas*, 30 de agosto de 1996.

A boa nova de todos os tempos

27 | setembro | 1996

"... O imperativo maior será, sempre, o Evangelho do Cristo..."

O enfoque, oral ou escrito, pelos adeptos de crenças religiosas e filosóficas de essência e estrutura cristã, afigura-se-nos imperativo maior, extremamente maior, no contexto da sociedade, visto que a sublime mensagem do Rabi galileu será, em todos os tempos, ponto de apoio, fulcro inspirativo dos mais legítimos cometimentos do homem, na milenar busca da libertação dos sombrios liames do atraso.

A transformação do mundo, sob o ponto de vista do conhecimento (ciência) e do sentimento (religião), tem, a nosso ver, por indiscutível fundamento a luz redentora do Evangelho de Jesus — a Boa Nova de todos os tempos. A sabedoria, pela inteligência, e a vivência, pelo coração, são caminhos que levam à fraternidade, à construção e armazenamento de valores inextinguíveis que se eternizam, no tempo e no espaço, dissolvendo negativas heranças de múltiplas existências.

Onde brilham o amor e a verdade, onde refulgem lampejos do pensamento divino, onde cintilam as lições do

Cristo estiolam-se, como frágeis plantas sob o avassalador ímpeto da tempestade, impulsos negativos que direcionam ódio, alimentam rancores, fomentam dissensões, clareando os destinos da humanidade.

Numerosos expoentes humanos que, em primevas existências, palmilharam sendas equivocadas e vivenciaram enganosas experiências, iniciaram, sob a luz do Evangelho, a gloriosa maratona do despertamento e da redenção. Com o Evangelho, decerto sob outros acondicionamentos verbais e outras conotações filosóficas, verificaram-se, nos fatos perenes da história, esplendorosos surtos de realizações, individuais e coletivas, que perpetuaram, na memória do tempo, vidas e nomes gloriosos, em harmonia com a palavra do Senhor, segundo o registro de Mateus, no capítulo 24, versículo 13: *"Aquele que perseverar até ao fim, esse será salvo"*.

O imperativo maior, por seu incontestável sentido universalista, iluminando os domínios da vida, será, sempre, o Evangelho do Cristo, que sustenta e redime milhões de almas, sob cujos clarões caravaneiros do amor e da sabedoria percorrem caminhos regeneradores, conduzindo a tocha do conhecimento e a candeia de valores sentimentais que se incorporam, como aquisições do espírito eterno, às perfectíveis individualidades humanas.

Sobre a importância da palavra do Mestre, reflitamos em torno do pronunciamento do médium Chico Xavier, em entrevista à Rede Manchete, de comovente substância cristã: *"Se pudéssemos colocar uma legenda na frente de cada conjunto residencial, de cada cidade, de cada aldeia, de cada metrópole, de cada grande capital do progresso humano, se nós tivéssemos bastante autoridade para isso, escolheríamos aquela frase de nosso Senhor Jesus Cristo, quando ele nos disse: 'Amai-vos uns aos outros como eu vos amei'"*.

Fonte: *Estado de Minas*, 27 de setembro de 1996.

Lei do progresso

25 | outubro | 1996

"... A lei do progresso age segundo mecanismos divinos que não conhecemos..."

Longa, extenuante e gloriosa é, sem dúvida, a viagem do espírito, nascendo e renascendo, quantas vezes tornarem-se necessárias, em laborioso curso extensivo de aperfeiçoamento nas escolas da vida. Nessas idas e vindas, o ser pensante (alma) vai adquirindo valores que lhe radicarão no corpo espiritual, perispírito, na terminologia espírita, valores que passam a constituir-se em inalienável tesouro, *"onde traça nem ferrugem corrói, e onde ladrões não escavam nem roubam"* (Mateus, 6: 20).

Longa, realmente, é a viagem. E, por efeito da própria desídia humana, os percalços são, via de regra, dolorosos, ingentes as lutas, fazendo com que o viajor da eternidade, o transeunte do Universo, deixe-se dominar por irresistível desejo e intenso propósito de sentar-se à beira da estrada, detendo-se em observar as caravanas que passam em busca do objetivo comum ao gênero humano: o crescimento para Deus, Criador e Pai.

Embora ao homem, nessa trajetória redentora, ocorram estacionamentos (nunca regressões), mais cedo ou mais tarde, consciente ou não, reage ele contra perigosas sugestões que insinuam repouso excessivo, deserção das lutas aprimoratórias. Ergue-se, então, acionado por incoercíveis forças que não vê, por sua imponderabilidade, porém sente, retomando a caminhada que o levará, inevitavelmente, à glória da realização individual, para o encontro com Jesus e a união com Deus, em harmonia com a amorosa determinação do Senhor: "*Surge et ambula!*"

O Pai misericordioso, em Seu plano global de evolução para os mundos que formam o Universo, criou a lei básica, fundamental, do progresso, que se sobrepõe, altaneira, justa e magnânima, às contingências humanas, fazendo o homem levantar-se das fadigas aparentemente insuperáveis, que o concitam a parar, embaraçando a lei do progresso.

Essa lei não atua na periferia da individualidade: funciona, majestosa, sublime, irresistível, nas reentrâncias sutis da alma, à maneira de santificado impulso que a leva para a frente e para o alto. Todo o ser humano imerge nesse imenso oceano, nesse esplêndido mar que, em constante fluxo e refluxo, burila sentimentos, enriquece tributos espirituais, aprimora tesouros pertinentes à inteligência e ao coração.

Sublime e grandiosa em seu respeito ao livre-arbítrio do homem, a lei do progresso, que o deixa escolher o instante decisivo de seu despertar, age, de modo indutivo, segundo mecanismos divinos que não conhecemos, nas potencialidades latentes, adormecidas, propiciando o início e a continuidade da romagem evolutiva, sob as bênçãos de Deus.

Allan Kardec assevera: "*O progresso é uma força viva, cuja ação pode ser retardada, porém não anulada*". Os espíritos superiores elucidam: "*Há o progresso regular e lento, que resulta da força das coisas. Quando, porém, um povo não progride tão depressa quanto deveria, Deus o sujeita, de tempos a tempos, a um abalo físico ou moral que o transforma*". O pensamento de Kardec concorda, em gênero, número e grau com as explicações dos espíritos codificadores, o que não podia deixar de ocorrer.

Fonte: *Estado de Minas*, 25 de outubro de 1996.

Livres no plantio, escravos na colheita

08 | novembro | 1996

*"... Nossa presença na Terra impõe-nos
atributos que enriquecem a alma..."*

As palavras e as obras operadas por Jesus, inseridas no Novo Testamento — síntese do código divino — são belas na forma e sublime nos conteúdos: síntese porque os ensinos e os episódios do Mestre, no contato com a humanidade da época, não foram todos eles anotados por Mateus, Marcos, João e Lucas, os evangelistas, segundo observa o discípulo amado: *"Há, porém, ainda, outras cousas que Jesus fez; se todas elas fossem relatadas uma por uma, creio que nem no mundo inteiro caberiam os livros que seriam escritos".*

As obras de Jesus, maravilhosas em sua universalidade, evidenciando o espírito de escol daquele que as realizou — Luz do mundo, Sol da vida — ocupariam todas as bibliotecas da Terra: curas de enfermos, cegos que viam, paralíticos que andaram, mudos que readquiriram a voz, a transformação da água em vinho, nas Bodas de Caná, enfim, toda sorte de prodígios produzidos pelo seu incomparável poder.

O verbo do Senhor, que o Espiritismo revive, fundamenta-se na verdade. Revela-se no amor e na justiça. As leis de Deus coexistem infalíveis e sábias — leis ainda pouco entendidas por nós outros — sustentam os mundos e direcionam mecanismos propulsores da evolução, sem preferências, sem favoritismo, conforme dizem os espíritos na questão 964, de *"O Livro dos Espíritos"*: *"Deus tem Suas leis a regerem todas as vossas ações"*.

No Evangelho — livro insubstituível! —, encontramos amor e sabedoria, eis que outorga aos homens, sem exceção, o dever da autorrealização, em busca da meta e da perfeição: *"Porque o filho do homem há de vir na glória de Seu Pai, com os seus anjos* (espíritos superiores na terminologia espírita) *e então, retribuirá, a cada um, de acordo com suas obras"* (Mateus, 16: 27).

O ensino de Jesus valoriza, honorifica a responsabilidade pessoal, situando o homem no frontispício do romance da evolução, em harmonia com a Lei de Causa e Efeito, com o princípio de que *"o homem é livre no plantio e escravo na colheita"*, conforme o ensino de Emmanuel, pela mediunidade de Francisco Cândido Xavier. O homem traça as linhas básicas de seu destino, feliz ou não. É o artífice de sua libertação, o operário da própria edificação.

Nossa presença na Terra impõe-nos atributos que enriquecem a alma, viabilizando voos alcandorados, remígios luminosos. Destinados à felicidade, é nosso dever corrigir anomalias que enfeiam a consciência, que tisnam o coração. Como *"servos imperfeitos, porém não inúteis"* (Emmanuel — Chico Xavier), cabe-nos cultuar altruísmo e humanidade, representativos do espírito de caridade, que, segundo o *"O Livro dos Espíritos"*, questão 886, significa: *"Benevolência para com todos, indulgência para as imperfeições dos outros, perdão das ofensas"*.

Fonte: *Estado de Minas*, 8 de novembro de 1996.

Louvar, pedir e agradecer

29 | novembro | 1996

*"... Os apóstolos não se reuniam
casualmente em torno do celeste Emissário..."*

O Evangelho de Jesus, incomparável código divino, é o grande presente de Deus à humanidade, sendo-nos prazeroso falar ou escrever, dentro de nossas limitações, sobre o seu conteúdo, representado pelas narrativas dos evangelistas, em Atos dos Apóstolos e nas epístolas de Paulo de Tarso, o notável convertido de Damasco. Esses tesouros simbolizam perene tributo àquele que, concluída sua missão na Terra, como Semeador de luz, amor, sabedoria e verdade, retorna triunfante aos páramos celestiais.

Espíritos preparados em resplendentes assembleias, nos inavaliáveis confins do Infinito, os companheiros do Mestre, que viriam a construir, no devido tempo, o colégio apostólogo, deram sequência aos feitos de Jesus, perpetuando, assim, na face planetária, o ideal de fraternidade.

Somos convictos de que os apóstolos não se reuniram, casualmente, em torno do celeste Emissário. Foram, sim, previamente escolhidos, como ovelhas do rebanho divino, com a missão de cuidar da semente lançada na manjedoura, que se tornaria árvore frondosa nos séculos futuros.

O livro *Atos dos Apóstolos* consigna a cura, transcendente, histórica, de um coxo de nascença (Atos, 31: 1-10), por Pedro e João, quando buscavam o templo para oração da hora nona. *"Era levado um homem, coxo de nascença, o qual punham, diariamente, à porta do templo, chamada Formosa, para pedir esmola aos que entravam. Vendo ele a Pedro e João, que iam entrar no templo, implorava que lhe dessem uma esmola. Pedro, fitando-o juntamente de João, disse: 'Olha para nós'. E ele os olhava atentamente, esperando receber alguma cousa. Pedro, porém, lhe disse. 'Não possuo nem prata nem ouro, mas o que tenho isso te dou, em nome de Jesus Cristo, o Nazareno, anda!' E, tomando-o pela mão direita, o levantou. Imediatamente, os seus pés e artelhos se firmaram. De um salto se pôs em pé, passou a andar e entrou com eles no templo, saltando e louvando a Deus. Via-o todo o povo a andar e louvar".*

O Evangelho convida-nos, a todos que integramos variadas denominações religiosas de essência cristã, a refletir sobre os ensinamentos e as obras de Jesus, que viabilizaram a aceitação, pela consciência universal, do grande presente de Deus, que nos ilumina a vida, que nos sustenta nas lutas renovadoras.

A busca do templo, pelos apóstolos, sinaliza manifestação de fé, na Providência Divina, que se revela, na oração, mesmo a oração silenciosa, pela convicção de que Deus, onipresente, ouve os mais recônditos apelos dos seus filhos. O pedinte simboliza as carências humanas, Pedro e João, os benfeitores espirituais, que operam em nome de Cristo, a esmola, óbulo do amor, a misericórdia divina. A ordem do valoroso pescador, tomando-o pela mão direita, ensejou a sintonia de propósitos superiores, sublimando a relação magnética *"apóstolos-pedinte"*. A obediência do pedinte caracteriza o esforço pessoal que anula a paralisia do espírito, no sentido do soerguimento para a vida, consagrando o ensino espírita.

"A três cousas podemos propor-nos, por meio da prece: louvar, pedir e agradecer" (*"O Livro dos Espíritos"*, questão 659).

Fonte: *Estado de Minas*, 29 de novembro de 1996.

Testemunhas espirituais

20 | dezembro | 1996

"... Os espíritos testemunham nossas atitudes,
nossos atos, sem que os vejamos..."

Sabemos, de acordo com os preceitos doutrinários espíritas, que, não obstante junto à nossa faculdade de pensar, discernir e equacionar situações e deveres inerentes à vida, estamos sujeitos à influência de pensamentos oriundos do mundo invisível; que seres inteligentes, desencarnados, nos veem, ouvem e observam o que pensamos e fazemos.

Paulo de Tarso, o incomparável vexilário do Evangelho, escreve aos hebreus (12-1), induzindo-os à vigilância: *"Portanto, nós também, visto que temos a rodear-nos uma tão grande nuvem de testemunhas..."*. Emmanuel, mentor de Chico Xavier, referindo-se à advertência do apóstolo da gentilidade, diz que o conceito de Paulo *"merece considerações especiais por parte dos aprendizes do Evangelho"* (*"Pão nosso"*, Chico Xavier).[1]

A ligação mental viabiliza a recíproca imantação e interação espírito-corpo-espírito, tese pacífica, junto aos que estudam o Espiritismo, que consagra lapidar princípio: a alma, do plano extrafísico, identifica pensamentos e ações, na medida de suas possibilidades, influenciando pessoas e acontecimentos.

---

[1] Nota da Editora: referência ao livro *Pão nosso*, psicografado por Francisco Cândido Xavier, pelo espírito de Emmanuel, publicado pela FEB em 1950.

Nos tempos modernos, que dilatam os horizontes mentais, observa-se não haver mais pessoas que recusam a vitoriosa tese filosófica de que a morte é, simplesmente, o prolongamento da vida. *"Cada existência é sempre valioso dia de luta, generoso degrau para a ascensão infinita"*, escreve Emmanuel, com a riqueza e a clareza de seu verbo.

Na questão 456, de *"O Livro dos Espíritos"*, Kardec indaga se os espíritos *"veem tudo o que fazemos"*, tendo eles afirmado: *"Podem ver, pois que constantemente vos rodeiam. Cada um, porém, só vê aquilo que dá atenção. Não se ocupam com o que lhes é indiferente"*, desenvolvendo o tema da questão 457 — *"Muitas vezes chegam a conhecer o que desejaríeis ocultar a vós mesmos. Nem atos, nem pensamentos se lhes podeis ocultar"*.

Logicamente, o homem comum, na Terra, sê-lo-á, também, na Espiritualidade; o homem evoluído será alma superior no Mais-Além. O homem que cresce valorizará as cousas relevantes onde estiver. Encarnados ou desencarnados, nossas preferências revelarão, sempre, nossa posição evolutiva. É a lei.

Os espíritos testemunham nossas atitudes, nossos atos, sem que os vejamos, a não ser que tenhamos mediunidade de vidência, ou por meio de sessões de materializações. Essas testemunhas, via de regra, direcionam nossos pensamentos e palavras, convertendo-nos em veículos de luz ou de sombra.

Nossa responsabilidade é imensa, pois dispomos de livre-arbítrio para aceitarmos ou recusarmos a boa ou má indução pensamental. Emmanuel, na obra retrocitada, aconselha: *"Faze, pois, o bem possível aos teus associados de luta no dia de hoje e não te esqueças dos que te acompanham, em espírito, cheios de preocupação e amor"*.

Fonte: *Estado de Minas*, 20 de dezembro de 1996.

Imortalidade, luz da vida

10 | janeiro | 1997

"... É luz eterna, jamais se apaga;
candeia que dissipa as trevas do materialismo..."

Os princípios da Imortalidade, em seu caráter universal, ultrapassam os limites e vencem as noções da morte com a sua moldura de nuvens, projetando claridade sobre a problemática do espírito, criado simples e ignorante, sob o ponto de vista do sentimento e do desconhecimento de verdades que o tempo revela, na sequência das etapas evolutivas, em função das quais o homem — milenar calceta da matéria — supera provisório obscurantismo, que se diluirá ante a conquista de valores nobres.

A Imortalidade é luz eterna, jamais se apaga; candeia que dissipa as trevas do materialismo, bênção que escancara, de par em par, as portas de progresso e de sua irmã gêmea — a felicidade —, importante binômio dos que buscam os campos do amor e do conhecimento, vivenciando experiências reencarnatórias na Terra e em outros mundos.

A ideia imortalista retrata, essencialmente, a saga das humanidades, em todos os tempos e lugares. Glorifica, eterniza a esplendorosa figura de Jesus, o suave filho de Maria — *"o tipo mais perfeito que Deus tem oferecido ao homem, para lhe servir de guia e modelo"* — segundo as entidades codificadoras na questão 625 de *"O Livro dos Espíritos"*.

263

Vale a pena recordarmos a definição do astrônomo francês Camille Flammarion, cintilante astro da cultura filosófico-científica universal, discípulo de Allan Kardec e autor de obras doutrinárias, em discurso junto ao túmulo do codificador (Hippolyte Léon Denizard Rivail, seu nome civil), perante admiradores e discípulos do inolvidável pedagogo, que partira do mundo corpóreo vítima de ruptura de um aneurisma: *"A imortalidade é a luz da vida, como este refulgente sol é a luz da natureza"*.

Identificados com a palavra de Emmanuel (senador romano na época de Cristo), através da mediunidade de Francisco Cândido Xavier — *"Jesus é a porta, Kardec é a chave"* — , afigura-se-nos oportuno lembrar a promessa evangélica, anotada por João, o discípulo amado (16-12: 13): *"Ainda tenho muito que vos dizer; mas vós não o podeis suportar agora. Quando vier, porém, aquele, o Espírito da Verdade, ele vos guiará a toda a verdade; porque não falará por si mesmo, mas dirá o que tiver ouvido, e vos anunciará as coisas vindouras"*.

Sublime, na *"fé-exemplificação"*, imenso, no *"amor-renúncia"*, transcendente, na *"sabedoria humilde"*, próprios das almas celestiais, imola-se Jesus na ignorância e crueldade humanas. Pousa os divinos olhos de ternura e compreensão nos aturdidos semblantes daqueles que formavam o histórico auditório, dirigi-lhes exortações de reconforto e esclarecimento, fixa-lhes na acústica consciencial, no imo dos corações, o cântico sublime da esperança, perpetuando, nas páginas da história, o angustiante momento que prenuncia o drama do Calvário, através do qual, ele, o Mestre de todos os mestres, retorna, triunfante, ao reino da Imortalidade.

Fonte: *Estado de Minas*, 10 de janeiro de 1997. p. 7.

Valores espirituais

28 | fevereiro | 1997

*"... Valores espirituais não se transferem,
aprendem-se, adotam-se..."*

O espírito de uma criança pode ser tão adiantado, ou atrasado, quanto o de um adulto. Filhos do mesmo casal, podem possuir atributos intelectuais, ou éticos, diferentes, sabido que é que valores de natureza espiritual, sendo essencialmente individuais, não se transferem de uma pessoa para outra, reencarnando, assim, o espírito com seu próprio patrimônio, podendo, obviamente, ampliá-lo, no lar e na escola.

Muitas personalidades evidenciam genialidade, na infância e juventude, mesmo que aos pais falte semelhante atributo. Dons poéticos, musicais, artísticos demonstram a independência da realidade cultural e moral dos ascendentes. Cada ser que se organiza, pelas vias da reencarnação, traz o acervo acumulado no curso de vidas anteriores.

"Meninos-prodígio" confundem segmentos socioculturais pela extensão do saber e da humildade, o mesmo ocorrendo em sentido inverso: pais evoluídos gerando filhos comuns, sem maior destaque, sob o ponto de vista intelecto-moral. Os meios de comunicação divulgam, com frequência, casos dessa natureza.

265

Valores espirituais não se transferem: aprendem-se, adotam-se. Os princípios de hereditariedade, todos o sabemos, vigem por impositivo biológico, genético, na estrutura corporal. Segundo a palavra de Jesus, *"O que é nascido da carne é carne; e o que é nascido do espírito é espírito"* (João, 3: 6). A literatura kardequiana esclarece, sob o prisma da razão e do bom senso, problemas como esse, que suscitam singulares indagações, baseadas em premissas lógicas: seria justo e bom o pai que discriminasse os filhos, criando-os em regime de estranha parcialidade? Seria equidoso o pai que privilegiasse um filho com apreciáveis oportunidades, negando-as a outros?

"O Livro dos Espíritos" (questão 197, Cap. IV, Parte 2ª — Da Pluralidade das Existências) aborda o assunto: *"Poderá ser tão adiantado quanto o de um adulto o espírito de uma criança que morreu em tenra idade?"*, obtendo incisiva resposta: *"Algumas vezes o é muito mais, porquanto pode dar-se que muito mais já tenha vivido e adquirido maior soma de experiência, sobretudo se progrediu"*. Insiste Kardec: *"Pode o espírito de uma criança ser mais adiantado que o seu pai?"*, ensejando novo esclarecimento: *"Isso é muito frequente. Não o vedes vós mesmos tão amiudadas vezes na Terra?"*. Podem reencarnar no mesmo lar tipos evolutivos diferentes: uns de larga visão e elogiável contextura moral; outros, de entendimento e postura ética limitados, compondo, assim, núcleos familiares heterogêneos.

Com bons exemplos, os filhos auxiliam os pais a progredirem; na vivência doméstica, os filhos podem, por sua vez, absorver, de pais evoluídos, padrões superiores de conhecimento e vida reta. Esse assunto, a nosso ver, torna-se facilmente explicável, se analisado à luz da reencarnação.

Fonte: *Estado de Minas*, 28 de fevereiro de 1997.

Paulo, arauto do Evangelho

23 | maio | 1997

*"... Ninguém rendeu-se ao Cristo
com semelhante explosão de fé e sinceridade..."*

O advento do Cristianismo representa o supremo empenho de Jesus, governador espiritual da Terra, de, em nome do Criador, engrandecer, iluminar a humanidade, utilizando, nesse desiderato, abnegados e ilustres divulgadores, a partir dos evangelistas e dos apóstolos, através da palavra e das grandes exemplificações, robustecendo, com o combustível do amor, o ideal maior da fraternidade.

Analisando o Novo Testamento, que relata os eventos da Boa Nova, e refletindo sobre *"O Evangelho segundo o Espiritismo"*, de Allan Kardec, que lhe aborda o aspecto moral, identificamos figuras que ultrapassaram os horizontes normais, buscando honrar a obra e o pensamento de Jesus, entender-lhe a divina vontade, viver-lhe os ensinamentos.

Na flamejante luz do Cristianismo, encontramos a transcendente universalidade da obra do Crucificado galileu. Jesus, por todos os séculos, será luminoso astro, o mais perfeito modelo de amor e perdão, sabedoria e virtude, inexcedíveis atributos das almas realmente iluminadas pela mais excelsa sublimação. O Mestre é vida perene, personifica o amor.

Os conflitos humanos banalizam o fratricídio, contrariam os anseios de Jesus. Nos registros evangélicos, nenhuma palavra induz à discórdia, à guerra. Figuras do passado e do presente, que o mundo reverencia, desfraldaram o estandarte do amor, atributo maior da vida, insculpindo, na imperecível memória do tempo, os ditames do Evangelho. Paulo de Tarso, especialmente, esbanja fé e coragem, aceitando a Jesus por sublime mentor.

Ferrenho adversário do Cristianismo, antes de conhecê-lo, rende-se, incondicionalmente, ao Filho do carpinteiro, na estrada de Damasco. Mais tarde, com a autoridade de sua vida cristianizada, proclama: *"Logo, já não sou eu quem vive, mas o Cristo que vive em mim"* (Gálatas, 2: 20). Ninguém rendeu-se ao Cristo com semelhante explosão de fé e sinceridade, como o fez o ex-Saulo — daí o consenso quanto à sua condição de mais autêntico bandeirante, de maior arauto do Evangelho. Atos dos Apóstolos e as epístolas, que enriquecem o Novo Testamento, atestam a grandeza do noivo de Abigail, irmã de Estêvão.

Voluntarioso, severo no trato das cousas do Evangelho, cuja disseminação o Senhor lh'o confiara, jamais deixou de envolver os companheiros no mais enternecedor carinho, haja vista a saudação-despedida (II Coríntios, 13: 11): *"Quanto ao mais, irmãos, adeus! Aperfeiçoai-vos, consolai-vos, sede do mesmo parecer, vivei em paz e o Deus de amor e paz estará convosco"*. Não poderiam ser vãs as palavras de Jesus, recomendando-o à dedicação de Ananias: *"... este é para mim um vaso escolhido para levar o meu nome perante os gentios e reis, bem como perante os filhos de Israel"* (Atos, 9: 15).

Fonte: *Estado de Minas*, 23 de maio de 1997. Caderno Opinião.

Espiritismo
e mortes prematuras

08 | agosto | 1997

*"... A dor consequente à perda de um filho
é de difícil avaliação, por sua intensidade..."*

A codificação kardequiana trata, exaustivamente, do tema *"mortes prematuras"*, robustecendo-o com explicações da melhor essência evangélico-doutrinária, que, não apenas consolam, mas também esclarecem quanto à maneira de o homem encarar o problema, notoriamente doloroso e frequente na vida humana.

O falecimento precoce, na chamada *"flor da idade"*, quando crianças e jovens dão os primeiros passos na existência terrena, ocasiona amargas repercussões no seio das famílias, variáveis de acordo com a sensibilidade e a fé dos que perdem filhos no começo da vida biológica, comparando o fato como luz que se apaga, flor que se estiola, no esplendor primaveril, quando inefáveis esperanças e fulgurantes ideais prenunciam vida feliz, futuro venturoso.

O Espiritismo, corolário do Evangelho, tem, entre outras, a missão de lenir angústias, enxugar lágrimas, inclusive aquelas que se originam do regresso às moradas espirituais de crianças e jovens, deixando envoltos na dor e saudade corações lancetados pelo sofrimento atroz. Emmanuel, na sensibilidade de sua grande alma, observa: *"Nenhum sofrimento, na Terra, será comparável ao daquele coração que se debruça sobre outro coração regelado e querido que o ataúde transporta para o grande silêncio".*

Dizem os amigos espirituais: o corpo inerte de uma criança, ou de um jovem, em plenitude de resistência, de vitalidade física, assemelha-se a um elenco de esperanças, a um jardim multicolorido que o vendaval, impiedoso, destroça, propiciando desespero e lágrimas de inconsciente revolta contra tudo e contra todos, às vezes até contra a Suprema Bondade. A dor consequente à perda de um filho é de difícil avaliação, por sua desvairada intensidade, sendo oportuno o aconselhamento espírita-cristão no sentido de que diluamos a corrente da mágoa *"na fonte viva da oração, porque os chamados mortos são apenas ausentes".*

A Doutrina dos Espíritos, em sua consoladora tarefa, aquecida pela filosofia da Imortalidade, esclarece, na questão 199, de *"O Livro dos Espíritos"*: *"A curta duração da vida de uma criança pode representar, para o espírito que a animava, complemento de uma existência precedentemente interrompida antes do momento em que deverá terminar"*, constituindo, às vezes, provação ou expiação para os pais — *"Digam aqueles que já estreitaram de encontro ao peito um filhinho transfigurado em anjo da agonia".*

Emmanuel, em frase-poema, diz: *"O divino Mestre expirou na cruz, em tarde pardacenta, sobre um monte empedrado, mas ressuscitou, aos cânticos da manhã, no fulgor de um jardim".* A bibliografia de Emmanuel - Chico Xavier, consoladora e instrutiva, representada, no momento, por 406 livros, registra tocantes depoimentos de jovens que, deixando o corpo físico na algidez do sepulcro, retornam ao convívio dos pais, testemunhando-lhes amor, carinho e gratidão, no clima dorido da saudade imensa, incontida.

Fonte: *Estado de Minas*, 8 de agosto de 1997. p. 7. Caderno Opinião.

Doutrina espírita

05 | setembro | 1997

"... As estradas que levam o ser à evolução são das lutas retificadoras..."

O livre-arbítrio, atributo que o Criador outorga ao ser humano, significando confiança e responsabilidade, vem suscitando, desde remotas épocas, a dúvida se o homem, privilegiado donatário, é senhor de absoluta liberdade, ou se o seu agir condiciona-se à Divina Sabedoria, o que daria ao livre-arbítrio a condição de relatividade.

Autores encarnados e desencarnados, de elevado gabarito moral e intelectual, abrem caminhos para que o espírito, criado simples e ignorante, possa construir seu progresso, honrando a confiança e a responsabilidade, perante Deus, Senhor do Universo e Pai amoroso, e perante a vida.

A Doutrina Espírita, no seu aspecto filosófico, fixa seu pensamento, fundamentalmente, na obra *"O Livro dos Espíritos"* (Parte 3ª, Capítulo X — Da lei de liberdade —), questão 483: "Tem o homem o livre-arbítrio de seus atos?" — *"Pois que tem a liberdade de pensar, tem igualmente a de obrar. Sem o livre-arbítrio, o homem seria máquina".*

271

A literatura penal expõe a posição de várias escolas: escola clássica — o homem é dotado de inteligência e livre-arbítrio, o que o torna penalmente responsável, visto que, discerne e delibera; escola antropológica — o homem age por efeito de impositivos somáticos, glandulares, medulares ou cerebrais e não por livre vontade, não sendo, por isso, penalmente responsável; escola crítica, eclética, sociológica — o homem age, exclusivamente, ou quase exclusivamente, em função de fatores sociais.

Na visão do Espiritismo, o homem não é absolutamente livre, como ensina a escola clássica; nem inteiramente abúlico, como quer a escola antropológica; nem produto do meio, como admite a escola crítica. O pensamento espírita preconiza o livre-arbítrio relativo, com responsabilidade que se amplia na medida que o espírito evolui.

Léon Denis, o filosofo francês, opina: *"O primeiro uso que o homem fizesse de liberdade absoluta seria para afastar de si as causas de sofrimento e para assegurar, desde logo, uma vida de felicidade"*, observação que exalta a sabedoria divina, gradua o livre-arbítrio, demonstra que as estradas que levam o ser à evolução são das lutas retificadoras, não das facilidades.

Os enfoques reencarnacionistas, substanciosos e lógicos, anulam a ideia de que haja contradição entre livre-arbítrio e determinismo, oferecendo a ponte destinada a ligá-los entre si, de modo que se não choquem nas conjecturas do intelecto. Tais enfoques apoiam-se, a nosso ver, em Jesus: *"Ao que mais recebeu, mais será exigido"* (João, 12: 48). Ressaltamos os livros da Codificação, o de Deolindo Amorim (*"Espiritismo e Criminologia"*), e o de Fernando Ortiz, da Universidade de Havana, Cuba (*"Filosofia penal dos espíritas"*).

Fonte: *Estado de Minas*, 5 de setembro de 1997. Primeiro caderno.

O conselho do Mestre

26 | setembro | 1997

*"... Herdeiros de séculos,
conservamos posturas mentais indicativas..."*

A mensagem eterna e universal do Evangelho evidencia, sem dúvida, a visão transcendente de Jesus e seu profundo amor à humanidade, quando assestamos o olhar para
os inflexíveis eventos que envolvem o mundo, antigo e con-
temporâneo, na busca, incessante, de suprema destinação:
o aperfeiçoamento espiritual, conquista de valores morais, a
obtenção de patrimônios intelectuais.

No aconselhamento do Mestre aos discípulos, *"Não
se turbe o vosso coração; credes em Deus, crede também
em mim"* (João, 14), identificamos, segundo a ótica espírita,
afetuosa alertiva aos companheiros, que, integrando o ministério de luz que o Senhor implantava na Terra, simbolizavam
a humanidade do futuro.

O Cristo, cuja missão, sábia e amorosa, abrange os horizontes universais, pressente lutas difíceis, que atingem, sob
o guante da dor, as comunidades terrestres, que demandam
a evolução, em majestoso processo de construção divina,
que o Guia Supremo da humanidade estabelecera, entre-
gando-a ao Filho, governador de nosso orbe.

Herdeiros de séculos, conservamos, na consciência, reduto de vivências, e no coração, santuário de amor, posturas mentais indicativas, ainda, de precários valores naturais, em complexo educativo árduo, mas glorioso, porque divino, que Jesus balizaria no cérebro e no coração das ovelhas que o Pai lh'o confiara, pelas vias iluminativas da esperança, da fé, da determinação.

A substância do verbo do Cristo — *"Credes em Deus, crede também em mim!"* — contém grandeza, amor, humildade. Comove-nos o coração, sensibiliza-nos a alma. Fiel às determinações do Pai, deseja, o Senhor, que a humanidade, no momento representada pelos discípulos que o ouvem, partilhe, gloriosamente, das alegrias dos caminhos ascensionais. Jesus cresce, alteia-se, glorifica-se, na lição memorável, no conselho generoso, de eterna beleza: *"Credes em Deus, crede também em mim!"*.

Emocionante o empenho do Mestre para que os discípulos, legatários de seus sublimes ideais, comensais, diuturnos, do néctar da esperança, da água viva da fé e do pão revigorante, operem o bem e a fraternidade, a sabedoria e o amor, no imo de suas almas singelas, sim, mas sinceras e valorosas, enriquecidas pela seiva do ideal cristão, que elabora frutos de eterna vida.

Maravilhoso o incentivo, no sentido de que os discípulos cultivem os tesouros espirituais; transparente a humildade, com que, pacientemente, insiste: *"Credes que estou no Pai, e o Pai em mim;* **crede ao menos por causa das mesmas obras"**. (O grifo é nosso).

No canteiro da natureza, na Terra adusta, brotam *"flores-anseios"*, oriundas dos impulsos da esperança; nos jardins celestiais vicejam e multiplicam-se, perfumados, os lírios e as rosas da fé e da determinação, que o Filho administra, em nome do Pai...

Fonte: *Estado de Minas*, 26 de setembro de 1997. p. 7. Caderno Opinião.

Trabalho, solidariedade, tolerância

17 | outubro | 1997

*"... No Universo nada é estático,
tudo se movimenta em função do imperativo evolucional..."*

O *"O Livro dos Espíritos"*, com um elenco de 1.019 questões, aborda temas importantes para a sociedade, por efeito de sua abrangente e cristalina filosofia, harmônica, moralmente, com os padrões do Evangelho de Jesus. Sobre a justiça social, insere preceitos que reputamos de interesse comum: Da lei do trabalho, Parte 3ª, Capítulo III.

Em consonância com a Boa Nova da Imortalidade, estabelece preceitos relacionados com a sociedade, na tríplice composição moral, espiritual e filosófica, tornando-nos partícipes de inelutáveis modificações, afinizadas com os princípios do amor e da justiça, do trabalho e da solidariedade, estatuídos pela onipotência de Deus.

No Universo nada é estático: tudo se movimenta, em função de imperativo evolucional. Na Terra, nossa abençoada morada, Jesus, divino timoneiro, está no leme da embarcação, concitando os coordenadores da justiça, encarnados e desencarnados, à renovação de leis que a ventania do tempo desgasta, inexoravelmente. O progresso é irreversível.

Selecionar espíritos eminentes para o aprimoramento da estrutura social, em termos de fraternidade, atualizando leis e incutindo princípios, constitui atividade sagrada, que o Cristo supervisiona, com sabedoria e carinho, assessorado por nobres entidades, que deixaram seus nomes e obras consagrados no campo luminar do Direito.

Ingredientes misericordiosos tornam a vida espiritualmente mais bela, as nações mais felizes e prósperas, povos reconhecidos a Deus e Jesus. A trilogia *"trabalho, solidariedade e tolerância"* é bem o símbolo da compreensão e do amor, da união e do trabalho, colocando, primacialmente, no coração dos legisladores, os substanciais recursos da educação, do bem e da justiça.

Na medida que os legisladores crescem, verticalmente, em termos de correção e equilíbrio, de luz e confiança, convertem-se em preciosos instrumentos do progresso, contribuindo, assim, para que, através de leis sábias, a sociedade concretize os ideais de fraternidade preconizados pelo divino Mestre.

Os espíritos não silenciaram diante da nobre conduta de Allan Kardec, sempre e sempre perguntando. Sobre o limite do repouso, explicaram: *"Serve para a reparação de forças e também é necessário para dar um pouco de liberdade à inteligência, a fim de que se eleve acima da matéria"* (Questão 683).

Sobre os que exploram o trabalho de seus inferiores, o esclarecimento veio reprovativo: *"Todo aquele que tem o poder é responsável pelo excesso de trabalho que imponha a seres inferiores, porquanto, assim fazendo, transgride a lei de Deus"*. No início dessa resposta, os espíritos definem o problema: *"**Isso é uma das piores coisas**"*. (O grifo é nosso).

Trabalho, solidariedade, tolerância: legenda de luz clareando as almas!

Fonte: *Estado de Minas*, 17 de outubro de 1997.

Espiritismo, obra de educação

19 | dezembro | 1997

*"... O patrimônio religioso constitui
riqueza inesgotável que o Pai nos concede..."*

A locução *"educar e instruir"* resume, em verdade, a essência da vida e do progresso, visto que a alma traz em si, desde o primeiro instante de sua criação, potencialidades emergentes que o lar e a escola — templos divinos — despertam, desenvolvem, individualizam, configurando a destinação do espírito eterno.

Emmanuel, através do médium Chico Xavier, esclarece: *"Faz-se precisa a educação pessoal e coletiva; da primeira, decorre o progresso particular; da segunda, a evolução do mundo e de suas leis"*, — acentuando: *"No quadro imenso da transformação em que nossas atividades se localizam, a iniciativa da educação é de importância essencial no equilíbrio do mundo"*.

No Espiritismo, vige o consenso de que a Doutrina é considerada, especificamente, *"obra de educação"*, no mais alto significado, destinada a transformar a alma, princípio inteligente do ser humano, em expressão de grandeza — *"santuário de Deus"* —, segundo a incontestável autoridade de Paulo, o querido e inigualável apóstolo dos gentios (I Cor. 3:16).

O ensino doutrinário-evangélico direciona para Deus o homem, cuja atuação, na Terra e noutros planetas, objetiva a aquisição de valores inerentes ao progresso, tendo a filosofia kardequiana a missão de educar-nos no amor e no conhecimento, asas que conduzem o homem para Deus, cujo incessante labor Jesus realça: *"Meu Pai trabalha até agora, e eu trabalho também"* (João, 5: 17).

Do Evangelho, recolhe a Doutrina normas propiciadoras do acesso aos dons espirituais, que se incorporam, de acordo com as leis naturais, à estrutura psicoemocional do homem, abrindo-lhe, em sucessivas existências, as portas da perfectibilidade, suprema conquista do espírito, em seu desiderato moral-intelectual-espiritual.

As linhas mestras da Codificação, banhadas pela Boa Nova de Cristo, expansibilizam-se, desdobram-se, consagram a realidade transcendente, moldam a consciência individual em harmonia com a palavra do Senhor: *"Vós sois a luz do mundo"* (Mateus, 5: 14); *"Eu vim ao mundo para terdes vida, e vida em abundância"* (João, 10: 10). Não basta ao homem, apenas, educar-se, mas instruir-se, também, não lhe bastando, contudo, apenas instruir-se, mas educar-se, no melhor sentido espiritual.

Em etapas consecutivas, no clima das reencarnações, a criança de hoje será, mais tarde, o educador brilhante, o magistrado eminente, o estadista renomado, o corifeu da ciência, o filósofo que enriquece o pensamento, ou o apóstolo da religião que, em nome do Cristo, nutrirá os viandantes com o alimento da fé, do amor, do conhecimento, sublimando a vida com os júbilos da felicidade e os cânticos da vitória. O patrimônio religioso constitui riqueza inesgotável que o Pai nos concede, cabendo-nos atentar no pronunciamento de Paulo, que revela sua fé, sincera, vigorosa: *"Combati o bom combate, completei a carreira, guardei a fé"* (II Tim. 4: 7).

Fonte: *Estado de Minas*, 19 de dezembro de 1997.

O essencial é orar bem

09 | janeiro | 1998

"... A prece é sempre agradável a Deus,
quando ditada pelo coração..."

A prece é um ato espiritual de suma importância para o homem, especialmente no que concerne à manutenção da paz interior. Representa sincera conversa entre pai e filho, com prevalência de conteúdo, jamais de forma. Orar, portanto, é conversar com Deus, dizer-lhe de nossas alegrias e tristezas, triunfos e insucessos.

Por meio da prece, expressamos gratidão pela bênção da vida, consubstanciada, fundamentalmente, no trinômio *"alma, corpo, perispírito"*, componentes da individualidade humana, repositório de sensibilidade, razão, inteligência, vontade e livre-arbítrio, sábio mecanismo de progresso que impulsiona o espírito para a frente e para o alto.

A oração deve ser uma postura essencialmente espiritual, podendo-se por meio dela louvar, pedir, agradecer. Pensando em Deus, Dele nos aproximamos, com Ele nos comunicamos pelas linhas universais do *"pensamento-amor"*, que unifica mentes e corações. Ao Criador entregamos, com fervoroso sentimento, lágrimas de júbilo ou aflição.

Jesus, o ser mais perfeito que a humanidade conhece, consagra a oração. Ele próprio orando, segundo Mateus (15: 23): *"E despedidas as multidões, subiu ao monte, a fim de* orar sozinho. Em caindo a tarde, lá estava ele, só, conversando com o Pai, após o término de suas ocupações junto aos sofredores de todos os matizes".

Podemos orar em qualquer lugar. No silêncio e privacidade do quarto, no bucolismo campesino, no templo de nossa opção religiosa, se necessário no bulício das vias públicas. A prece sincera, humilde, sinaliza "compreensão-inspiração" de que os dons celestiais derivam do Pai e suprem o Universo.

Emmanuel, pela psicografia de Chico Xavier, refere-se à oração, no cenário da natureza, com "o Mestre fixando o céu noturno, convidando José da Galileia à oração, ante o altar das estrelas e, nesse ou naquele passeio, através das montanhas, convidava os pequeninos companheiros à contemplação das flores, em êxtase infantil" ("Doutrina escola").[1]

Doutrinariamente, a três coisas podemos nos propor na prece: louvar, pedir, agradecer. Agradecendo as dádivas com que o Pai nos agracia, em nossa milenar jornada de aperfeiçoamento, crescemos, interiormente, adquirindo condições para entender a excelsa grandeza do Pai.

Kardec focaliza aspectos da oração — "Agrada a Deus a prece?" —, recolhendo precioso esclarecimento: "A prece é sempre agradável a Deus, quando ditada pelo coração, pois para Ele a intenção é tudo. Assim, preferível lhe é a prece do íntimo à prece lida mais com os lábios do que com o coração. Agrada-lhe a prece dita com fé, com fervor e sinceridade".

Agradecer a Deus e a Jesus — "Eu e o Pai somos um" — revela amor, humildade, fé. O essencial não é orar muito, mas "orar bem", pondo sentimento no coração, em gloriosos instantes de comunhão com o Pai e Seu divino Emissário, tributando-Lhes, em genuflexão espiritual, carinho, confiança, gratidão.

---

[1] Nota da Editora: referência ao livro Doutrina escola, psicografado por Francisco Cândido Xavier, de espíritos diversos, publicado pelo Instituto de Difusão Espírita (IDE) em 1996.
Fonte: Estado de Minas, 9 de janeiro de 1998.

Divulgação do Evangelho

27 | fevereiro | 1998

*"... Promover, com serenidade e fé,
amor e seriedade, o conhecimento do Evangelho..."*

Colocamo-nos, por convicção e fé, entre os que estimulam a tarefa, nobre e honrosa, de divulgar os ensinos do Evangelho, realmente de exemplificação difícil, em face de nosso atraso espiritual e moral, respeitando, todavia, a opinião dos que julgam que somente os iluminados devem semear a palavra do Senhor. A nosso ver, é lícito ao homem e à mulher, de mediana cultura espiritual, difundir o verbo divino, desde que o façam com amor, idealismo, sinceridade.

O fato de ainda estarmos condicionados a impulsos mentais negativos, como resultado de nossas carências evolutivas, não justifica a privação de nossa honrosa e dignificante oportunidade de espalhar a semente que o Mestre, com o sacrifício de sua luminosa existência, lançou nas terras da Galileia.

Apesar dessas carências, que procuramos corrigir, sob a disciplina do bem e da verdade, segundo a ótica da religião que norteia a nossa vida, devemos chegar até o coração e à inteligência dos homens de boa vontade com a mensagem universal de nosso Senhor Jesus Cristo, que fundamenta e ilumina numerosas crenças religiosas. Tornar conhecidas a vida e a obra de Jesus é, a nosso ver, encargo honroso perante os homens que palmilham os roteiros terrestres, enfrentando lutas compatíveis com a etapa, ainda precária, da evolução do nosso orbe-escola, a Terra. O mundo vive terrível carência de valores espirituais. O Evangelho convida-nos a procurar, em abençoado esforço, o amor e o bem, o crescimento e a iluminação, objetivando o supremo desiderato do espírito — a Luz.

Promover, com serenidade e fé, amor e seriedade, o conhecimento do Evangelho, representa, segundo o pensamento kardequiano, inadiável tarefa de adaptação do homem às lições do Senhor. Cabe-nos, todavia, — e a maioria deve concordar — acautelarmo-nos contra os impulsos sutis, da vaidade e do personalismo, que nos sugerem posturas inadequadas, com relação a valores de que não dispomos.

Exatamente assim julgamos por ser espíritos imperfeitos. A necessidade de divulgação das eternas e redentoras lições do Mestre significa profundo anselo de luz, socorro misterioso e sublime de nosso absconso mundo interior, onde repousam as sementes geradoras da luz que clareará nosso futuro.

Esclarecem os amigos espirituais, pelas mãos iluminadas de Francisco Cândido Xavier, que o primeiro beneficiário da luz é *"aquele que acende a lâmpada"*, e que o reconhecimento de nossas imperfeições *"é sinal de crescimento interior, começo de libertação, evidência de progresso"*.

Nossa visão interna expõe nossas reais necessidades. Divulgando e, sobretudo, praticando o bem, a vida conhecerá novos Lázaros, de outras Betânias, consagrando a determinação de Jesus a seu amigo, irmão de Marta e Maria, fazendo-o soerguer-se do túmulo e levantar-se para a Imortalidade: *"Lázaro, sai para fora..."*

Fonte: *Estado de Minas*, 27 de fevereiro de 1998.

A vida é luta

11 | janeiro | 1999

"... A reencarnação possibilita transformações, plasma ideias, alarga e alonga caminhos..."

Atitulação deste artigo traduz sentimento de ultragratidão a Deus, nosso Criador e Pai, por nos haver destinado a Terra por moradia e escola, templo e oficina, hospital e celeiro de recursos inesgotáveis, onde, através de passos ainda inseguros e de atos regenerativos preciosos, procuramos roteirizar, em bases cristãs, nossa paz.

Planeta de expiação e provas, também estância missionária, a Terra, um dos componentes do Sistema Solar, nobre campo de serviço, é porta aberta à construção moral e intelectual do homem, justificando, assim, filosoficamente, simples conceituação: *"A vida é luta e a luta foi feita para o homem"*. Por sua divina importância, devemos cultivar-lhe as realidades efetivas e não anseios transitórios.

Seres encarnados e desencarnados escrevem, no livro da vida, páginas de esperança e fé, que estimulam a movimentação da charrua do Evangelho, sob conotação do trabalho. Allan Kardec, insígne codificador do Espiritismo, aborda, fartamente, em diversos livros do Espiritismo, especialmente no *"O Livro dos Espíritos"*, a substanciosa problemática do trabalho, em honra de sua imprescindibilidade. Vejamos: *"O trabalho é lei da natureza, por isso mesmo constitui uma ne-*

cessidade e a civilização obriga o homem a trabalhar mais, porque lhe aumenta as necessidades e os gozos" (Questão 674).

O conhecido ditado "Cabeça desocupada, oficina do mal", encontra natural contrapartida na simplicidade do enunciado doutrinário-espírita: "Cabeça ocupada no bem, templo de paz". Ampla é a dilucidação kardequiana em torno das consequências do desamor ao trabalho, significando ação deficitária do ser humano. Emmanuel, pela respeitável psicografia de Chico Xavier, enfatiza: "O essencial, em nossas tarefas de renovação, é trabalhar, fazer, auxiliar e produzir para o bem, fugindo à posição de espectadores indolentes", o que significa que a humanidade conquista valores éticos, morais, através de lutas incessantes, que superam óbices continuados. O amor e o conhecimento são radiosa terapêutica para a alma, operando benefícios nas áreas biológica e psicológica. Leia-se o livro "Refúgio".[1]

A reencarnação possibilita transformações, plasma ideias, alarga e alonga caminhos. A fraternidade e a cultura aproximam povos de idiomas diferentes, repleta, de perene claridade, pontos vitais do crescimento espiritual. Vidas sucessivas, na sequência dos milênios de milênios, forjam humanidades redimidas, brotadas do coração amoroso de Jesus.

O amado Filho de Deus abençoa os que trabalham, desperta os que empunham a cartilha do interesse e da boa vontade. Mas abençoa, também, os que simplesmente despertam... "Kardec, ouve os espíritos... O espírito trabalha, assim como o corpo. Toda ocupação é trabalho" ("O Livro dos Espíritos", questão 675). Jesus fala a João (5: 17), como se se dirigisse à humanidade inteira: "Meu Pai trabalha até agora, e eu trabalho também".

---

[1] Nota da Editora: referência ao livro Refúgio, psicografado por Francisco Cândido Xavier, pelo espírito de Emmanuel, publicado pelo Instituto de Divulgação Espírita André Luiz (Ideal) em 1989.
Fonte: Estado de Minas, 11 de janeiro de 1999.

Do perfume da manjedoura, às feridas do Calvário

05 | abril | 1999

"... O Redentor consagra-se na humildade de um estábulo e nas feridas luminosas do Calvário..."

Jesus significa tudo para a humanidade terrestre, como divino ofertante de bens preciosos que nunca se esgotam, nos celeiros universais, disseminados pelos caminhos da eternidade. O Filho do homem não veio à Terra para ser servido, e sim *"para servir e dar a vida em resgate de muitos"*, segundo a preceituação de Mateus, no capítulo 20, versículo 28, do Evangelho.

O Filho do homem representa tudo para os terrícolas, usufrutuários de bens preciosos, chamados *"oportunidades"*. Nossas palavras, desprovidas de valia, expressam convicção alicerçada no mecanismo da evolução, que, corporificando beleza, sentimento e grandeza, direciona os rumos humano-sociais, em avanços e recuos, no vai e vem natural de liças redentoras.

Com amor e dedicação, próprios das almas eleitas, o Filho do homem, sábio e generoso, não descansaria no afã incessante de normalizar a vida — herança divina —, dando-lhe perene estrutura, através das bênçãos do Evangelho, sob a égide de Deus, configurando a realidade maior.

Nascimento e morte, na vida do Senhor, são odisseias de luz. Nasceu em tranquila madrugada de fé e esperança, nas palhas de singela manjedoura, em Belém de Judá, envolvido, carinhosamente, pelo olhar de José, o carpinteiro, e pela imensurável ternura de Maria, sua nobre esposa, ambos altas expressões de paz e humildade. A manjedoura, qual lâmpada eterna, brilha nos céus do mundo inteiro.

O episódio do Calvário esplende como símbolo incontteste da imortalidade. Deus seja louvado, pelo idealismo e dedicação de almas escolhidas para a implantação, na Terra, do amor, revitalizado pela crença na imortalidade, na verdade e no bem, através da edificação de roteiros, na lonjura de milênios de milênios, gravados, imperecivelmente, na contextura da natureza.

A presença de Jesus (criança) na manjedoura, e de Jesus (adulto) na Palestina, pregando, exemplificando e curando os enfermos, são capítulos inigualáveis de uma saga cósmica que não termina no Calvário. Continuará testemunhando, no fulgor dos milênios, a excelsitude do Mestre, a grandeza do Filho do homem, como lição para a humanidade.

Em Belém de Judá, sorve Jesus, na perfumada manjedoura, a essência da natureza, que inebria campos e cidades, pobres e ricos. Nesse cenário deslumbrante, o Filho do homem despede-se, mais tarde, do orbe que custodiaria durante trinta e três anos, servindo e dando testemunho de sua vida, *"em resgate de muitos"*.

Nas palhas perfumadas da manjedoura e no percurso do Gólgota, o Filho do homem vivencia a mais linda epopeia de amor e compreensão. Através do tempo, o Redentor consagra-se na humildade de um estábulo e nas feridas luminosas do Calvário, doando a própria vida.

Fonte: *Estado de Minas*, 5 de abril de 1999.

Bibliografia indicada

MARTINS PERALVA, José. *Estudando a mediunidade*. Rio de Janeiro: FEB, 1957. 236 p.

MARTINS PERALVA, José. *Estudando o Evangelho*. Rio de Janeiro: FEB, 1961. 208 p.

MARTINS PERALVA, José. *O pensamento de Emannuel*. Rio de Janeiro: FEB, 1973. 240 p.

MARTINS PERALVA, José. *Mediunidade e evolução*. Rio de Janeiro: FEB, 1980. 160 p.

MARTINS PERALVA, José. *Mensageiros do bem*. Belo Horizonte: UEM, 1988. 180 p.

Anexo A

Mensagem de
Basílio Martins Peralva

Meus netos Iêda, Basílio e Alcione,

Queridos bisnetos e familiares de nossa casa,

Peço a Jesus, o divino Mestre, abençoar a nossa família com sua solicitude!

A palavra do vovô vem trazer ao coração de todos uma palestra amiga, materializada no papel mediúnico do intermediário, e peço a natural gentileza de nossa estimada irmã Ana Carmela Aluotto Aleixo que se faça a portadora de nosso abraço.

Aprouve à bondade infinita de Deus que nossa família fosse gratificada com a bênção do conhecimento do Espiritismo, o sublime Consolador de Jesus Cristo, e desde a época, hoje remota, de nossas humildes atividades doutrinárias em nosso saudoso Sergipe, fomos bafejados por sua luz esclarecedora.

Faço menção a essa particularidade que felicitou a nossa casa familiar na hora presente de algumas ansiedades e aflições em torno de José, meu filho, para afiançar a vocês justamente que a morte não existe.

A morte simplesmente considerada do ponto de vista meramente humano, na face terrestre, é mera ilusão, significando apenas um fim da veste temporária que nos serve de abrigo para a vida na Terra nos fins a que nos propusemos alcançar, no objetivo maior da evolução espiritual.

Assim sendo, que são 80, 90 ou mesmo 100 anos de vida passageira na face terrestre, senão meros segundos no relógio do tempo infinito de nosso caminho ascencional para Deus?

Todos nós somos espíritos eternos e o Espiritismo já nos favoreceu o entendimento para que venhamos a compreender todos os fenômenos da vida e da morte, da vida espiritual e do renascimento, como etapas naturais no caminho de progresso moral a que todos estamos invariavelmente sujeitos, pelas sábias determinações da indefectível e inderrogável lei de Deus.

Encaremos, assim, de frente essa questão natural sem atropelos e lamentações inúteis à generalidade dos seres humanos na Terra, porque já não pertencemos à estreita visão dos últimos. Bafeja-nos o espírito imortal a luz da esperança na vida espiritual que nos aguarda após a desencarnação.

Por que então nos entregarmos a petitório inadequado, quando a vizinhança da morte do corpo físico nos visita o círculo familiar? Tal posição não se justifica no grupo familiar que já está na quinta geração de espíritas!

Meus netos queridos, não se assustem com a franqueza do vovô. Falo e escrevo com absoluta tranquilidade no conhecimento de causa, já que, domiciliado eu mesmo na vida espiritual, desde os idos de 1931, estive aparentemente ausente de nosso convívio e, na realidade, presente no amor e no cuidado na direção de todos vocês, acampanhando-lhes e amparando-lhes no jardim florido de nosso mais lídimo e profundo afeto de avô, pai, amigo e protetor em nome de Jesus.

"O amor nunca morre!" — diz-nos a sabedoria celeste.

Refiro-me a essa realidade de nossas reflexões espirituais para que estejamos nós, em família, na perfeita compreensão de nosso testemunho, ainda que esse testemunho nos exija a completa aceitação da vontade de Deus em torno dos destinos de meu filho José.

Não lhes peço ausência de lágrimas, nada disso! As lágrimas justas de carinho e saudade são bênçãos de Deus a fertilizarem o terreno de nossos corações, regando com a água viva do amor as plantas mais verdejantes de nossas mais altas esperanças! Choremos sim, mas vertendo essas lágrimas de amorosa saudade, nunca as lágrimas de desespero ou inconformação.

Nosso amado José, meu filho, e seu pai e avô querido, é um espírito amadurecido nas experiências mais nobres da vida. Muito embora a enfermidade do corpo físico a lhe obnublar momentaneamente a lucidez corporal, seu espírito nunca deixou de guardar, durante todos esses anos de dificuldades, perfeita consciência dos fatos e das coisas em torno de seus passos.

Livre das amarras do corpo doente, tem ele estado perfeitamente lúcido entre nós outros na Espiritualidade, vivendo, assim, entre os dois planos da vida, com todo o cabedal de conquistas e conhecimentos que lhe é próprio.

Estaria ele feliz ao vê-los em desespero? Não, certamente que não! Lembremo-nos dos vários e inumeráveis exemplos que sua lúcida atividade espírita-cristã sempre há testemunhado perante todos, desde a pena iluminada, nos artigos e livros de cunho espírita-cristão, até os exemplos morais que nos legou, por seus inumeráveis sacrifícios em prol das ideias novas e da caridade cristã. Tenhamos como bandeira os seus exemplos de vida e asserenemos o coração, entregando-nos à soberana vontade de Deus, que tudo sabe do que melhor nos convém.

A lembrança do avô Basílio não é uma bronca, minha gente! É apenas uma lembrança para que possamos agir diante de quaisquer circunstâncias, como o nosso amado José gostaria de nos ver agindo, não é mesmo?

Não façamos, assim, preces e pedidos para retê-lo indevidamente ao corpo desgastado e enfermo. Façamos as nossas orações, entregando-lhe, carinhosamente, ao seio amoroso e compassivo de nosso Pai celestial, único capaz de saber o que realmente é importante nos destinos de todos nós.

Confiemos no amparo divino em nosso favor e aceitemo-Lhe as sábias determinações. Resignação e esperança que nos traga paz e alegria ao imo d'alma, ainda que esta chore de saudade e emoção.

Esse o resumo do pedido que o vovô lhes endereça, abraçando-lhes com o afeto de todos os dias.

Iêda, minha neta, você mesma foi das que ouviu o aviso de despedida que seu paizinho lhe endereçou algumas semanas atrás. De fato, nós aqui, da Espiritualidade, estamos nos revezando no amparo ao doente querido, convidando-o à grande viagem. São tantos os amigos de nosso plano a lhe envolver o coração que, respeitando a dor de vocês aí da Terra, vou lhes dizer sinceramente que estamos em festa. Festa de corações que a atividade de seu pai beneficiou e ajudou em nome do Cristo. Festa de entes queridos, ansiosos por lhe rever plenamente refeito na nova vida. Festa de gratidão nos corações agradecidos dos que foram amparados pela caridade discreta de seu pai, durante uma vida exemplar no decorrer das últimas nove décadas.

Assim vamos rever companheiros queridos da jornada que hoje lhe amparam o processo orgânico, como os sempre lembrados Irmão Fêgo, o Lívio Pereira, Dona Balbina, Dona Lindonor, Virgílio Pedro de Almeida, Bady Curi, Leopoldo Machado, nossa querida Jupira, nosso Chico Xavier, nossa estimada Neném Aluotto! Todos os amigos envolvem o coração de José com alma e vida, saudando-lhe o valor. A hora derradeira pertence unicamente a Deus, o amoroso Pai, e somos de opinião que a venerável estrela da mãezinha de nosso José, Dona Teté, dos altos planos de sua espiritualidade, será a mensageira divina que virá na hora oportuna para as despedidas terrestres, recebendo-lhe o coração de filho justo e amoroso, em seu seio bendito de mãe iluminada no mais puro dos amores.

Meus netos, Iêda, Basílio e Alcione, com seus cônjuges amados e meus bisnetos e tataranetos amados, recebam esta singela lembrança do avô como uma nota de renovação e esperança para que o melhor, em nome de Deus, se faça em torno de nosso querido José, hoje, agora, amanhã e para todo o sempre.

Recebam o abraço sempre presente do seu avô que muito os ama, em nome de Deus, sempre afetuosamente,

Basílio Martins Peralva

Mensagem psicografada por Geraldo Lemos Neto, às 20h00, em reunião pública no *Centro Espírita Luz, Amor e Caridade*, na noite da desencarnação de José Martins Peralva Sobrinho, 3 de setembro de 2007, às 21h30.

Oração a Kardec

Allan Kardec, incomparável professor da renovação humana! Pedimos-te licença para dirigir-te a nossa prece humilde neste mês de outubro que te lembra o renascimento na face sombria do mundo.

Duzentos e três anos são passados sobre aquele luminoso dia da cidade francesa de Lyon. O generoso solo gaulês assistia, então, à materialização das promessas mais altas do divino Mestre.

Inaugurava-se no horizonte terrestre a aurora de um novo tempo. O sol do Consolador haveria de levantar-se para todos, aquecendo com seus divinos raios o coração das almas desiludidas, cansados dos embates inglórios da face terrestre. Seus luminosos raios, plenos de esperança nova, haveriam de energizar novamente os caminhos da fé, iluminando-nos o entendimento desviado e infeliz para a visão renovada do esclarecimento mais amplo.

Divino mensageiro de novo pisando a poeira do mundo, Kardec, te fizeste pequenino professor nos educandários franceses e suíços, e por quase cinco décadas te consagraste a exaustivo labor junto à infância e à juventude promissoras.

Iluminado apóstolo do Senhor entre os homens, dispensaste todas as glórias celestes que te pertenciam por direito e méritos de outrora para te fazeres em apenas mais um servidor no vasto campo do progresso humano.

Mas teu destino estava selado pelo paracleto e o Espírito da Verdade, cumprindo determinações celestiais, convocou-te à missão de inaugurar na Terra a religião dos espíritos.

Soou para a história terrestre o clarim da verdade renovadora e foste, a partir de então, o seu abençoado condutor. Sob a tua segura batuta, iniciou-se a divina sinfonia do Evangelho restaurado e os espíritos dos mortos retornaram plenos de vida e luz a cantar as harmoniosas melodias da vida eterna!

Quantas bênçãos, Kardec, recebemos desde então? Impossível auferirmos esse cálculo sublime!

Sob a tua orientação direta, inúmeros baluartes da mensagem espírita-cristã também colaboraram nesse esforço gigantesco nos últimos 150 anos da nova revelação.

Quantas consolações! Quantos esclarecimentos! Quantas lágrimas, Professor, como resultado de teu trabalho, foram secas na terra das desilusões?

Quantas alegrias, Codificador, foram despertas no imo dos espíritos desesperançados e tristes?

Quantas bênçãos de amor e caridade, semeador incansável, frutificaram no solo dantes improdutivo e abandonado do coração humano?

É por isso que, neste mês, volvemos a lembrar-te a missão gloriosa junto aos homens, para respeitosamente louvar-te o divino serviço e agradecer-te a humildade de teus sacrifícios ignorados e silentes em favor de todos nós.

Da planície de nossa mediocridade, dos pântanos de

nossos erros milenares, do charco de nossa ignorante soberba humana, somos, celeste Professor, dos que se incluem no rol dos beneficiários diretos de teu esforço.

Embora reconhecendo a insignificância de nossa posição nos estreitos caminhos humanos, já ousamos levantar os olhos na direção do Mais-Além que nos descerraste.

E contemplando os altiplanos da compreensão da vida mais ampla, eternamente reconhecidos pelo fruto de teu labor em nome do Cristo, ousamos oferecer-te, Allan Kardec, as flores de nossa sincera gratidão, que, embora singelas e simples, haverão de dizer-te da profundidade da paz que nos alcança em nome de Deus.

José Martins Peralva Sobrinho

Página que dedico aos meus filhos
Iêda, Basílio e Alcione[1]

Mensagem psicografada por Geraldo Lemos Neto, em reunião pública no *Centro Espírita Luz, Amor e Caridade*, na noite de 8 de outubro de 2007.
[1] Nota da Editora: Basílio Silveira Peralva, filho de Martins Peralva e organizador deste livro, desencarnou no dia 16 de julho de 2012, vítima de acidente automobilístico.

Natalício da gratidão

Senhor Jesus, mestre incomparável, divino amigo de nossa redenção, diante da querida lembrança de teu natal na face da Terra formulamos, de alma genuflexa, os votos de nossa gratidão sem medidas.

Reverentemente nos inclinamos diante de ti, amado Senhor, rejubilando-nos com tua presença amorosa e justa.

Que seria de nós, Jesus querido, almas devedoras, sem a tua compassiva misericórdia?

Louvamos-te a sabedoria infinita que, muitas vezes, não nos pôde dar o que te pedíamos com nossa estreiteza espiritual, conduzindo-nos ao aprendizado da dor que burila, qual o cinzel perante a pedra bruta, pacientemente esculpindo a beleza e a sensibilidade da escultura idealizada.

Nós te buscamos hoje, divino Escultor, para reconhecer a oportunidade de todas as lutas que nos enviaste na vida que findou.

Recordamo-nos ainda em tenra infância na companhia dos pais dedicados e amorosos, que carinhosamente nos receberam no berço da reencarnação, e com que fervor te rogamos, Senhor, para que a presença deles não nos fosse arrebatada, no interior pobre do Sergipe!

Folgávamo-nos com os exemplos de retidão e caridade do pai que nos deste, por missionário de teu serviço, mas aprouve à tua sábia decisão chamá-lo de volta à vida espiritual, deixando-nos na orfandade terrestre da saudade, mas hoje compreendemos, Senhor, que nos ofertavas valioso guia de nossos passos humanos domiciliado no plano da Vida Maior.

Lembramo-nos das horas mortas, de inclementes sacrifícios, a que nos conduziste nos serviços de apoio e arrimo à mãezinha sacrificada com a numerosa prole, sem facilidades e confortos fáceis. Quanto aprendemos, Senhor, naquelas longas caminhadas a pé no agreste sertão, contemplando as vastidões dos horizontes sem fim da terra abençoada de nossas experiências, até que pudéssemos receber de ti o presente da primeira bicicleta.

Revemos as cenas de nossa juventude plena de vigor, o trabalho digno na repartição pública de Aracaju, os serviços espirituais na vida sergipana, e o entusiasmo de nossa devoção aos jogos de futebol! Mas quando a verdejante esperança de nossos projetos interiores se materializavam, ofertaste-nos insidiosa doença do corpo físico, operando-se importante mudança de rumos em nossa vida familiar. Agradecemos-te, Senhor, a enfermidade de então, que se fez mensageira de nossa mudança ao cenário das Minas Gerais, onde pudemos reencontrar afetos sublimes da jornada, que se fizeram para nós em benfeitores perenes de nossa estrada.

Recapitulando, passo a passo, todas as pequeninas dores de cada dia, não podemos nos furtar de agradecer-te, Mestre, o choque da aposentadoria abrupta, através do qual nos liberaste para o serviço espiritual mais ativo em favor da difusão de tua mensagem consoladora.

Rememoramos ainda, divino Mestre, a queda pela qual nos projetaste a longos anos de repouso forçado no leito amigo, desfrutando mais calorosamente do carinho constante dos filhos, genros, nora e netos, que me ofertaram o próprio coração através do cuidado amoroso, e hoje compreendemos, Jesus amado, o quanto devemos à tua magnanimidade pela bênção do desligamento material paulatino, na companhia dos entes queridos de nosso coração. É por essa razão, amado Jesus, que nos prostramos agora, de espírito genuflexo e alma repleta de gratidão, para dizer-te, Senhor, muito obrigado pelo cadinho renovador de todas as provas da vida humana.

Agora, homem liberto dos liames mais densos da carne, sou espírito junto dos entes amados da Terra e do Além, que agradece a ti, Senhor, o aprendizado da dor e a bênção das horas da experiência finda.

Que o teu Natal neste instante nos seja mensagem de renovação e alegria para as eternas luzes de um novo dia!

Em nome do eterno Pai, o Sol de nossas almas, Jesus, receba assim o preito humilde de nossa gratidão!

José Martins Peralva

Basílio e Nelsinha, queridos da minh'alma, peço-lhes levar a palavra do papai e do vovô às nossas Iêda e Alcione, com todos os nossos do coração.

Prece psicografada por Geraldo Lemos Neto, em reunião pública no *Centro Espírita Luz, Amor e Caridade*, na noite de 10 de dezembro de 2007.

Mensagem a Iêda Peralva

Iêda, filha do coração, junto de todos os nossos em família cumpro a promessa de escrever-lhes com a palavra do papai que não os esquece.

Você, junto de nosso caro William, Patrícia, Fabiana e Bruninha, nossa querida Alcione, junto de Daniela, nosso querido Basílio, junto de Nelsa, Juliana, e os queridos do Paraná são joias de Deus em minha vida de homem comum na face da Terra de nossas santas experiências evolutivas.

Sei que o coração de vocês todos, especialmente dos filhos adorados que a bondade de Deus me ofertou, quis notícias mais detalhadas do pai que os ama e que partiu de volta à pátria espiritual.

Não quis inicialmente escrever-lhes com esses detalhes para não fixar o interesse de nosso grupo familiar em torno de meus pobres passos.

Escrevi sim de maneira a conversar com nossos irmãos de fé, trazendo-lhes, por duas singelas ocasiões, o preito de louvor de nosso amor a Deus, nosso Pai celestial, e a nossa infinita gratidão ao insígne Professor Allan Kardec, que honrou a humanidade inteira com o seu significativo labor de libertação das consciências coletivas, trazendo-nos a base sobre cuja estrutura se erigiu e levantou o luminoso e portentoso edifício da verdade consoladora do Espiritismo.

Nossa reverência a Deus Criador, representado na face do mundo terrestre pela misericórdia de nosso Senhor Jesus Cristo, e nossa gratidão a Allan Kardec, o apóstolo da renovação humana, teria, necessariamente, de vir em primeiro plano, em primeiro lugar, antes de qualquer comunicação que o seu pobre pai pudesse dirigir-lhes, pessoalmente, ao coração de filhos saudosos, de cujo carinho e de cuja amorosa dedicação me recordo com lágrimas nos olhos e amor infinito.

Meus queridos filhos, Iêda, Basílio e Alcione, Deus os recompense pelo amor e o cuidado de todos os dias, verdadeira luz em meu caminho de simplicidade e lutas recentemente findas no plano físico.

Na condição de aprendiz da Doutrina dos Espíritos, pude, com a graça de Deus, renascer em uma família que teve a alegria de receber como genitores queridos dois sóis espirituais, quais foram minha mãe, Teté, e meu pai, Basílio.

Desde muito cedo recebi as primeiras noções do Espiritismo cristão pelas mãos de meu pai e, queridos filhos, vocês hão de imaginar a explosão de alegrias novas que me envolveu ao vê-lo novamente, chamando-me a acordar na vida espiritual depois de rotos os laços que me prendiam ao corpo, depois de quase 77 anos de ausência, embora sempre reconhecesse no imo de minh'alma que sua ausência era tão-somente aparente, afigurando-se-me como a verdadeira *"presença"* do ausente.

O trocadilho não é ilusório, meus filhos, e se faço menção a ele é para dizer a vocês que a partir de agora serei eu o ausente da carne sempre presente no espírito de cada um de vocês.

Voltei à vida verdadeira deixando um corpo já extremamente prejudicado pelos anos de lutas inflexíveis no cadinho das horas humanas e o início de setembro último sempre será lembrado com muito respeito e carinho como o inesquecível mês de nossa mudança de Sergipe para as abençoadas terras altas das Minas Gerais, onde pudemos re-encontrar almas tão queridas.

Meu pai Basílio chamou-me naquele 3 de setembro e finalmente pude abrir os olhos espirituais em definitivo.

Descrever-lhes em pormenores essas emoções é tarefa que me escapa das possibilidades. Meu pai me abraçou convidando-me a fazer a passagem final e em nome de Deus oramos juntos, de alma genuflexa, ajoelhados em nossa pequenez, diante de Sua infinita bondade.

Meus filhos, sentia-me transportar de júbilos que não saberia definir, envolvido em saudades e alegrias profundas, enquanto as lágrimas me cobriam o rosto em profusão. Embora esperasse próxima a desencarnação, e me encantasse com a presença de meu adorado paizinho, sentia emoções diferentes sobre as quais não atinava as origens. Foi quando a doce voz de Dona Teté se fez ouvir em minh'alma. Um anjo feito de estrelas, vi a adorada mãezinha, símbolo máximo de humildade e renúncia, que durante a vida inteira venerei, e lá estava ela 70 anos passados de sua desencarnação.

Desculpem, meus filhos, se lhes falo e escrevo dessas alegrias profundas num momento que, para vocês todos, poderíamos recordar como momentos de dor. Mas não somos crianças do entendimento e o abençoado conhecimento espírita já nos favorece o raciocínio renovado em relação à continuidade da vida além-túmulo. Alegro-me muito em dar-lhes agora este testemunho, não só para as nossas notícias íntimas em casa, mas, e sobretudo, para que nossos irmãos e confrades espíritas-cristãos também se alegrem conosco na certeza inamovível de que a vida continua sim, além-túmulo, plena de vigor, realidade e beleza.

Passados os primeiros momentos de emoção, adormeci no colo de minha mãe, Dona Teté, retemperando o espírito em forças novas que só um coração genuíno de mãe pode ofertar. Aí despertei mais intensamente para verificar uma singular reunião. Reconheci o ambiente terreno do cemitério Parque da Colina, com vocês todos à minha volta, mas ao meu lado enxerguei uma atmosfera outra, de outro plano, que arriscaria a comparar a uma festa de reencontro.

Eram amigos que vinham de longe, como se, por misterioso processo, voltasse no tempo de minha infância e juventude, e os personagens de nossa Buquim e de nossa Aracaju ali estivessem a me abraçar.

Dona Balbina, Ephrane, Carlos, Irmão Fêgo, Lívio, Serafim e tantos amigos foram surgindo diante de meus olhos estupefatos, que tive de guardar as lágrimas para recebê-los no abraço fraternal e reconhecido que lhes devia, com toda a gratidão possível ao meu coração.

Depois vieram companheiros amados de nossas lides doutrinárias e abracei comovido Virgílio Pedro de Almeida, Oscar Correa dos Santos, Raul Pompéia, Camilo Chaves, Professor Cícero Pereira, Antônio Loreto Flores, Bady Curi, Noraldino de Mello Castro, José Alves Neto, Leopoldo Machado, Wantuil de Freitas, Cézar Burnier Pessoa de Melo, Carmela Caruso Aluotto, Adriano Berutto e nossa querida irmã Dona Neném Aluotto Berutto.

A alegria nos comovia o imo do ser, numa dicotomia de sentimentos contraditórios que incluíam também a dor e a saudade de deixá-los, filhos, netos e bisnetas, queridos de minha casa.

Os amigos foram chegando até que vocês oraram no plano físico, nossa Adélia Machado, ao lado de Wanda Noronha, e Zeca Machado envolveram Geraldinho nas palavras de despedida, e nossa estimada Telma envolveu o estimado e querido amigo Fontana na prece final diante de nossos despojos. Agradeço a todos vocês o pensamento de saudade e carinho que não mereço, especialmente ao caro Badyzinho por suas palavras que me foram endereçadas como um filho do coração a um pai espiritual.

Naqueles instantes de emoção pude então rever Dona Jupirita para, enfim, abraçá-la com toda a nossa emoção de companheiro saudoso que a revia na nova vida. Ela veio acompanhada pelo abnegado coração de nosso inestimável amigo de todas as horas, nosso amado Chico Xavier. Abracei o querido amigo com toda a reverência de quem reconhece sua absoluta pequenez diante de uma alma de escol.

Aí, meus queridos de meu céu familiar, com toda a sinceridade, o meu coração literalmente desfaleceu de emoções! Nosso estimado Marival cantava a *"Canção do companheiro"*, enquanto meu corpo físico baixava à sepultura.

Perdi os sentidos humanos para adormecer profundamente no colo de Dona Etelvina, para empreender, enfim, a viagem derradeira. Mais tarde, se Deus assim o permitir, poderei escrever-lhes mais detalhadamente sobre as surpresas da nova vida.

Como estudioso que fui do intercâmbio entre os dois planos, pela via da mediunidade, hoje estou na condição de novato, aprendiz dos processos da mediunidade, segundo os parâmetros de nosso plano. Terei muito gosto, mais tarde, em tratar dessas notícias sobre a mediunidade além-túmulo.

Folgo em estar aqui neste dia 31 de março, que nos recorda a data da desencarnação de Allan Kardec, tão próxima de meu próprio natalício, em 1 de abril, bem como também do aniversário de nosso amado Chico, em 2 de abril, de modo que estamos em uma nova festa de intercâmbio, na qual temos a alegre presença dos irmãos espíritas da cidade de Pedro Leopoldo. O nosso caro Jhon será o médium de nosso abraço a essa gente boa de Pedro Leopoldo.

Meus filhos, querida Iêda, querido Basílio e querida Alcione, recebam vocês o beijo do papai que não os esquece. Vejo nossa Fabiana, nossa Daniela, a representar o carinho de todos os netos amados. Nossa Bruninha será a representante do beijo do bisavô saudoso. Chega a hora das despedidas e peço a Deus que os abençoe e guarde em todos os dias de suas vidas.

Digam ao nosso amado filho Basílio que foi preciso sim que ele se ausentasse para que os nossos fortes laços de afinidades pudessem ser provisoriamente quebrados, a fim de que o seu pai partisse para o retorno à vida real. Para ele e Nelsa, com Juliana, envio também o abraço e o beijo de eterna gratidão.

Estamos juntos e estaremos juntos, é a palavra final que lhes endereço, palavra de espírito eterno para o espírito eterno de vocês todos. Vamos viver com Jesus, Kardec e Emmanuel nessa tríade de luz para vencer todas as provas, superar os séculos e crescer espiritualmente.

Aos queridos amigos Bady, Cotinha e Edson o meu abraço fraterno, que é também o de nossos caros amigos Medeiros, Poeta e Dona Neném, que aqui estão comigo.

Fiquem com a paz de Deus, em nome de Jesus. Com afetuoso abraço,

J. Martins Peralva

Mensagem psicografada por Geraldo Lemos Neto, em reunião pública no *Centro Espírita Luz, Amor e Caridade*, na noite de 31 de março de 2008.

Última mensagem

Querida Iêda, querida filha, que o Senhor sempre nos ampare e abençoe.

Estou aqui na companhia da Jupira e da querida Neném, com muitos outros amigos e irmãos de ideal.

Estamos juntos, filha! Você, a Alcione e o Basílio sabem disso. Não nos separamos e nem haveremos de nos separar. A distância existente entre nós é fictícia — não tem qualquer consistência! Aqueles que verdadeiramente se amam, estejam onde estiverem, estarão sempre próximos. Portanto, querida Iêda, continue lutando contra os estados de abatimento que, de quando a quando, a cometem. Não deixemos que a saudade cresça de maneira exagerada dentro de nós, ocupando espaço que deve pertencer à esperança em dias melhores.

Temos, em diversas ocasiões, conversado através das faculdades de outros médiuns, como é o caso de nosso Geraldinho Lemos, companheiro cuja bondade e desprendimento tanto nos fazemos devedores. Está tudo certo e digo a você, Iêda, que deste outro lado a luta que travamos pela vitória do ideal prossegue inalterável. Muito ainda nos compete fazer pela divulgação de nossos princípios, a partir da própria exemplificação.

O meu carinho aos irmãos de Pedro Leopoldo, de Belo Horizonte, de Uberaba e de resto, de todas as demais cidades que aqui se fazem representar nesta manhã inesquecível.

Sob os passos de Jesus, é a luz de nosso querido Chico que prossegue a nos guiar, sobre a Terra e nas dimensões para além da Terra!!!

A sua mãe está bem melhor, ainda sob necessário tratamento, porém, gradativamente, recuperando a lucidez.

O meu carinho de avô aos netos queridos, na esperança de que possamos ainda nos falar noutras oportunidades, desde, é claro, que não venhamos a ocupar o espaço de tempo que não nos pertence.

Com todo o meu coração e a minha bênção de pai,

Sempre o seu,

Peralva

Mensagem psicografada por Carlos Baccelli, no *Centro Espírita Pedro e Paulo*, na cidade de Uberaba | MG, em 5 de setembro de 2009.

Anexo B

Biografia do autor

José Martins Peralva Sobrinho

1918 | 2007

Por *Basílio e Juliana Peralva*

Máquina de escrever utilizada por
José Martins Peralva Sobrinho na feitura da
obra *Estudando a mediunidade*,
publicada pela FEB em 1957

"**E**studando a mediunidade", "Estudando o Evangelho", "O pensamento de Emmanuel", "Mediunidade e evolução", publicados pela Federação Espírita Brasileira e "Mensageiros do bem", pela União Espírita Mineira, são obras
de autoria de José Martins Peralva Sobrinho e figuram na
bibliografia de livros espíritas mais conhecidos e estudados.
Durante toda a sua vida de escritor, os lucros financeiros
referentes à venda de seus livros sempre foram destinados,
através de procuração em cartório, às editoras para que as
mesmas os utilizassem em favor de instituições de caridade.

O autor tornou-se um dos nomes de expressão nas
lides espíritas mineiras, embora fosse ele originário da cidade
de Buquim, no sul de Sergipe.

Martins Peralva, como muitos o chamavam, nasceu
em 1 de abril de 1918, filho do casal Basílio Martins Peralva
e Etelvina da Fonseca Peralva, e foi no próprio lar que se
deram os seus primeiros contatos com a Doutrina codificada
por Allan Kardec.

Desde os 6 anos de idade, acompanhava o pai, um espanhol que veio ainda garoto para o Brasil, nas atividades espíritas, inclusive nas de cura, uma vez que o Senhor Basílio era médium curador e graças a essa faculdade pôde ajudar no restabelecimento da saúde de muitos, acolhendo em sua residência pessoas obsediadas e doentes, que lá ficavam hospedadas até a completa cura.

A morte do pai levou-o a assumir, de forma prematura, responsabilidades de adulto. Quando conseguiu o seu primeiro emprego, como balconista de padaria, tinha apenas 13 anos e era o mais novo da família. Foi assim, que, juntamente do irmão mais velho, Edison, de 15 anos, que também conseguiu se empregar, passou a colaborar na manutenção do lar, sobre cujo teto humilde viviam, além deles, sua mãe Etelvina, a Dona Teté, e a irmã Eurídice.

Martins Peralva trocou a padaria pelas papeladas de um cartório, onde foi trabalhar como *office boy*. Depois conseguiu uma vaga como apontador de construção do Grupo Escolar Senador Leandro Maciel, na cidade do Rosário do Catete, tendo, em função de suas obrigações, que passar a semana (de segunda a sexta) afastado da mãe e dos irmãos, mas ficando sob o teto da família do encarregado da obra.

Outra oportunidade lhe surgiu, novamente como apontador, só que dessa vez na conservação de estradas de rodagem, ficando responsável pelo trecho Aracaju — Socorro — São Cristóvão. Por conta disso, percorria diariamente, de caminhão, cerca de 80 quilômetros (ida e volta), saindo de casa de madrugada e só voltando à noitinha.

Terminada a estrada, o apontador Martins Peralva ingressou na construção do prédio do Tesouro do Estado de Sergipe, trabalhando depois como fiscal de construções, reformas e limpezas de casas.

Aos 18 anos, perde sua mãe, passando, assim, a viver em uma pensão, pois seus irmãos foram morar em outras cidades em busca de uma melhoria de vida. Aprovado num concurso, deixou o campo de obras e foi para a Prefeitura Municipal de Aracaju, onde ocupou o cargo de escriturário, depois de oficial administrativo e assistente da Procuradoria da Fazenda Municipal. Devido à competência e à amizade que granjeou no ambiente de trabalho, foi nomeado secretário particular dos prefeitos Carlos Firpo e José Garcez, e até a sua aposentadoria, em função de problemas pulmonares, continuou servindo aos prefeitos seguintes na condição de oficial de gabinete.

Aos 21 anos de idade, foi eleito presidente da Federação Espírita Sergipana. Nessa fase de sua vida, exerceu diversas atividades dentro do Espiritismo e fora também.

A grande alegria do jovem José era jogar futebol pelo Paulistano Futebol Clube de sua terra, sendo que chegou a jogar na seleção sergipana de futebol, acumulando os cargos de atleta e jornalista no jornal-correio de Aracaju, onde, além do esporte, escrevia sobre Espiritismo, poesia, política, entre outros assuntos. Chegou a ser também árbitro de futebol e esportes náuticos, e diretor do Tribunal de Justiça Desportiva. Em visita à cidade de São Francisco do Conde | BA, se encantou pela mesma e em momento de grande inspiração escreveu a letra do hino oficial da cidade.

Casou-se em agosto de 1942 com Jupira Silveira, sua grande companheira, que viria a desencarnar em 15 de julho de 2003. E com ela teve três filhos: Iêda, nascida em Aracaju, e Basílio e Alcione, nascidos em Belo Horizonte, os quais lhe deram cinco netos e quatro bisnetos.

Pouco tempo após seu casamento, foi acometido por problemas no pulmão, que o impossibilitaram de continuar praticando seu esporte preferido. Após sete anos de tratamento intensivo, Peralva vendeu sua casa e juntamente da esposa e da filha Iêda foi obrigado a se transferir para Belo Horizonte, Minas Gerais, a fim de que tivesse uma recuperação definitiva de seu problema, pois, à época, a capital mineira era reconhecida como o lugar de melhor clima para o tratamento de sua saúde. Ao ter contato com a terra, tornou-se torcedor do Cruzeiro Esporte Clube, que passou a ser seu clube do coração.

Em Belo Horizonte, foi recebido pelo conterrâneo e discípulo do velho Basílio Virgílio Pedro de Almeida, que o esperava de braços abertos, dando condições para que Peralva iniciasse na capital mineira uma nova vida profissional e de muita dedicação à causa espírita. Já em Minas Gerais, sua trajetória espírita continuou profícua. Inicialmente, ele se ligou a um grupo de estudos e de reuniões mediúnicas chamado Nina Arueira. No mesmo período, participou também de reuniões que estudavam o Evangelho, no Centro Espírita Célia Xavier. Ainda nessa época, frequentou reuniões em Pedro Leopoldo, Minas Gerais, junto de Chico Xavier, de quem era profundo admirador, tornando-se amigo pessoal.

José Martins Peralva Sobrinho e Francisco Cândido Xavier, em Pedro Leopoldo | MG, na década de 50

Nosso irmão também frequentou durante vários anos a Colônia Santa Isabel (colônia de leprosos), onde levava, juntamente de vários companheiros, calor humano, assistência espiritual e material. Fundou também, na mesma época, a Cantina Espírita Francisco de Assis, que distribuía sema-

Francisco Cândido Xavier, D. Maria Philomena Aluotto Berutto e José Martins Peralva Sobrinho, na União Espírita Mineira, durante homenagem ao médium mineiro pela contemplação com o título de *Cidadão Honorário* de Belo Horizonte, em 9 de novembro de 1974

nalmente mantimentos para algumas famílias já previamente cadastradas. Logo depois foi construído um galpão na Vila dos Marmiteiros (BH), onde passou a fornecer também uma suculenta sopa para os mais necessitados. Depois de alguns anos, devido a uma obra da prefeitura, foram desalojados, transferindo-se para a União Espírita Mineira, onde passou a fazer distribuições de cestas no Natal para mais de mil famílias. Durante esse período, escreveu a letra do hino oficial do colégio O Precursor, educandário ligado à UEM.

Foi membro do Conselho Geral e secretário do Abrigo Jesus, sócio-efetivo do Hospital Espírita André Luiz e segundo secretário do Centro Espírita Luz, Amor e Caridade, aproveitando ainda as horas vagas para abastecer a imprensa espírita e não-espírita com seus artigos doutrinários.

Seu ingresso na carreira bancária se deu em 1950, quando entrou para o Banco Financial da Produção S/A, em Belo Horizonte. Durante 35 anos, atuou ainda como gerente dos bancos Belo Horizonte, Irmãos Guimarães, União Comercial, Itaú e Progresso, aposentando-se em 1985, pelo INSS.

Após participar do Centro Espírita Célia Xavier, por 15 anos, fixou-se, em 1964, na União Espírita Mineira, no qual exerceu, ao longo do tempo, diversos cargos, dentre os quais: primeiro secretário, vice-presidente, diretor do Departamento de Doutrina e Divulgação e presidente-substituto de Dona Neném Aluotto (por um curto período), que se encontrava em tratamento de saúde. Junto ao nosso irmão Antonio Fontana, coordenou por muito tempo o estudo de várias obras espíritas nos dias de sábado. Dentro da UEM, existe o jornal "O Espírita Mineiro", que durante muitos anos foi elaborado, em todos os sentidos, por Martins Peralva. Aproveitando suas qualidades e oratória, dedicou ele grande parte de sua vida a fazer viagens ao interior mineiro e a outras cidades brasileiras, fazendo palestras e levando a palavra de Kardec aos mais distantes rincões do país.

Como escritor e jornalista, ficou também conhecido pelos artigos espíritas que publicava no Jornal "Estado de Minas". Pertenceu à Associação Sergipana de Imprensa, era associado ao Sindicato dos Jornalistas Profissionais de Minas Gerais e à Associação Brasileira de Jornalistas e Escritores Espíritas (Abrajee), hoje Associação Brasileira de Divulgadores do Espiritismo (Abrade).

Apesar da vida profissional ativa e da atividade espírita intensa, os filhos Iêda, Basílio e Alcione, nos momentos mais

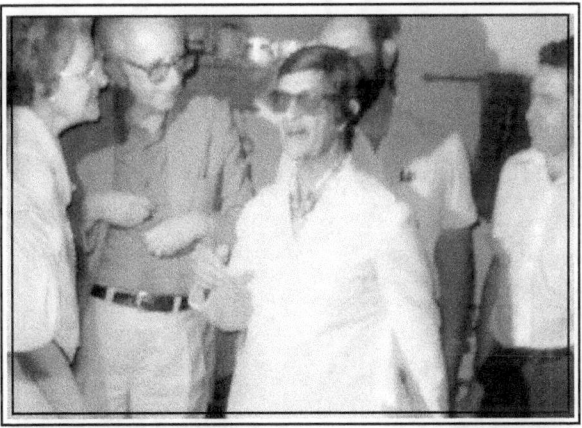

D. Maria Philomena Aluotto Berutto, José Martins Peralva Sobrinho,
Francisco Cândido Xavier e Antonio Roberto Fontana,
em Pedro Leopoldo | MG, na década de 80

difíceis de suas vidas, puderam sempre contar com seu pai
amigo, carinhoso e compreensivo, que os ajudou a enfrentar
todas as dificuldades.

Um dos maiores ensinamentos deixados pelo querido
Peralva a seus filhos, netos e bisnetos foi a grande preocupação com os sentimentos alheios. Ele sempre dizia: *"Nunca
devemos brincar com os sentimentos dos outros, pois se trata*

*de algo muito sério e que pode acarretar compromissos peri-
gosos para outras encarnações".*

José Martins Peralva Sobrinho desencarnou às 21h30
do dia 3 de setembro de 2007, aos 89 anos, depois de longa
enfermidade. O sepultamento do seu corpo ocorreu no dia
seguinte, às 14h, no Cemitério da Colina, na capital mineira.

Finalmente, pode-se dizer que ele foi um homem
bom, humilde, amigo e educado, que procurou em toda a
sua vida levar ao próximo o melhor de si.

D. Maria Philomena Aluotto Berutto, Francisco Cândido Xavier e
José Martins Peralva Sobrinho, em Uberaba | MG, nos anos 80

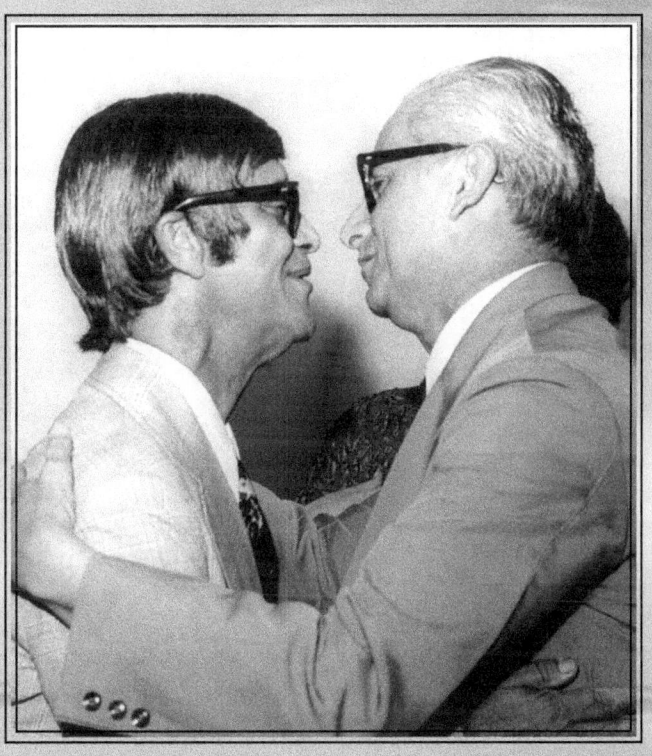

Homenagem

da Vinha de Luz Editora
no transcurso do centenário de nascimento de
Francisco Cândido Xavier
1910 | 2010

Anexo C

Estudo esquemático da obra
"Nos domínios da mediunidade"
— Francisco Cândido Xavier | André Luiz —
utilizado na obra "Estudando a mediunidade"

Sistematização para a obra "Estudando a mediunidade"

FEB | 1957

Nota da Editora: Estudando a mediunidade é "*obra baseada no livro* Nos domínios da mediunidade — *do espírito André Luiz, pela psicografia de Francisco Cândido Xavier (FEB, 1955). Nela o autor (Martins Peralva) desenvolve o tema 'mediunidade' em 46 capítulos, repletos de gráficos e ilustrações, que facilitam a sua compreensão e dirimem dúvidas de espíritas e estudiosos da comunicação entre o plano físico e extrafísico. (...) Aborda temas como: mediunidade com e sem Jesus, problemas mentais, incorporação, obsessões, vampirismo, clarividência e clariaudiência, sonhos e desencarnação. Três temas de grande interesse para os que se iniciam na atividade mediúnica são também esclarecidos e constituem preciosa orientação, contribuindo para a tranquilidade e segurança do profitente da Doutrina Espírita: proteção aos médiuns, desenvolvimento mediúnico e animismo.*" In: <http://www.feblivraria.com.br/Lancamentos/Novidades/Estudando-a--mediunidade.html>. Acesso em: 12 nov 2009. As ilustrações são de autoria do desenhista Radik, que, à época, trabalhava no jornal *Estado de Minas*.

"NOS DOMINIOS DA MEDIUNIDADE"

André Luiz

(Estudo metódico, através de gráficos ilustrativos)

CENTRO ESPÍRITA " CÉLIA XAVIER "

BELO HORIZONTE

(estudos às 5as. feiras, das 20 às 21 horas).

GRÁFICO 1

CAP. I   "Estudando a mediunidade" (1ª parte

ÉRA DA MATÉ- RIA
- Ignorância
  - questões materiais
  - questões espirituais
- Opressão
  - material
  - espiritual
- Instinto
  - animalidade
  - ambição

ÉRA DO ES- PÍRITO
- Conhecimento
  - Sabedoria espiritual
  - Sabedoria humana
- Fraternidade
  - espiritual
  - material
- Renovação
  - imoralidade
  - altruísmo

328

GRÁFICO 2

CAP. I   Estudando a mediunidade   (2ª parte)

MENTE -
Base de
todos os
fenômenos
mediúnicos

"Hálito mental" { Emissão de forças determinadoras do nosso ambiente psíquico.

Idéia -
(forma, movimento
e direção) { "Ser" organizada pelo nosso Espírito { Pensamento / Vontade

Criação
alimento
Distribuição } de { Formas Situações Coisas Paisagens { Sublimação do pensamento, incorporando tesouros morais e culturais

329

GRÁFICO 3

CAP I   Estudando a mediunidade - (3ª parte)

Planetas { atração e repulsão } { Revolucionam na própria órbita, sofrendo a influência dos astros

Consciências { inter-dependência entre os semelhantes } { Evoluem no grupo espiritual, cuja movimentação se subordinam

Sábios { assuntos transcendentes } { Ciência Filosofia artes, etc.

Índios { assuntos triviais } { Caça, pesca, lutas, presentes, etc.

Árvores { maior coeficiente de produção } { Permuta dos princípios germinativos, quando colocadas entre companheiras da mesma espécie

Sintomas, ressonâncias, vibrações compensadas, etc.

330

GRÁFICO 4

CAP. II   O Psicoscopio

Definição: Aparelho espiritual para auscultar
a alma, funcionando à base de magnetismo e eletricidade

Propriedades: { Definir vibrações (de encarnados e desen-
                                   carnados)
               { Estuda de vários estados da matéria

Sentimentos {
   moralidade
   Caráter
   Bem
   mal
   Curiosidade
   Interesses inferiores

Para comparação {
   magnetômetro
   espectroscópio
   estetoscópio
   eletro-cardiógrafo
   encefalo-cardiógrafo

CAP. II   GRÁFICO 5
— Psicoscópio —   (2ª parte)

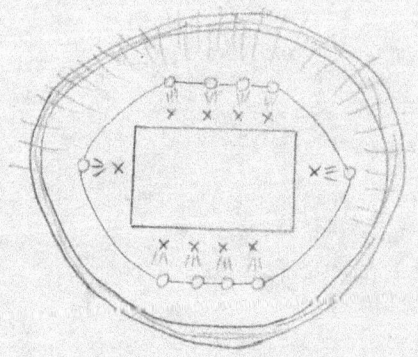

Proteção e defesa espiritual de
grupo mediúnico que serve ao BEM

☐ - mêsa

x - componentes encarnados, da mêsa

O - Círculo acima das cabeças dos encarnados,
apresentando os semblantes iluminados.

〽 - jorros de luz, descendo do Alto

332

GRÁFICO 5

CAP. IV — *Ante o serviço* —

Despejo $\begin{cases} \text{ausência de afinidade em virtude} \\ \text{do encarnado modificar os centros} \\ \text{mentais} \end{cases}$

Frutos da doutrinação $\begin{cases} \text{Desligamento de "tomadas mentais" através} \\ \text{dos princípios libertadores que os doutrina-} \\ \text{dores distribuem na esfera do pensamento.} \end{cases}$

Prisões mentais $\begin{cases} \text{Pessôas} \\ \text{situações} \\ \text{cousas} \end{cases}$

Meios de libertação $\begin{cases} \text{Estudo + meditação} = \text{RENOVAÇÃO} \\ \text{Renovação + Trabalho} = \text{LIBERTAÇÃO} \end{cases}$

333

GRÁFICO 6

CAP. V - "Assimilação de correntes mentais"

VIBRAÇÕES POR MINUTO

ANTES   NO TRANSE

$$\left(\begin{array}{l} 1.000 + 500 = 1.500 \\ 2.000 - 500 = 1.500 \end{array} \right)$$

1.000 p/m | 2.000 p/m | 1.500 p/m | 1.500 p/m

ENCAR-NADO | ESPÍRITO | ENC. | ESP.

Modificações vibratórias { Quanto mais evoluído o Ser, mais acelerado o estado vibratório

Como reduzir { Impregnando-se de matéria sutil

Como aumentar { ativadas pelos Espíritos com o auxílio do encarnado, pela concentração

Luz { Mínimo de vibrações percebível: 458.000.000 por segundo
Máximo " " " : 272.000.000.000.000 p/seg.

SOM { Mínimo percebível: 40 p/seg.
Máximo " : 36.000 p/seg.

P.- COMO SABER SE O PENSAMENTO É NOSSO OU DO ESPÍRITO?

R.- Com o estudo edificante, a meditação e o discernimento, adquirimos a capacidade de conhecer a nossa frequência vibratória e comparar o nosso próprio estilo, pontos de vista, hábitos e modos com os revelados durante o transe.

GRÁFICO 7

CAP. VI — Psicofonia conciente

(Quadro para comunicação grosseira)

Definição: Manifestação espírita produzida através dos orgãos vocais do médium. "Médium psicofônico" é, portanto, o falante ou de incorporação.

Espírito sofredor ou endurecido

Fio ligando os cérebros do Espírito do médium e do espírito Comunicante

— Espírito do médium

Médium sentado

Ligação entre o Espírito do médium e o seu próprio corpo

P. — Por que não são os Espíritos doutrinados no Espaço?

Respostas {

Os fluidos grosseiros não lhes permitem entrar em relação com Espíritos mais adiantados. LEON DENIS.

Trazem ainda a mente em teor vibratório idêntico ao da existência na carne, respirando na mesma faixa de impressões. AULUS (NOS DOMÍNIOS DA MEDIUNIDADE)

Por conservarem-se, por algum tempo, incapazes de apreender as vibrações do plano espiritual superior. EMMANUEL.

GRÁFICO 10

CAP. IX - Possessão -

Obsessão: Influência ou domínio de Espíritos ignorantes sôbre determinadas pessôas.

Causas: Vingança, desejo do mal, orgulho de falso saber, leviandade, prevenções religiosas, puxões, etc.

Fases da obsessão
- Fascinação: Ilusão produzida pela ação direta do Espírito sôbre o pensamento do médium, perturbando o raciocínio
- Subjugação: Domínio moral ou corporal dos Espíritos sôbre a pessôa, controlando-lhe a vontade
- Possessão: Imantação de um Espírito a determinada pessôa, dominando-a física e moralmente

(Espíritos ardilosos, vaincorões ou vingativos)

Obsessão Simples
- ação eventual dos espíritos sôbre o médium
- Espíritos sem real expressão de maldade

336

GRÁFICO 11

CAP. X   Somambulismo torturado - (1ª parte)

VAMPIRISMO

Definição: Ação pela qual espíritos involuídos se imantam nos encarnados, sugando-lhes a substância vital.

LARVAS

Definição: alimento espiritual das entidades infelizes, formado pelas nossas criações mentais.

Localização habitual { Estômago
Fígado
Aparelho digestivo

Causas Comuns { Desregramentos emocionais
Glutoneria
Excessos alcoólicos
Cólera
Tristeza
ódio

Meios de evitar a vampirização { Procedimentos e hábitos opostos aos acima caracterizados

GRÁFICO 12

CAP. X   Sonambulismo torturado – (2ª parte)

Protagonistas
{
Devedores diretos

Devedores indiretos (cúmplices)
}

Processador do
auxílio
{
magnéticos (passes)

verbais (doutrinação fraterna)

vibracionais (prece e concentração)
}

Benefícios
{
Para o perseguidor { Sentira a necessidade de
perdoar, para melhorar-se.

Para o devedor
direto
{ Sentirá a necessidade de fortale-
cer-se e, perdoando, recupe-
rar-se.

Para o devedor
indireto
{ Necessidade da meditação, da
calma e da paciência para
reajustar-se e ter paz e felicidade.
}

338

GRÁFICO 13

CAP. XI — Desdobramento em serviço —

Condições
{
Vida pura
Aspirações elevadas
Potência mental
Cultivo da prece
}
Como auxiliar o desdobramento
{
Prece
Exortação
Concentração
}

Projeção do pensamento da entidade visitada

Laço fluídico entre o Espírito do médium e o corpo, caracterizando o trajeto

Corpo do médium

Espírito do médium conduzido por cooperadores espirituais

Entidade visitada

339

GRÁFICO 14

CAP. XII   Clarividência e Clariaudiência –

Definição: Faculdades pelas quais a pessoa VÊ e OUVE
com clareza.

Vidros de 4 côres
diferentes

Verde
Amarelo   Conclusão { O médium vê e
Azul   ouve pela mente.
Roxo

Lampada branca

Faixas de luz branca

Variações auditivas e visuais {

Audição { D. Celina : Ouve com precisão
          D. Eugênia : Ouve na forma de intuição
          Castro : nada ouve.

Vidência { D. Celina : vê perfeitamente
           D. Eugênia : vê como se estivesse o Espírito
                        envolvido num lmast
           Castro : vê com perfeição.

Complemento a ser desenvolvido: As idéias geram
formas tocadas de: movimento
                    som
                    côr

340

GRÁFICO 15

Smhos
- Comuns { Repercussão de nossas disposições físicas ou preocupações morais
- Reflexivos { exteriorização de impressões e imagens arquivadas no cérebro
- Espíritas { atividade real e afetiva do Espírito durante o sono

Comuns { O Espírito é envolvido na onda de pensamentos e imagens próprias e dos outros.

Reflexivos { a modificação vibratória faz o espírito entrar em relação com fatos, imagens, passagens e acontecimentos remotos, dela e de outras vidas.

Espíritas { atividade "extra-corporal", em que o Espírito encontra-se com:

  a) parentes
  b) amigos
  c) instrutores
  d) inimigos, etc. etc..

GRÁFICO 16

CAP. XIV   Em serviço espiritual   (1ª parte)

Casamentos
{
acidentais
Provacionais
Sacrificiais
de objetivos transcendentais { Casal Cury, etc...
}

Acidentais
{
Encontro de almas inferiorizadas, por efeito da atração magnética, sem ascendentes espirituais.
}

Provacionais
{
Reencontro de almas, para reajustes necessários à evolução espiritual.
}

Sacrificiais
{
Reencontro de alma iluminada com alma inferiorizada, objetivando ampará-la.
}

Transcendentais
{
almas engrandecidas no amor fraterno, que se buscam para as grandes edificações
}

342

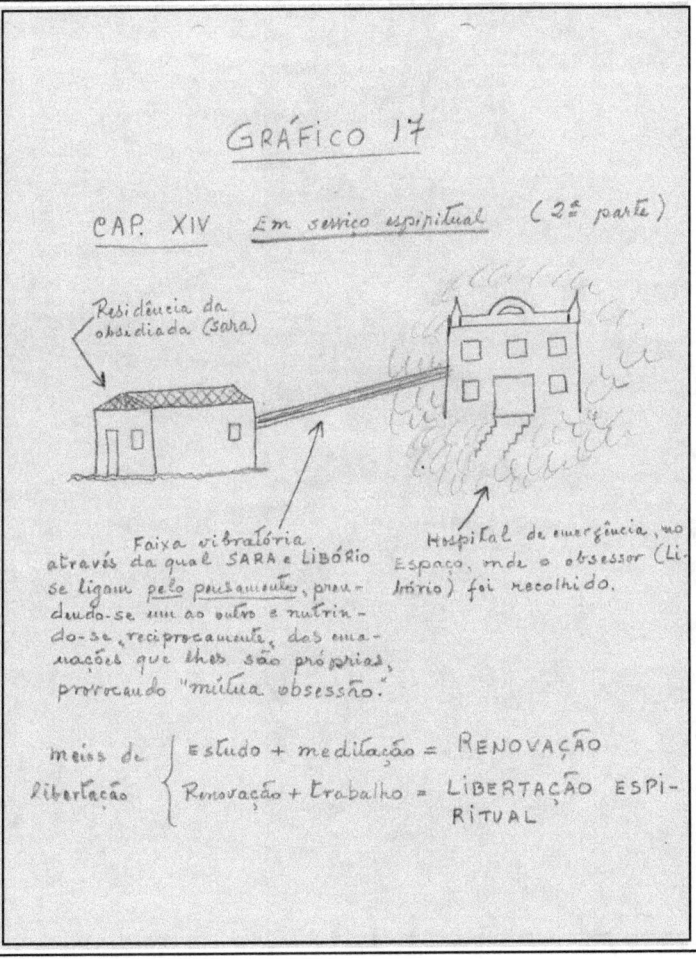

GRÁFICO 17

CAP. XIV *Em serviço espiritual* (2ª parte)

Residência da obsidiada (Sara)

Faixa vibratória através da qual SARA e LIBÓRIO se ligam pelo pensamento, prendendo-se um ao outro e nutrindo-se, reciprocamente, das emanações que lhes são próprias, provocando "mútua obsessão."

Hospital de emergência, no Espaço, onde o obsessor (Libório) foi recolhido.

meios de libertação {
estudo + meditação = RENOVAÇÃO
Renovação + trabalho = LIBERTAÇÃO ESPIRITUAL
}

343

GRÁFICO 18

CAP. XV.   Forças viciadas (1ª parte)

Processos de reajuste:

- Coercitivos
  - Cansaço
  - Aflições
  - Sofrimento
  - Cárcere

  } ver o cap. "Proteção Educativa", do livro "Pontos e Contos", do Irmão X.

- Expontâneos
  - Boa vontade
  - Acanhamento
  - Esforço

- Expiatórios
  - Mongolismo
  - Paralizia
  - Hidrocefalia
  - Cegueira
  - Idiotismo

  { Ver o cap. "Grande Cabeça", do livro "Pontos e Contos", do Irmão X.

GRÁFICO 19

CAP. XV - _Forças viciadas_ (2ª parte).

1ª fase	2ª fase	3ª fase	4ª fase
Assédio direto ou indireto	- Perturbação - Depressão moral - Amolecimento do caráter	Domínio psico-físico	Vampirização

Reencarnações {
- missionárias { Tarefas edificantes
- inovacionais { Reajustes { Vêr o cap. "Estranhos Corredores", do livro "Pontos e Contos", do Irmão X.
- Expiatórias { Resgates compulsórios

meios de associação com as forças superiores {
- Bondade
- Conciencia reta
- Estudo

{
- Compreensão
- Oração sincera
- generosidade

GRÁFICO 20

CAP. XVI - mandato mediúnico - (1ª parte)

Condições para o mandato mediúnico

Bondade { Para atender, com o mesmo carinho, todos os tipos de necessitados, sem qualquer expressão de particularismo.

Discrição { Para recolher, guardando-os, para os dramas inconfessáveis ou lacunas morais

Discernimento { Para "ajudar os outros para que os outros se ajudem", sem adubar a preguiça, a revolta, a vaidade, etc..

Perseverança { Para não abandonar a tarefa ante os primeiros obstáculos

Sacrifício { Para esquecer o próprio bem estar a benefício do próximo

GRÁFICO 21

CAP. XVI - Mandato mediúnico - (2ª parte)

Categorias
de
Espíritos

Sublimados { notável superioridade moral e intelectual { Plenitude espiritual - Harmonia com a Lei

Elevados { Fraternidade
Conhecimento
Humildade
Boa vontade
Bondade { Predomínio dos bons sôbre os maus sentimentos

Inferiores { Egoísmo
Ignorância
Orgulho
Preguiça
Perversidade { Predomínio dos maus sôbre os bons sentimentos

RÉSTIA DE LUZ

Primeiro livro editado pela Vinha de Luz Editora, lançado por ocasião do bicentenário de Allan Kardec (1804 | 2004) e dos 140 anos da primeira edição de *O Evangelho Segundo o Espiritismo* (1864 | 2004). Traz mensagens recebidas de espíritos diversos, psicografadas pelo médium Geraldo Lemos Neto, que interpretam as lições de *O Evangelho Segundo o Espiritismo*, nos indicando os caminhos mais certos da vida no permanente convite de nosso Mestre e Senhor Jesus.

ESPÍRITOS DIVERSOS
PSICOGRAFIA DE GERALDO LEMOS NETO

IGNÁCIO DE ANTIOQUIA

Uma viagem ao tempo da simplicidade e da pureza do Cristianismo, em sua mais bela e genuína expressão. Obra mediúnica repleta de episódios históricos do Cristianismo primitivo, que resgata para a memória da humanidade a vida e a trajetória de um dos seguidores mais valorosos de nosso Senhor Jesus Cristo.

PELO ESPÍRITO THEOPHORUS
PSICOGRAFIA DE GERALDO LEMOS NETO

SEMENTEIRA DE LUZ

Voltando à Terra no século XIX, Neio Lúcio encarna a personalidade de Arthur Joviano, cujo núcleo familiar, em missão redentora de um passado longínquo, conta com as presenças de personagens descritos nos romances *50 anos depois* e *Renúncia*. Desprendido em 1934, Neio Lúcio inicia sua comunicação com a família, através da mediunidade de Chico Xavier, em reuniões semanais de culto evangélico na casa de Rômulo Joviano, em Pedro Leopoldo | MG. As mensagens, repletas de sabedoria e amor extremado por todos aqueles com os quais conviveu, são bem a confirmação dos compromissos reparadores que assumimos na Espiritualidade, alicerçados nos ensinamentos de Jesus para nos tornarmos legítimos semeadores da Boa Nova.

PELO ESPÍRITO NEIO LÚCIO
PSICOGRAFIA DE FRANCISCO CÂNDIDO XAVIER
ORGANIZAÇÃO DE WANDA AMORIM JOVIANO

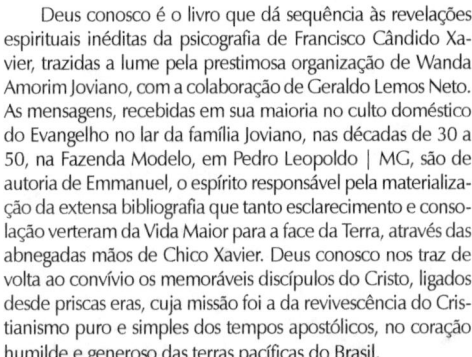

DEUS CONOSCO

Deus conosco é o livro que dá sequência às revelações espirituais inéditas da psicografia de Francisco Cândido Xavier, trazidas a lume pela prestimosa organização de Wanda Amorim Joviano, com a colaboração de Geraldo Lemos Neto. As mensagens, recebidas em sua maioria no culto doméstico do Evangelho no lar da família Joviano, nas décadas de 30 a 50, na Fazenda Modelo, em Pedro Leopoldo | MG, são de autoria de Emmanuel, o espírito responsável pela materialização da extensa bibliografia que tanto esclarecimento e consolação verteram da Vida Maior para a face da Terra, através das abnegadas mãos de Chico Xavier. Deus conosco nos traz de volta ao convívio os memoráveis discípulos do Cristo, ligados desde priscas eras, cuja missão foi a da revivescência do Cristianismo puro e simples dos tempos apostólicos, no coração humilde e generoso das terras pacíficas do Brasil.

PELO ESPÍRITO EMMANUEL
PSICOGRAFIA DE FRANCISCO CÂNDIDO XAVIER
ORGANIZAÇÃO DE WANDA AMORIM JOVIANO E
GERALDO LEMOS NETO

MILITARES NO ALÉM

Dentre os tesouros guardados por Wanda Amorim Joviano, MILITARES NO ALÉM, da lavra de Chico Xavier nos anos de 36 a 52, no mínimo surpreende pela atualidade das mensagens em torno da paz que a humanidade do século XXI tanto anseia. Fruto da sua ingente dedicação no desdobre das tarefas mediúnicas no culto do lar realizado durante muitos anos pelo *Grupo Doméstico Arthur Joviano*, na Fazenda Modelo, em Pedro Leopoldo | MG, esse livro relata, na perspectiva espiritual de muitos servidores da pátria, a realidade consoladora do *outro lado*, onde o trabalho pelo bem não cessa e a esperança é sentimento que inspira a vitória do amor preconizado por Jesus.

ESPÍRITOS DIVERSOS
PSICOGRAFIA DE FRANCISCO CÂNDIDO XAVIER
ORGANIZAÇÃO DE WANDA AMORIM JOVIANO

ILUMINURAS

ILUMINURAS é a primeira publicação de bolso da Vinha de Luz Editora. É composta de pensamentos e frases extraídos do livro *Deus conosco*, do venerável espírito Emmanuel, psicografado por Francisco Cândido Xavier nas décadas de 30 a 50, durante o culto cristão no lar do Dr. Rômulo Joviano, na Fazenda Modelo, em Pedro Leopoldo | MG. A riqueza dos ensinamentos evangélicos apresentados na obra fala por si só e atesta o amparo de nosso Senhor Jesus Cristo à divulgação da Doutrina Espírita, codificada pelo apóstolo Allan Kardec.

PELO ESPÍRITO EMMANUEL
PSICOGRAFIA DE FRANCISCO CÂNDIDO XAVIER
ORGANIZAÇÃO DE CEZAR CARNEIRO DE SOUZA

PÉROLAS DE SABEDORIA

Compulsados do livro *Sementeira de luz*, organizado por Wanda Amorim Joviano, as frases e os textos apresentados no livro *Pérolas de sabedoria* foram coletados e reunidos por Braz José Marques com o propósito de engrandecer o aprendizado de todos nós nos estudos evangélicos do dia a dia. As pérolas da Espiritualidade — aqui incrustadas na condição de joias valiosas — são fundamentais para o esclarecimento daqueles que delas se valerem, expositores ou não da Doutrina Espírita.

PELO ESPÍRITO NEIO LÚCIO
PSICOGRAFIA DE FRANCISCO CÂNDIDO XAVIER
ORGANIZAÇÃO DE BRAZ JOSÉ MARQUES

SEMENTEIRA DE PAZ

Volume que dá sequência ao roteiro de revelações espirituais do espírito de Neio Lúcio, que em última romagem terrena envergou a personalidade de Arthur Joviano, pai de Dr. Rômulo Joviano, diretor da Fazenda Modelo em Pedro Leopoldo | MG, onde Chico Xavier trabalhou por largos anos. As mensagens nele contidas surgiram espontaneamente pela psicografia de Chico Xavier a partir de 1935, na residência da família Joviano, na própria Fazenda Modelo, durante o culto do Evangelho no lar do *Grupo Doméstico Arthur Joviano*, a que Chico prazerosamente se dirigia depois de findos os seus trabalhos diuturnos, dando a *Deus o que é de Deus* após dar a *César o que é de César*. Recebidas por Chico Xavier de 1946 a 1948, as mensagens de Neio Lúcio foram batizadas de SEMENTEIRA DE PAZ, sendo esse novo livro, organizado por Wanda Joviano, dedicado ao centenário de nascimento de Chico Xavier (1910-2010), *o medianeiro do amor.*

PELO ESPÍRITO NEIO LÚCIO
PSICOGRAFIA DE FRANCISCO CÂNDIDO XAVIER
ORGANIZAÇÃO DE WANDA AMORIM JOVIANO

COLHEITA DO BEM

A autoria desse livro pertence ao professor Arthur Joviano, o estimado benfeitor espiritual que todos nós conhecemos com o nome de Neio Lúcio, personagem do romance *50 anos depois*, de quem recebemos valiosos ensinamentos dirigidos ao espírito imortal que vai vencer a morte e transpor os séculos. Chico Xavier psicografou as mensagens do livro durante o culto do Evangelho no lar da família Joviano, na Fazenda Modelo em Pedro Leopoldo, onde trabalhava. No *Colheita do bem* estão as páginas recebidas nos anos de 1949 a 1952, sendo, portanto, as últimas psicografadas na Fazenda Modelo, uma vez que em 1952 a família Joviano transferiu definitivamente sua residência para a cidade do Rio de Janeiro. *Colheita do bem* finaliza a série iniciada com o livro *Sementeira de luz*, seguido pelo *Sementeira de paz* — formando uma verdadeira trilogia da luz, da paz e do bem maior, que a todos nos une no carreiro da evolução espiritual para Deus.

PELO ESPÍRITO NEIO LÚCIO
PSICOGRAFIA DE FRANCISCO CÂNDIDO XAVIER
ORGANIZAÇÃO DE WANDA AMORIM JOVIANO

CHICO XAVIER — O PRIMEIRO LIVRO

EDIÇÃO ESPECIAL

Vinte anos antes de sua desencarnação, Chico Xavier revelou que sempre guardou no íntimo o desejo de publicar as belas produções mediúnicas que os amigos espirituais escreviam por seu intermédio, nos idos dos anos 20. Curiosamente, Chico confeccionava, com suas próprias mãos e com grande esforço, alguns exemplares com a finalidade de despertar os amigos para a possibilidade de um livro. Face à pobreza material com a qual vivia, ao médium restava a esperança de que algum desses amigos se interessasse pelo tema e, talvez, movimentasse os recursos necessários para uma publicação. De suas primeiras produções manuais, contendo, inclusive, a sua sensibilidade artística no desenho e na ilustração das mensagens, Chico conseguiu guardar durante toda a sua vida um único exemplar, que ao final de sua existência terrena entregou ao seu sobrinho-neto, Sérgio Luiz Ferreira Gonçalves, que no-lo apresentou para a devida divulgação. Esse é então, de fato e de direito, o primeiro livro de Chico Xavier, que a Vinha de Luz Editora da Casa de Chico Xavier de Pedro Leopoldo trouxe a lume, com a alegria de presentear o amado amigo Chico com a edição de seu *primeiro livro* no ano de 2010, ano de seu centenário de nascimento.

ESPÍRITOS DIVERSOS
PSICOGRAFIA DE FRANCISCO CÂNDIDO XAVIER
ORGANIZAÇÃO DE GERALDO LEMOS NETO E
SÉRGIO LUIZ FERREIRA GONÇALVES

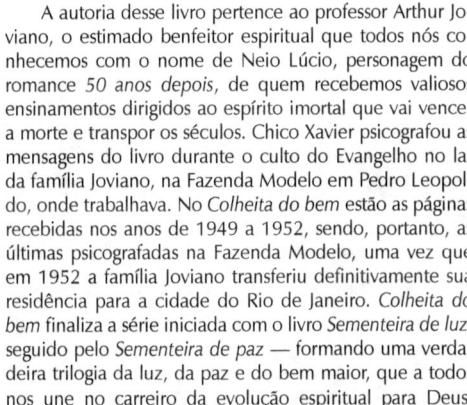

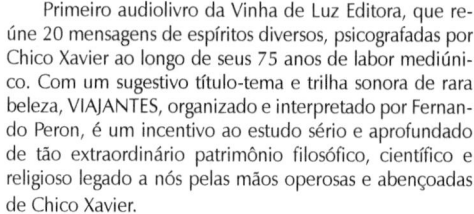

LUZ NA ESCOLA —
CHICO XAVIER NA ESCOLA JESUS CRISTO
DE CAMPOS | RJ

Esse é um livro de Francisco Cândido Xavier, com mensagens psicografadas por ele durante visita de quatro dias à Escola Jesus Cristo, em Campos | RJ, em 1940. Contém comentários de seu organizador, Clóvis Tavares, testemunha ocular de todos os fenômenos ali ocorridos. Os textos desse volume representam uma reedição da sua primeira, pequena, única e esgotada edição, feita também em 1940, publicação de caráter doméstico da Escola Jesus Cristo, agora reeditada pela Vinha de Luz, que desempenha hoje um papel ímpar no resgate histórico da produção mediúnica de Chico Xavier.

ESPÍRITOS DIVERSOS
PSICOGRAFIA DE FRANCISCO CÂNDIDO XAVIER
ORGANIZAÇÃO DE CLÓVIS TAVARES E FLÁVIO MUSSA TAVARES

VIAJANTES —
A ESPIRITUALIDADE ILUMINANDO SUA MENTE E
SEU CORAÇÃO ATRAVÉS DE CHICO XAVIER

Primeiro audiolivro da Vinha de Luz Editora, que reúne 20 mensagens de espíritos diversos, psicografadas por Chico Xavier ao longo de seus 75 anos de labor mediúnico. Com um sugestivo título-tema e trilha sonora de rara beleza, VIAJANTES, organizado e interpretado por Fernando Peron, é um incentivo ao estudo sério e aprofundado de tão extraordinário patrimônio filosófico, científico e religioso legado a nós pelas mãos operosas e abençoadas de Chico Xavier.

ESPÍRITOS DIVERSOS
PSICOGRAFIA DE FRANCISCO CÂNDIDO XAVIER
ORGANIZAÇÃO E INTERPRETAÇÃO DE FERNANDO PERON

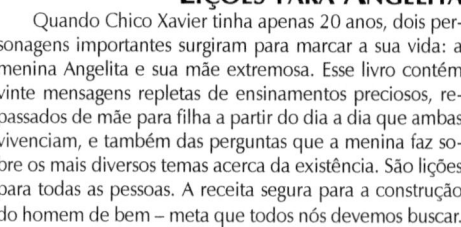

LIÇÕES PARA ANGELITA

Quando Chico Xavier tinha apenas 20 anos, dois personagens importantes surgiram para marcar a sua vida: a menina Angelita e sua mãe extremosa. Esse livro contém vinte mensagens repletas de ensinamentos preciosos, repassados de mãe para filha a partir do dia a dia que ambas vivenciam, e também das perguntas que a menina faz sobre os mais diversos temas acerca da existência. São lições para todas as pessoas. A receita segura para a construção do homem de bem – meta que todos nós devemos buscar.

PELO ESPÍRITO JOÃO DE DEUS
PSICOGRAFIA DE FRANCISCO CÂNDIDO XAVIER
ORGANIZAÇÃO DE JOÃO MARCOS WEGUELIN

CHICO XAVIER —
A AURORA DE UMA VIDA ENTRE O CÉU E A TERRA

As mensagens aqui apresentadas foram psicografadas por Chico Xavier e publicadas no jornal espírita *Aurora*, dirigido por Inácio Bittencourt, entre julho de 1928 e abril de 1933. Nesses primeiros anos, Chico era ainda muito jovem, não sabia quem eram os espíritos que se comunicavam por meio dele, e era praticamente desconhecido fora das terras mineiras. A lucidez do jovem Chico Xavier ao comentar, ele mesmo, alguns trechos doutrinários sobre os postulados espíritas surpreende e seja em verso ou em prosa, sobre os mais variados temas, o leitor encontrará nesse livro preciosas lições de vida, ora nos ensinando a aceitar e a bendizer o sofrimento e as provas diárias, ora nos ensinando a viver uma vida verdadeiramente cristã e espírita, mostrando, por fim, quão breve é a existência terrena perante a eternidade do tempo.

ESPÍRITOS DIVERSOS
PSICOGRAFIA DE FRANCISCO CÂNDIDO XAVIER
ORGANIZAÇÃO DE JOÃO MARCOS WEGUELIN

DEPOIS DA TRAVESSIA

Mais um volume da psicografia inédita de Chico Xavier, por espíritos diversos. A sua primeira parte é originária da fase do médium em Pedro Leopoldo, na Fazenda Modelo, na qual, após o serviço, frequentou o culto do Evangelho no lar do *Grupo Doméstico Arthur Joviano*, levado a efeito, semanalmente, pela família de Dr. Rômulo Joviano. Já a segunda parte é fruto da última fase da psicografia do médium em Uberaba, onde, nas sessões públicas do Grupo Espírita da Prece, recebeu o espírito da irmã, D. Luiza Xavier, em diversas oportunidades, a partir de 13 de julho de 1985. Permeando as comoventes mensagens desses espíritos sobre a própria sobrevivência além-túmulo, há fac-símiles de mensagens de Emmanuel e de Bezerra de Menezes, fotografias e escritos inéditos de Chico Xavier ilustrando as épocas e as personalidades citadas. A obra é, pois, instrutivo volume contendo valiosas informações sobre a vida espiritual depois da travessia dos umbrais da morte do corpo físico, a induzir-nos o espírito distraído no mundo a uma mais ampla reflexão sobre a imortalidade, patenteando-se-nos a real significação das palavras de Jesus, nosso Senhor e Mestre: "A cada um será dado segundo as próprias obras".

ESPÍRITOS DIVERSOS
PSICOGRAFIA DE FRANCISCO CÂNDIDO XAVIER
ORGANIZAÇÃO DE GERALDO LEMOS NETO E
WANDA AMORIM JOVIANO

MILITARES COM JESUS

As lições deste livro são de autoria de respeitáveis espíritos que passaram pela Terra na difícil experiência como militares. Portadores de grandes responsabilidades no dever, na disciplina, sobretudo integrados na justiça, propugnam, com amor, pela paz e pela felicidade dos povos, e do Brasil como pátria do Evangelho de nosso Senhor Jesus Cristo. São fragmentos extraídos do livro *Militares no Além*, psicografado por Francisco Cândido Xavier no período de 1936 a 1952 em Pedro Leopoldo, Minas Gerais, selecionados e organizados no presente volume como valiosos ensinamentos dos benfeitores da Vida Maior.

POR ESPÍRITOS DIVERSOS
PSICOGRAFIA DE FRANCISCO CÂNDIDO XAVIER
ORGANIZAÇÃO DE CEZAR CARNEIRO DE SOUZA

REGISTROS IMORTAIS

Registros imortais resgata para a história da Doutrina Espírita o trabalho de desobsessão e de esclarecimento aos desencarnados levado a efeito no Centro Espírita Meimei, fundado por Chico Xavier na Pedro Leopoldo dos anos 50. Por meio da psicofonia, Chico Xavier e diversos outros médiuns receberam mensagens da Vida Maior assinadas por espíritos sofredores e em evolução, em cujo cerne encontramos o Evangelho de Jesus como alicerce seguro para a vida imortal. Complementando as obras *Instruções psicofônicas* e *Vozes do Grande Além*, editadas pela Federação Espírita Brasileira em 1955 e 1957, respectivamente, esse livro é mais um documento importante para o Espiritismo no Brasil e no mundo, testificando a ingente capacidade mediúnica e caritativa do maior médium de todos os tempos e a valiosa contribuição de todos aqueles que com ele conviveram nessas tarefas consoladoras.

ESPÍRITOS DIVERSOS
PSICOFONIA DE FRANCISCO CÂNDIDO XAVIER
ORGANIZAÇÃO DE EUGÊNIO EUSTÁQUIO DOS SANTOS

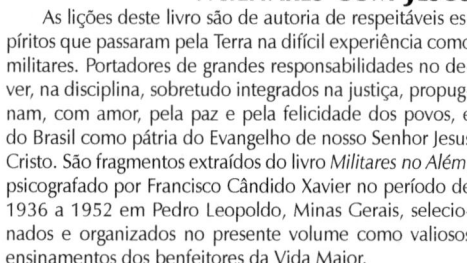

OBRAS DA FÉ

A Vinha de Luz tem como missão maior a publicação e a divulgação de obras inéditas da lavra mediúnica de Francisco Cândido Xavier. Esse lançamento comemora seus 10 anos de trabalho e traz para o leitor uma seleção de mensagens de espíritos diversos, psicografadas pelo maior médium de todos os tempos, publicadas em 14 livros lançados por ela na última década. São mensagens de bênçãos. Uma obra de fé, que testifica a grandeza do compromisso para com a Doutrina dos Espíritos e para com o Evangelho do Cristo, respondendo ao chamado da tarefa abençoada com o livro espírita e com a preservação e a difusão da vida e da obra de Chico Xavier no Brasil e no mundo.

ESPÍRITOS DIVERSOS
PSICOGRAFIA DE FRANCISCO CÂNDIDO XAVIER
ORGANIZAÇÃO DE JOÃO MARCOS WEGUELIN

PALAVRAS SUBLIMES

A partir de 1930, a história de Chico Xavier começou a ser contada pelas páginas de *Reformador*, a mais antiga publicação voltada para a divulgação do Espiritismo no Brasil. Esse livro traz mensagens de Chico Xavier localizadas em suas edições de 1933 a 1950, psicografias assinadas por espíritos de vulto, como Emmanuel, Humberto de Campos, Bittencourt Sampaio, Abel Gomes, dentre outros, sendo este mais um título da bibliografia do médium mineiro que a Vinha de Luz Editora traz a lume, com a organização do jornalista João Marcos Weguelin, para a preservação da vida e da obra do maior brasileiro de todos os tempos.

ESPÍRITOS DIVERSOS
PSICOGRAFIA DE FRANCISCO CÂNDIDO XAVIER
ORGANIZAÇÃO DE JOÃO MARCOS WEGUELIN

CHIQUITO

CHIQUITO, da autora portuguesa Julieta Marques, conta um pouco da vida de Chico Xavier em linguagem acessível e direta, num convite ao amor, à humildade e à disciplina exemplificados pelo *médium do século*. Totalmente ilustrado, CHIQUITO é o segundo título da Vinha de Luz Editora voltado à evangelização infantil, que atende, sem dúvida alguma, às *crianças de todas as idades*.

JULIETA MARQUES

CHICO XAVIER —
O MÉDIUM DOS PÉS DESCALÇOS

Chico Xavier foi, durante toda a sua vida, a personificação do bem, do amor ao próximo e da humildade. Nesse livro, Carlos Baccelli relata casos pessoais em torno do médium mineiro e registra, por meio de cartas que agora torna públicas, sua amizade estreita com o maior representante do Espiritismo no Brasil e no mundo. O autor nos coloca em contato muito próximo com Chico Xavier. É como se estivéssemos frente à frente com ele, numa conversa intimista, repleta de ensinamentos. É quase uma conversa ao pé do ouvido — em que podemos sentir de novo, e mais uma vez, a sua insubstituível presença.

CARLOS ANTÔNIO BACCELLI

CHICO XAVIER COM VOCÊ

Chico, mais que médium, era sábio. Em seus lábios, tanto ecoavam lições dos espíritos amigos quanto ensinamentos de sua própria autoria. Aqui, nessas páginas, garimpando em obras, revistas e periódicos antigos, o autor organizou uma coleção de pérolas que, sem dúvida alguma, não figuram em nenhuma outra coleção do mundo. Por isso, certamente, com esse abençoado livro você estará de posse de um tesouro de valor incalculável. Um tesouro que fará de você uma das pessoas mais ricas entre todos os homens!

CARLOS A. BACCELLI

O VOO DA GARÇA —
CHICO XAVIER EM PEDRO LEOPOLDO | 1910-1959

Esse trabalho histórico, do pesquisador pedroleopoldense Jhon Harley, que conviveu por 21 anos com Chico Xavier, é mais uma contribuição para compreender a figura humana do médium mineiro. Utilizando instrumentos e orientações do campo da História, principalmente no que diz respeito ao uso e à interpretação das fontes orais, escritas e iconográficas disponíveis, o autor transitou entre o acadêmico e o poético, fazendo uma analogia entre uma revoada de garças, ocorrida em 2 de abril de 1910, e a permanência de uma delas entre nós.

JHON HARLEY

PEDRO LEOPOLDO VISTA POR
CHICO XAVIER — 1910 | 1959
49 ANOS DA PRESENÇA DO
MAIOR MÉDIUM DE TODOS OS TEMPOS

O que o menino, o jovem e o adulto Chico Xavier vislumbrou em seus primeiros anos de experiências humanas e durante o desabrochar de suas faculdades mediúnicas a serviço do Cristo e da Doutrina dos Espíritos? O que teria o seu cândido olhar registrado pela retina da convivência e da saudade? Esse livro reúne extenso material inédito sobre o maior médium de todos os tempos, com fotografias e documentos recuperados, classificados e arquivados pelo memorialista pedroleopoldense Geraldo Leão, do Arquivo Geraldo Leão, e por Geraldo Lemos Neto, da Casa de Chico Xavier, que retratam principalmente o ambiente socioeconômico e cultural de Pedro Leopoldo dentro do período em que Chico Xavier lá residiu, desde o berço, em 1910, até a sua mudança definitiva para Uberaba, em 1959.

GERALDO LEÃO E GERALDO LEMOS NETO

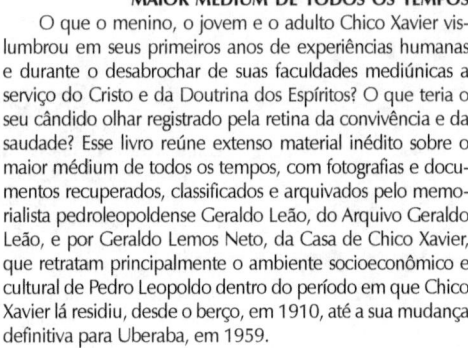

CÉLIA LUCIUS, SANTA MARINA —
SEMELHANÇAS ENTRE AS BIOGRAFIAS CATÓLICAS E O
ROMANCE *50 ANOS DEPOIS* DE
FRANCISCO CÂNDIDO XAVIER E EMMANUEL

CÉLIA LUCIUS, SANTA MARINA é a revivescência da vida daquela que Chico Xavier | Emmanuel descreveram no romance *50 anos depois* como *"o lírio que nasceu do lodo das paixões do mundo para perfumar a noite da vida terrestre"* e que a igreja católica canonizou no século V. Aqui, por meio do minucioso e irrefutável estudo biográfico realizado por Flávio Mussa Tavares, filho do saudoso Clóvis Tavares, de Campos | RJ, o leitor se deparará com diversos relatos sobre Célia, confirmando a veracidade da narrativa do médium mineiro nos idos dos anos 40, tal qual previra Emmanuel no prefácio da obra referenciada. Para os espíritas, a consolidação da interexistência de Chico no desdobramento do labor mediúnico a benefício da difusão da Doutrina e sua prática evangelizadora, exemplificando o amor e a humildade legitimamente cristãos. Para os demais, uma reflexão sobre as lutas transitórias da vida física e a realidade além-túmulo — a verdadeira vida de todos nós.

FLÁVIO MUSSA TAVARES

ERA UMA VEZ PARA SEMPRE

Voltado à evangelização infanto-juvenil, esse livro é um compêndio de mensagens de graciosa narrativa, que enfeixa os ensinamentos do Cristo sob a ótica do Espiritismo, correlacionados a diversos assuntos de ordem espiritual e humana. Suas personagens principais — crianças sedentas de amor e de conhecimento — encantam pela perseverança no bem, sempre amparadas pela nobre e sábia Vovó Angel, que, como o próprio nome já diz, é um anjo do Senhor em suas vidas de aprendizado rumo à luz.

PELO ESPÍRITO BLANDINA
PSICOGRAFIA DE CARLOS MALAB

ISABEL —

A MULHER QUE REINOU COM O CORAÇÃO

Dois dias após psicografar as primeiras das milhares de páginas através das quais o mundo espiritual se comunicou por seu intermédio, Chico Xavier manteve um revelador encontro com uma ilustre senhora que lhe mudaria o curso de vida. Era D. Isabel de Aragão, mais conhecida como Rainha Santa Isabel, a célebre rainha de Portugal, para sempre associada ao milagre da transformação do pão em rosas. Embora em circunstâncias e contextos distintos, ambos experimentaram o poder, a riqueza, a fama e a adoração, contudo, optaram por viver uma intensa vida interior feita de humildade, perdão, tolerância, paciência, compaixão e caridade como expressões do amor. Esse trabalho avança para além da vida de Isabel de Aragão, apresentando outras duas figuras históricas: Santa Isabel da Hungria e Isabel de Portugal, duquesa da Borgonha. Colocadas as narrativas das vidas das três personagens lado a lado, emergem repetições e similitudes, nas quais encontramos a essência da reencarnação. Obviamente, caberá a cada leitor fazer o seu juízo de valor perante os fatos, porém, no conjunto das três, verificamos como uma personalidade se desenvolve e se amplia nas ações meritórias, exemplificando-se o progresso próprio e incessante pela condição moral que apresenta, pois sendo as almas iguais pela filiação são diferentes pela consciência espiritual que revelam. Segundo testificou o próprio Chico sobre D. Isabel de Aragão, *"ela é um dos gênios espirituais protetores da raça luso-brasileira em diversas partes do mundo para que os povos luso-brasileiros conservem a fraternidade cristã que Jesus nos legou"* (Adelino da Silveira, *Chico, de Francisco*, CEU).

MARIA JOSÉ CUNHA

Departamento Editorial da Casa de Chico Xavier
Av. Álvares Cabral, 1777 — 20º andar — Sala 2006
Santo Agostinho | 30170-001 | Belo Horizonte | MG
(31) 2531-3200 | 2531-3300 | 3517-1573

www.vinhadeluz.com.br
informacoes@vinhadeluz.com.br

www.casadechicoxavier.com.br
informacoes@casadechicoxavier.com.br

Este livro foi composto em tipologia Zapf Humanist, corpo 11, predominantemente.
Capa impressa em papel Supremo 250g e miolo impresso em Pólen Soft 80g.
Lis Gráfica e Editora Ltda. | Guarulhos | São Paulo

www.ingramcontent.com/pod-product-compliance
Lightning Source LLC
Chambersburg PA
CBHW061553120626
46550CB00004B/1468